Elie Wiesel

Adam oder das Geheimnis des Anfangs

HERDER / SPEKTRUM
Band 4249

Das Buch

Ein begnadeter Erzähler läßt hier eine faszinierende geistige Welt
erstehen. Elie Wiesel begegnet in den Gestalten der Bibel, ihren Geschichten und Legenden, einem spannenden Stoff voller farbigem
Leben. Das „Buch der Bücher" mit verblüffend, ja erschreckend
modernen Augen gelesen, eröffnet so plötzlich ganz neue Perspek-
tiven. Außergewöhnlich und überraschend sind Wiesels leidenschaftliche Fragen: nach dem Sinn dieses Lebens, nach der
Geschichte des Menschen mit Gott, die längst begonnen hat und
noch heute spielt. Den Schlüssel zu ihrem Verständnis findet er in
den großen Figuren der Bibel, in Porträts, die uns alle unmittelbar
angehen: von Adam, dem ersten Geschöpf, das die Gefährlichkeit
der Erkenntnis entdecken sollte, über Isaak, dem ersten Überlebenden, bis hin zu Hiob, dessen revolutionäres Schweigen noch in unserem Jahrhundert eine schreiende Anklage ist. Elie Wiesel macht
uns mit uns selbst vertraut, indem er vom Geheimnis des Anfangs
erzählt: in bildkräftige Phantasie, in überraschenden und scharf-
sichtigen Analysen, mit überlegener Heiterkeit auch das Allzu-
Menschliche nachempfindend. „Elie Wiesel repräsentiert in seiner
Person nicht nur den Leidensweg der europäischen Judenheit, sondern auch den jüdischen Willen zum Leben" (Jakob J. Petuchowski).

Der Autor

Elie Wiesel, geb. 1928 in Sighet (Siebenbürgen), weltbekannter
Schriftsteller und Gelehrter, Friedensnobelpreisträger, Professor in
Boston, lebt in New York. Zahlreiche literarische und akademische
Auszeichnungen, einer „der ganz großen Schriftsteller unserer
Zeit" (New York Times). In Herder/Spektrum: Den Frieden feiern.
Mit einer Vorrede von Václav Havel (Band 4019); Der fünfte Sohn.
Roman (Band 4069); Gezeiten des Schweigens. Roman (Band
4154); Der Vergessene. Roman (Band 4186).

Elie Wiesel

Adam oder das Geheimnis des Anfangs

Legenden und Porträts

Aus dem Französischen von Hanns Bücker

Herder

Freiburg · Basel · Wien

Titel der französischen Originalausgabe:
Célébration biblique. Portraits et légendes
© Editions du Seuil 1975

Für meinen Meister,
Rabbenu Saul Liebermann,
von dem ich mehr empfangen habe,
als ich auf diesen Seiten
zurückgeben könnte.

Elie Wiesel

Vorwort

Als Kind las ich die Geschichten der Bibel mit einer
Mischung aus Staunen und Angst. Ich stellte mir vor, wie
Isaak auf dem Altar lag, und mußte weinen. Ich sah Josef
als ägyptischen Königssohn und mußte lachen. Warum
sollte man sich diesen Geschichten von neuem zuwen-
den? Dafür ist der Erzähler eine Erklärung schuldig.

Da er vor allem ein Lernender ist, ist sein Ziel nicht
eine historische Exegese – in dem Punkt würde er sich
sehr schnell als nicht kompetent verraten –, sondern er
will die Bekanntschaft mit fernen und ihm stets gegen-
wärtigen Gestalten erneuern, die sein Leben geprägt
haben. Er möchte versuchen, von den Texten der Bibel
und des Midrasch ausgehend, ihre Porträts zu zeichnen
und in die Gegenwart zu stellen.

Denn jüdische Geschichte vollzieht sich in der Gegenwart. Sie verzichtet auf Mythologie und bestimmt unser
Leben und unsere Rolle in der Gesellschaft. Jupiter ist ein
Symbol, aber Jesaja ist eine Stimme, ein Bewußtsein.
Zeus ist gestorben, ohne gelebt zu haben, aber Moses
bleibt lebendig. Der Widerhall seiner Worte, die vor
Zeiten an ein Volk auf dem Wege zur Freiheit gerichtet
waren, dringt bis in unsere Tage, sein Gesetz verpflichtet
uns. Ohne diese seine Erinnerung, die er als Kollektivgedächtnis versteht, wäre der Jude nicht jüdisch oder
würde ganz einfach überhaupt nicht sein.

Wenn das Judentum stärker als jede andere Tradition

eine derartige Bindung an seine Vergangenheit bekundet und lebendig erhält, so deshalb, weil es ihrer bedarf. Dank eines Abraham, dessen Mut uns leitet, dank eines Jakob, dessen Traum unsere Neugier weckt, wird unser in vieler Hinsicht wunderbares Überleben weder des Geheimnisses noch seiner tiefen Bedeutung entkleidet. Wenn wir die Kraft und den Willen haben zu reden, dann deshalb, weil alle diese Vorläufer durch den Mund eines jeden von uns sprechen; wenn die Blicke der Welt sich anscheinend so oft auf uns richten, dann deshalb, weil wir uns auf eine Zeit berufen, die es nicht mehr gibt, und ein Schicksal verkörpern, das diese Zeit überdauert. Das hebräische Wort «Panim» wird im Plural gebraucht, das heißt, der Mensch hat mehr als ein Gesicht. Sein eigenes und das Adams. Der Jude ist mehr mit dem Anfang als mit dem Ende vertraut. Sein messianischer Traum ist mit dem Königreich Davids verknüpft. Er fühlt sich dem Propheten Elias näher als den Nachbarn von nebenan im gleichen Stockwerk.

Was ist ein Jude? Eine Summe, eine Synthese, ein Sammelbecken. Alles, was seine Vorfahren getroffen hat, betrifft ihn, ihre Leiden drücken ihn nieder, ihre Triumphe tragen ihn, weil sie lebendige Wesen und keine Symbole waren. Der Reinste und Gerechteste unter ihnen kannte Höhen und Tiefen, Augenblicke des höchsten Entzückens und der schlimmsten Verirrung, und das alles wird uns beschrieben. Ihre Heiligkeit war durch menschliches Maß bestimmt. Deshalb erinnert sich der Jude an sie und sieht sie an den Kreuzwegen ihrer Existenz als Ruhelose, als Begeisterte, als Gezeichnete. Sie sind menschliche Wesen, Personen, keine Götter. Ihr Verhalten prägt sein eigenes und wiegt schwer bei seinen Entscheidungen. Jakobs Traum reißt seine Nächte auf. Die Verzweiflung Israels belastet seine eigene Einsamkeit. Er weiß, wer von Moses spricht, muß ihm folgen in Ägypten und außerhalb Ägyptens. Wer sich weigert, von ihm zu sprechen, lehnt es auch ab, ihm nachzufolgen.

Das gilt für alle Vorfahren und für alles, was ihnen zugestoßen ist. Wenn die Opferung Isaaks nur Abraham und seinen Sohn beträfe, wäre diese Prüfung nur auf ihre eigene Qual beschränkt, aber sie betrifft uns alle. Alle Legenden, alle Geschichten, die in der Bibel erzählt und im Midrasch erklärt werden – und Midrasch wird hier im weitesten Sinne gebraucht: als Interpretation, Illustration, schöpferische Phantasie –, betreffen auch uns. Die Geschichte des ersten Mörders wie die seines ersten Opfers. Wir brauchen sie nur zu lesen und stellen fest, daß sie von einer überraschenden Aktualität sind. Hiob ist unser Zeitgenosse.

Irgendwo gehen ein Vater und sein Sohn auf einen Altar zu, auf dem schon das Opferfeuer brennt. Irgendwo weiß ein verträumter Knabe, daß sein Vater unter den verborgenen Blicken Gottes sterben wird, irgendwo erinnert sich ein Erzähler und fühlt sich von einer uralten namenlosen Traurigkeit ergriffen und möchte weinen. Er sah Abraham und Isaak dem Tod entgegengehen, und der Engel, ganz damit beschäftigt, das Lob des Herrn zu singen, kam nicht, um sie der schwarzen und schweigenden Nacht zu entreißen.

Alles ist in der jüdischen Geschichte enthalten – und die Legenden haben daran ebensosehr Anteil wie die Fakten. Der Midrasch, der in den Jahrhunderten, die der Zerstörung des Tempels von Jerusalem folgten, entstanden ist, spiegelt zugleich die gelebte und erträumte Wirklichkeit Israels wider, und sie übt oft Einfluß auf unsere eigene Wirklichkeit aus.

In der jüdischen Geschichte sind alle Ereignisse miteinander verwoben. Erst heute, nach dem Malstrom von Feuer und Blut des Holocaust, begreift man die Ermordung eines Menschen durch seinen Bruder, die Fragen eines Vaters und sein verstörtes Schweigen. Erst wenn man sie heute im Licht einer bestimmten Lebens- und Todeserfahrung erzählt, begreift man sie. Deshalb will der Erzähler sein Versprechen halten und nichts anderes tun als erzählen, das heißt, er will, was er empfangen hat, weitergeben, und das zurückgeben, was man ihm anvertraut hat. Seine Geschichte beginnt nicht mit seiner eigenen, sie ist eingebettet in die Erinnerung, in die lebendige Tradition seines Volkes.

Dabei kann er sich darauf beschränken, den im Rahmen seiner Vorlesungen an der Sorbonne und an mehreren amerikanischen Universitäten behandelten Lesestoff noch weiter und tiefer zu durchdringen.

Die Geschichten, die er in diesem Zusammenhang heranzieht, sind die, die wir gerade erleben.

Inhalt

Adam
oder das Geheimnis des Anfangs

Im Anfang ist der Mensch allein. Wie Gott. Als er die Augen öffnet, fragt er nicht, wer bin ich? Sondern, wer bist Du? Im Anfang war der Mensch nur auf Gott ausgerichtet – und die ganze Schöpfung hatte ihre eigentliche Bestimmung durch den Menschen. Vor ihm waren die Dinge da, ohne wirklich zu existieren; unter seinen Augen begannen sie zu leben. Vor ihm floß die Zeit dahin, aber ihre wirkliche Dimension erlangte sie erst, als sie in das Bewußtsein des Menschen drang.

Adam, das erste Wesen, das einen Namen besaß, das vor Freude, vor Staunen erbebte, sich im Todeskampf wand, der erste Mensch, der sein Leben und seinen Tod zu leben hatte, das erste Geschöpf, das die Faszination der schrecklichen Geheimnisse der Erkenntnis entdecken sollte. Wer Adam beschwört, rührt an das Geheimnis des Anfangs, ein gefährliches Unterfangen, das die Tradition verbietet. Der Mensch hat kein Recht, über dieses Thema mit einem zweiten zu diskutieren, noch darf er es mit lauter Stimme. Wer sich in die Schöpfung versenkt, muß allein sein und schweigen. Hier geht es um eine Frage, die Sprache und Fassungsvermögen übersteigt. Wer sie anschneidet, läuft Gefahr, eines Tages von der Gegenwart abgeschnitten zu werden und für immer einsam und stumm zu bleiben. Und doch lebt Adam in uns in dem Maße, wie der Einzelne sich zugleich als Ausgangs- und Endpunkt begreift. Er weiß, wohin er geht, aber nicht, woher er kommt, und wüßte es doch gerne. Die Vergangenheit erregt seine Neugier mehr als der Tod. Adam bewegt ihn mehr als der Messias. Adam ängstigt ihn, und seine Angst stellt sich gegen die strahlendste Hoffnung.

Ein Philosoph sagte zu Rabban Gamliel: Euer Gott ist ein großer Künstler, sein Adam ist ein Meisterwerk; aber ihr müßt zugeben, daß ihm auch ausgezeichnete Zutaten zur Verfügung standen. Welche, fragte der Weise. Der Philosoph zählte einige Grundstoffe auf: das Feuer, den Wind, den Staub – und nannte weiter das Chaos, den Abgrund und die Finsternis, ohne die kein Werk denkbar ist.

Alle diese Elemente sind in der Tat in Adam vorhanden, der vielseitigsten und farbenreichsten Figur der jüdischen Tradition. Adam ist leicht entflammbar wie das Feuer, unbeständig wie der Wind, unberechenbar wie die Träger des Chaos und jener ewigen Gewissensqual, die Gott allein lindern könnte, und Gott allein zu lindern sich weigert.

Die Bibel widmet seinem Leben nur anderthalb Kapitel: Ein paar Fakten, ein paar Begegnungen mit Gott, das Abenteuer mit Eva und der Aufbruch ins Exil. Seine Lebensbeschreibung im Buch des Anfangs umfaßt 40 Verse. Er lebte 930 Jahre, und das kann man innerhalb weniger Minuten lesen.

Aber wie gewöhnlich webt der Midrasch seine Gleichnisse in das nüchterne Grundmuster des biblischen Berichts, schmückt das Porträt aus, rührt an Verstand und Herz. Adam, der erste menschliche Widerspruch. Für ihn trifft Gott die Entscheidung, sich seiner Schöpfung zu offenbaren, und seinetwegen kommt der Tod in die Welt. In einer Überlieferung wird er uns als ein Wesen mit zwei Gesichtern beschrieben und damit ist seine

Doppelbedeutung, ja, seine Zweideutigkeit bezeichnet. Gab es am Ursprung der Geschichte zwei „Erste Menschen"? Werden wir deshalb in der Genesis mit zwei verschiedenen Fassungen des Ereignisses konfrontiert, oder müssen wir begreifen, daß von dieser Zeit an Adam in seiner Einsamkeit schon nicht mehr allein war, wie um zu demonstrieren, daß es dem Menschen gegeben ist, nach Einheit zu streben, ohne sie jemals zu erreichen?

Aber dann sind wir berechtigt zu fragen: Warum dieser Bruch von Anfang an? Wozu dieser Riß im ersten Ich, der notwendig und unerbittlich zu Konflikten und Verleugnungen ohne Ende führen muß. Vielleicht wollte Gott sein Werk mit einer Frage beginnen? Vielleicht wollte er durch Adam seine Schöpfung immerfort auf die Probe stellen? Im Anfang wäre demnach nicht das Wort und nicht die Liebe, sondern die Frage. Und sie trüge ein für allemal das Siegel Gottes, um den Menschen gleichsam an seine Ursprünge und an sein Ende zu binden. Und auf diese Weise würden alle unsere Fragen die erste Frage widerspiegeln, die nicht nur Adam betraf; denn sie ist nicht mit ihm gestorben.

Kann sich der Mensch von heute mit seinem ersten Vorfahren identifizieren? Der Talmud lehrt uns, daß kein Mensch dem anderen gleicht. Und doch gleichen alle Menschen Adam. Alle erkennen sich in ihm wieder. Aus seinen Begierden ziehen unsere eigenen ihre Kraft – und ihre Not auch. Unsere Züge sind durch seine Züge vorgezeichnet und mit unseren Gesten ist es ebenso. Wir sind dazu verurteilt ihn zu imitieren und sind deshalb wie er, handeln nach seinem Vorbild. Mit einem Unterschied: Wir haben eine Vergangenheit, er nicht. Vor ihm gab es keine Erinnerungen, er kam als Erwachsener auf die Welt, erwachte in einem eingerichteten, schon geordneten Universum und hatte keine Möglichkeit, sich in die

Träume der Kindheit oder die Leidenschaften der Jugend zu flüchten. Er war Gefangener seiner Gegenwart und konnte nicht fliehen und sich in eine Traumwelt zurückziehen. Noch der Ärmste und Unseligste der Sterblichen kommt von irgendwoher, Adam kam von nirgendwo. Noch der elendeste Mensch verfügt über Bilder und Erinnerungen, die der Welt von gestern entrissen wurden, kennt Heimweh, hat feste Bezugspunkte. Das alles fehlte Adam. Um diese Ungerechtigkeit wiedergutzumachen, schenkte ihm Gott eine Zukunft – die längste in der Geschichte des Menschengeschlechts. Mehr noch, Adam konnte sie ganz überschauen. Gott zeigte ihm alle künftigen Generationen mit ihren Richtern und Königen, mit ihren Weisen und Dieben, mit ihren Profitjägern und Propheten; so konnte er seinen Blick mit dem des letzten Menschen verbinden. Mehr als der Messias ist Adam gegenwärtig.

Die Texte und Kommentare machen ihn so anziehend für uns, als sei er uns ganz nahe. Seine Probleme sind die unsrigen; wir nehmen Anteil an seinem Geschick, wir trauern um seine friedlos gewordene, von Spannungen zerrissene und auf unerklärliche Weise bedrohte Heimstatt. Wir würden ihm gerne helfen. Wir zittern bei allem, was er tut, teilen seine Ängste, seine Enttäuschungen. Niemand empfing soviele Gaben und Güter, niemand verlor sie auf so brutale Weise und für nichts und wieder nichts. Er wurde gestoßen und wußte sich nicht zu wehren. Er wurde nicht nach seiner Meinung gefragt, sondern gehorchte einem Willen, der nicht der seine war. Er besaß alles, nur keinen eigenen Willen. Er wußte sich nur zu unterwerfen, zuerst Gott und dann seiner Frau. Man stellte ihm Fallen, und er tappte hinein. Ein armer Mensch, wegen nichts bestraft, und nicht einmal Jude!

Menschlich wie in seinen Irrtümern war er auch in seinen Siegen, wie wir später sehen werden. Sein Suchen nach Wahrheit, nach Gerechtigkeit, nach Sinn steckt in jedem Menschen und macht Adam zu einem ewigen Zeitgenossen. Jeder von uns strebt nach einem Stück verlorenen Paradieses, nach einem Stück Unschuld, auch wenn sie verletzt oder lächerlich gemacht wird. Alle unsere Leidenschaften und Schmerzen, unsere ganze Armseligkeit hat Adam bereits kennengelernt. Er war mit unseren Hemmungen und Süchten und mit unseren Komplexen behaftet, allerdings mit einer Ausnahme: Er litt, Gott sei es gedankt, nicht am Ödipuskomplex.

Das alles sagt uns die talmudische Literatur. Das Leben Adams wird dort wie ein Romanzyklus erzählt, als Epos und Familienroman, aber ohne Happy-End. Die Hauptperson ist, wohl um ihre exemplarische Größe zu zeigen, in den gedrängten Zeitablauf des klassischen Theaters gestellt. Die Tragödie des im Alter von 40 Jahren Geborenen dauert nur einen Tag. Hören wir dazu den Midrasch: In der ersten Stunde des sechsten Tages faßte Gott den Plan einen Menschen zu erschaffen. In der zweiten Stunde befragte er die Engel – die dagegen waren – und die Thora, die ihn billigte. In der dritten Stunde klaubte Gott den Lehm auf. In der vierten Stunde formte er ihn. In der fünften Stunde bedeckte er ihn mit einer Haut. In der sechsten Stunde vollendete er den Körper und stellte ihn aufrecht hin. In der siebten Stunde hauchte er ihm eine Seele ein. In der achten Stunde wurde Adam ins Paradies geführt. In der neunten Stunde vernahm er das göttliche Gebot, nicht vom Baum der Erkenntnis zu essen. In der zehnten Stunde wurde Adam ungehorsam. In der elften Stunde stand er vor Gericht, einem Sanhedrin mit 71 Mitgliedern, in der zwölften Stunde schuldig gesprochen und aus dem Paradies verjagt.

Damit endet die Geschichte Adams und beginnt die Geschichte des Menschen. Adam, der geboren war, den Ruhm Gottes zu bezeugen, verkörpert dessen ersten Mißerfolg. Deshalb ist es nicht erstaunlich, daß Gott dem Projekt gegenüber Zweifel hegte; er war sich seines Unternehmens nicht ganz sicher, war nicht überzeugt, daß die Idee gut war, den Menschen in den Mittelpunkt seines Universums zu stellen. Er wußte von Anfang an, daß sich unter den Nachkommen Adams eine Menge frevelhafter und mordlustiger Sünder finden würde, er wußte aber auch, daß daneben Heilige und Gerechte stehen würden. In seiner Vorfreude, diese Erwählten einst zu segnen, nahm es Gott in Kauf, sich von den Übeltätern beleidigen zu lassen.

Bei seinem Entschluß setzte sich Gott über die Meinung von zwei Engeln hinweg, die in bester Absicht zur Vorsicht rieten. Der Engel der Wahrheit sagte: „Wozu denn den Menschen erschaffen? Er wird doch nur lügen." Und der Engel des Friedens sagte: „Wodurch verdient er es, ins Leben gerufen zu werden? Er wird immer wieder Kriege anzetteln." Aber die Engel der Gerechtigkeit und der Barmherzigkeit sprachen sich für das Projekt aus: „Der Mensch soll geboren werden, er wird gerecht und barmherzig sein." Gott entledigte sich der beiden ersten und vernichtete sie durch das Feuer. Eine andere, weniger radikale Version erzählt, daß Gott, während die Engel miteinander diskutierten, sich ihre Unachtsamkeit zunutze machte und in aller Eile den Menschen erschuf.

Und er erschuf ihn nach seinem Bilde.

Viele Jahrhunderte und Jahrtausende später, als Moses die Thora niederschrieb, hielt er bei diesem Vers inne und richtete laut Rabbi Samuel bar Nachman an Gott die Frage: Herr des Universums, glaubst du nicht, daß diese Worte die Gefahr mit sich bringen, die Frevler zu begünstigen und die Unschuldigen und Einfältigen in die Irre zu führen? Wenn es wahr ist, daß Gott den Menschen nach seinem Bilde schuf, wird es dann nicht heißen, daß Gott ein Ebenbild hat und demzufolge nicht ein einziger ist, sondern mehrere? „Keineswegs", beruhigte Gott seinen Diener, „du, Moses, Sohn des Amram, schreibe, das ist deine Aufgabe; was die anderen angeht, die nicht begreifen wollen oder meinen und deinen Gedanken lieber falsch auslegen, so ist das doch wohl ihr Problem, und um so schlimmer für sie."

Moses scheint die zu engen Bindungen zwischen Gott und Adam mit Mißtrauen betrachtet zu haben. Aber die rabbinische Tradition reduziert diese Gefahr dadurch auf ein Minimum, daß sie sich bemüht, Adam wieder an die Menschen – an alle Menschen anzubinden.

Hören wir noch einmal den Midrasch. Warum erschuf Gott nur einen einzigen Menschen? Um uns die Gleichheit der menschlichen Wesen zu lehren; niemand kann sagen, er überrage die anderen; denn wir haben alle den gleichen Stammvater. Deshalb wurde Adams Leib auch aus Lehm geformt, der von den vier Enden der Welt stammte. Niemand kann behaupten, daß die Welt oder Adam ihm gehöre. Adam gehört allen Menschen und allen in gleichem Maße.

Weiter heißt es: Damit der Gerechte nicht sagen könne, ich bin Sohn des Gerechten, und der Frevler, ich bin Sohn des Frevlers. Oder auch: Damit der Mensch seinen Nächsten nicht verspotte und ihm sage, mein Vater war größer als der deine. Und noch etwas: Damit sich jeder für die ganze Welt verantwortlich fühle. Weil die Welt für einen einzigen Menschen geschaffen wurde, vernichtet jemand, der einen Menschen tötet, damit die ganze Menschheit, und wer ein einziges menschliches Wesen rettet, rettet dadurch die ganze Menschheit. Die folgende Erklärung klingt wie eine Enttäuschung: Gott schuf nur ein einziges Individuum, um Auseinandersetzungen zu vermeiden, aber, so fügt der Text hinzu, trotz dieser Vorsicht hören die Menschen nicht auf sich zu streiten und sich gegenseitig zu töten. Kann man sich vorstellen, was aus der Welt geworden wäre, wenn Gott im Anfang mehrere Menschen erschaffen hätte?

Eine andere Frage: Warum wartete der Schöpfer bis zum sechsten Tage, um Adam das Leben zu geben? Warum tat er es nicht gleich zu Anfang? Die Antwort darauf: Wenn der König einen Gast einlädt, stellt er erst einen Palast bereit und läßt ihn dann zu sich kommen. Der Mensch ist der hervorragendste Gast der Schöpfung. Eine andere Antwort: Damit der Mensch sich nicht zu große Bedeutung beimesse. Wenn er selbstgefällig und unverschämt wird, bekommt er zu hören: Weshalb blähst du dich so auf? Sogar Mücken und Schnaken hatten in der Schöpfungsordnung Vorrang vor dir.

Gleichwohl werden im Midrasch Adam soviele Talente und Tugenden zugeschrieben, daß es kaum denkbar ist, er sei niemals darüber hochmütig geworden. Die jüdische Überlieferung lehnt somit jene Ideen ab, die das Individuum zu einem Produkt des Fortschritts machen möchten. Weg mit Darwin und seiner Evolution. Weg mit einem Schopenhauer, für den der Mensch nur ein durch die Zivilisation gezähmtes Tier ist. Je weiter man ihn zurückverfolge, um so mehr erscheine er als primitives, von dumpfen, mörderischen Instinkten beherrschtes Wesen. Für die jüdische Tradition ist die Vergangenheit des Menschen mit den geheiligten Ursprüngen der Geschichte verbunden. Als Ebenbild Gottes war das erste Individuum reiner und vollkommener als es je einer seiner Nachkommen auf der höchsten Entwicklungsstufe sein kann. Was wird nicht alles von ihm behauptet? Er war so groß, daß sein Körper die Welt von einem Ende bis zum anderen erfüllte, vom Himmel bis zur Erde, und er war so schön, daß der Glanz seiner Ferse die Sonne verdunkelte, und so mächtig, daß alle wilden Tiere vor ihm erzitterten.

Um die Kraft Samsons zu verdeutlichen, vergleicht der Midrasch sie mit der Adams. Um eine Vorstellung von den Haaren Absaloms zu geben, vergleicht er sie mit denen Adams und tut das gleiche bei den Schenkeln Assas und den Augen Zidkijahus. Adam ist der Prototyp des vollkommenen Menschen, das ideale Modell, das unübertreffliche Beispiel. Er ist weise, klug, gebildet, verständig, großzügig, er besitzt eine Seele ohne finstere Abgründe. Er ist unfähig zu bösen Taten oder bösen Gedanken. Ihn befallen keine Schwächen und Zweifel. Außerdem ist er noch demütig, schüchtern und dankbar. Einige Quellen nennen ihn Chassid, andere geben ihm den Beinamen das Licht, die Leuchte der Welt. Ja, man geht so weit, in ihm den künftigen Messias zu sehen. Er ist so berühmt, daß die Engel, von seiner Vollkommenheit geblendet, ihn mit seinem Schöpfer verwechseln und ihm schon ihre Loblieder singen wollen. Da läßt Gott ihn in Schlaf sinken, und ganz entsetzt erkennen die Engel ihren Irrtum. (Mir persönlich ist der Gedanke lieber, daß nicht Gott, sondern die Engel Adam einschläferten, denn nichts ist ermüdender und langweiliger für einen vollkommenen Menschen als rauschende Lobgesänge).
Adam hatte nun aber Langeweile im Paradies, das vermerken alle Texte. Ihm allein gehörte das Universum, er hatte keine Wünsche, dachte an nichts und niemand. Er ist glücklich, selig und vor seinem Sündenfall völlig

uninteressant. Keine Wolke trübt sein Dasein, kein Schatten verfolgt ihn, er ist der Welt und sich selbst gegenüber gleichgültig. Nicht die Spur von einer bösen Ahnung oder Unruhe. Gottestrunken und gotterfüllt ist er in Gott mit Gott vereint und hat daher auch nicht das Bedürfnis, nach Gott zu suchen, ihm zu dienen, ihn zu erfassen, sich mit ihm zu versöhnen. Gott ist für ihn so gegenwärtig, daß er seine Gegenwart gar nicht spürt. Er denkt nicht einmal an Gott; denn Ursprung und Sitz seines Denkens sind ganz von Gott durchdrungen.

Ein solches Leben stellt man sich freudlos, spannungslos und ohne Reiz vor. Adam ließ sich wie Gott von den Engeln bedienen, der eine bereitete ihm das Fleisch zu und der andere probierte seinen Wein. Von Zeit zu Zeit lud Gott ihn zu Spaziergängen ein und zeigte ihm die sichtbaren und unsichtbaren Schönheiten der Natur: „Sieh dir das gut an, Adam. Für dich allein habe ich diese Unendlichkeit erdacht. Gib acht, zerstöre nichts und beschädige nichts; denn nach dir wird niemand es wieder instandsetzen." Eine überflüssige Mahnung; denn Adam dachte wohl kaum daran, irgendetwas zu zerstören oder auch nur umzustellen. Er akzeptierte alles und sich selbst auch.

Wie hätte Satan da nicht eifersüchtig werden sollen? Satan war damals nicht irgendeiner. Er war ein einflußreicher Engel, hielt sich zur Rechten Gottes, der ihn seinen Standesgenossen vorzog; denn Gott mochte seine Fantasie und sah ihm seine Launen und Streiche nach. Satan konnte diesen Eindringling, der zu schnell und leicht Karriere machte, nur verabscheuen; er mußte ihn bekämpfen, seine Stellung untergraben. Aber wie? Klatsch, Intrige, Verschwörung, alle Mittel waren ihm recht, und er ließ kein einziges aus. Um Satan zur Räson zu bringen, beschloß Gott, ihm zu beweisen, daß Adam doch der Klügere von beiden war und deshalb seinen Erfolg verdiente. Er ließ alle Tiere der Erde an den beiden vorbeiziehen. „Nun, Satan, weißt du sie zu benennen?" Nein, Satan vermochte es nicht. „Und du, Adam?" Adam benannte sie alle, und die Dinge benennen, heißt sie besitzen. Adam wurde zur vollen göttlichen Zufriedenheit zum Sieger erklärt. Aber ein Midrasch-Text will uns glauben machen, daß Gott geschwindelt hatte. Er stellte seine Fragen so, daß Adam die Antwort leicht erraten konnte, Gott richtete es so ein, daß Adam nicht verlor. Heißt das, daß dieser ohne Hilfe den Wettbewerb verloren hätte? Nein. Zum Beweis hier die letzte Frage, die Gott ihm stellte und bei der er ihm die Antwort mit Absicht nicht zuflüsterte. Er fragte: „Und welchen Namen gibst du mir, Adam?" Und Adam nahm die Herausforderung an, ließ seine Demut fallen und nannte Gott bei seinem Namen. Wie ein Blitz überkam ihn die Erkenntnis, daß sogar Gott seinen Namen vom Menschen empfängt. Eben das erklärt die jüdische Tradition immer wieder: Gott ist Gott, und der Mensch ist nur sein Werkzeug, aber Gott braucht den Menschen, um sich zu offenbaren, ebenso wie der Mensch Gott braucht, um zu dieser Erkenntnis zu gelangen.

Aber an diesem Punkt müssen wir den Bericht unterbrechen. Er nimmt eine andere Wendung. Adam wird seine Märchenwelt verlassen und in das Drama eintreten.

Weil jedes Drama mit dem Auftauchen einer weiblichen Person verknüpft ist, rufen Bibel und Talmud Eva herbei und bringen sie eilends auf die Bühne.

Es erübrigt sich darauf hinzuweisen, daß Eva schon bei ihrem ersten Auftritt alles tun wird, um von der auf ihren Partner konzentrierten Aufmerksamkeit abzulenken, und daß ihr das gelingen wird. Mit einem Schlag hat sie die

Hauptrolle übernommen. Sie tritt in das Leben Adams ein und beherrscht es ganz. Man sieht nur noch sie und hört nur noch sie sprechen. Adam übernimmt jetzt die Rolle des schwachen, passiven Ehemanns, der sich in das Unabänderliche fügt. Kaum zu glauben, aber trotzdem nicht abzustreiten: Der Mensch, den Gott für sein Meisterwerk, für die Krönung seines Werkes hält, ist auf einmal eine bläßliche Figur. Er weiß nichts besseres zu tun, als seiner Gattin zu folgen und sie die Entscheidungen für ihn, d. h. für sie beide, treffen zu lassen. Fügsam und weich wie er ist, scheint Adam die Spottfigur des Ehemanns, der nichts zu sagen hat, vorwegzunehmen. Er kann nicht Nein sagen, ist nicht imstande sich zu verteidigen, sich zu behaupten; in Gegenwart seiner Frau wird er ganz klein, kann nur den Mund halten oder Ja und Amen sagen.

Warum wurde Eva erschaffen? Zum Wohle ihres Mannes natürlich, was diesem immer wieder versichert wurde. Sie sollte ihm dadurch helfen, daß sie ihm Widerstand entgegensetzte und ihn herausforderte; sie sollte sein Leben bereichern und Begierden, Ehrgeiz und Sehnsucht in ihm wecken. Eva also als Heilmittel gegen die Einsamkeit, gegen jenen Teil des Ichs im Menschen, der unbekannt bleibt. Ohne Eva wäre Adam ein Mensch, aber nicht menschlich gewesen.

Ein Midrasch-Text gibt zu, daß die Erschaffung Evas Gott mehr als Adam dienen sollte. Gott war sehr an dieser Heirat gelegen, damit aus Adam nicht eine Gottheit gemacht werde und man nicht sagen könne, Adam sei auf der Erde Gott, so wie es sein Schöpfer im Himmel sei. Einzelgängern muß man mißtrauen, hier unten wie dort oben. Kein göttliches Attribut scheint so beneidenswert zu sein wie die Einsamkeit.

Ein anderer Text erklärt, daß es Adam war, der Eva

erwählte. Konnte er denn überhaupt eine andere Frau nehmen? Gab es denn eine andere? Ja, Eva war nicht die erste Frau der Schöpfung, sie hatte eine Vorgängerin in Lilith. Doch Adam liebte sie nicht, konnte sie nicht lieben, weil er dabei gewesen war, als sie gemacht wurde. Jedes Geheimnisses entkleidet, besaß sie nicht die geringste Anziehungskraft für ihn. Anschließend präsentierte ihm Gott Eva, und die gefiel ihm. Es handelt sich bei ihnen um Liebe auf den ersten Blick.

Aber warum entnahm Gott sie der Rippe ihres künftigen Mannes? Adam scheint diese Frage nicht bewegt zu haben, aber sie beschäftigt den Midrasch, der folgende Erklärung dafür bereit hat: Bevor Gott ans Werk ging, sagte er sich, aus dem Kopf Adams werde ich Eva nicht erschaffen; denn sie würde den Kopf zu hoch tragen und zuviel Arroganz an den Tag legen; auch werde ich sie nicht aus seinen Augen machen; denn sie würde neugierig, viel zu neugierig sein und alles mit lüsternen Augen betrachten; noch mache ich sie aus seinen Ohren, denn sie würde an den Türen horchen; noch aus seinem Nakken, denn sie würde den Kopf in den Nacken werfen und ein unverschämtes Gesicht machen; noch aus seinem Mund, denn sie würde nicht aufhören zu schwätzen; noch aus seinem Herzen, denn sie würde vor Eifersucht krank werden; noch aus seiner Hand, denn sie würde sich in alle Dinge mischen, die sie nichts angehen. Nein, entschied Gott, ich werde sie aus dem reinsten Teil von Adams Leib nehmen, aus seiner Rippe. Der Midrasch fügt mit grimmigem Humor hinzu: Nun ja, trotz all dieser Vorsichtsmaßnahmen besitzt die Frau gleichwohl alle diese aufgezählten Fehler. Sollte der Midrasch frauenfeindlich sein? Wir wollen dazu schnell eine andere, schmeichelhaftere Geschichte erzählen. Ein König traf Rabban Gamliel und sagte zu ihm: „Ich weiß nicht, wie ich es sagen soll, aber … euer Gott … nun ja, euer Gott ist doch nur ein Dieb. Als Adam den echten Schlaf des Gerechten schlief, ließ Gott eine Rippe aus seinem Körper verschwinden …" Es war des Weisen Tochter, die dem Herrscher folgendes antwortete: „Wissen Sie, Majestät, was mir letzte Nacht zugestoßen ist? Eine fürchterliche Geschichte. Diebe drangen in mein Haus ein. Sie stahlen mein ganzes Silber und ließen mir statt dessen Gold zurück." „Könnte ich doch jede Nacht ein Opfer solcher Diebe sein", meinte der König. „Sehen Sie, genau das ist Adam widerfahren", sagte die Tochter des Rabban Gamliel, „zugegeben, Gott hat ihm eine Rippe genommen, aber dafür hat er ihm eine schöne Frau gegeben, damit sie ihm helfe, diene und auf ihn höre."

Warum wurde Adam bei der ganzen Sache nicht zu Rate gezogen? Sie betraf ihn doch immerhin ein wenig. Oder etwa nicht? Falls es darauf eine Antwort geben sollte, so habe ich sie in unseren Legenden nicht gefunden. Vielleicht wollte Gott kein Risiko eingehen und sich keine Abfuhr holen.

Jedenfalls erklärte Adam, vor vollendete Tatsachen gestellt, daß er glücklich und bereit sei, Eva zu heiraten. Sogleich wurde eine Hochzeit vorbereitet. Gott hielt das Hochamt, die Engel und Seraphime übernahmen sowohl das technische wie das künstlerische Programm der Feier; es wurde getanzt und gesungen, und Freude herrschte in sämtlichen Sphären und in allen himmlischen Palästen. Nie wieder wurde seither eine Hochzeit so fröhlich, mit solcher Pracht und vor allem nicht in Anwesenheit einer so erlauchten Gästeschar gefeiert.

Das glückliche Paar hätte in einer nie zu Ende gehenden Seligkeit gelebt, wenn nicht eine neue Figur die Bühne betreten hätte, die Schlange.

Mit ihrem Auftritt nimmt die Handlung einen anderen Verlauf. Der Bericht wird erregt, und die Erregung springt auf den Leser über. Zum ersten Mal steht das Paar einer Erscheinung gegenüber, die von außen kommt. Irgendetwas wird geschehen. Adam und Eva werden danach noch stärker miteinander verbunden sein, vielleicht aber auch weniger. Der Schlange gegenüber gestellt, müssen und können sie wählen. In voller Freiheit. Jetzt werden sie in Frage gestellt, jetzt werden sie wieder menschlich.

Der Mechanismus des Handlungsablaufs war seit langem vorprogrammiert. Wir erinnern uns daran: Gott hatte Adam und Eva davon unterrichtet, daß sie die Freiheit hatten, sich im Paradies ungehindert zu bewegen, zu tun was sie wollten, zu essen, was sie wollten, aber nicht das Recht hatten, vom Baum der Erkenntnis zu essen. Gott hatte sie mit aller Deutlichkeit verwarnt. Jede Übertretung würde den Tod heraufbeschwören. Weder der Mann noch seine Frau konnten sich die Strafe genau vorstellen, denn sie wußten gar nichts vom Tod, aber sie gehorchten. Sie würden gehorcht haben bis zum Schluß, wenn nicht die Schlange dazwischen getreten wäre. Sie stellte die vorhandene Situation völlig auf den Kopf. Adam und Eva waren nicht mehr dieselben.

Diese Schlange ist eine sonderbare Figur. Fluchbringend ist sie und verflucht, mythisch und real. Ihre Rolle? Sie war von den Engeln gesandt, behauptet eine Legende, weil diese der Meinung waren, daß der Mensch für sie eine Bedrohung darstelle, und deshalb beauftragten sie die Schlange, sie zu verführen und dadurch kaltzustellen. In jener Zeit hatte die Schlange einen aufrechten Gang und konnte sprechen. Sie sprach sogar sehr laut. Sie verstand es zu überzeugen und sich Gehorsam zu verschaffen, sie herrschte über alle Tiere und Lebewesen. Sie war eine selbstgefällige Spielernatur und ließ sich leicht zu einer abgekarteten Sache gegen die Menschen überreden, die ihrer Autorität nicht unterworfen waren und die sie als Rivalen betrachtete.

Man sagt auch, daß die Engel nichts damit zu tun hatten. Die Initiative ging von der Schlange selbst aus. Sie soll sich in Eva verliebt haben und ihr Plan war es, Adam zu töten und dann seine Witwe zu heiraten, oder besser noch, Adam durch Gott töten zu lassen, sich Evas und ihres Vermögens zu bemächtigen, Erbschaft und Erbin an sich zu reißen. Die Schlange hatte zu hochfahrende Pläne, meint eine Legende, und deshalb wurde sie bestraft. Sie erhielt nichts von dem, was sie begehrte, und verlor alles, was sie besaß. Gott sprach zu ihr: „Anstatt über die Tiere zu herrschen, wird dein Los dich fortan niedriger stellen als sie, statt aufrecht zu gehen oder zu laufen, wirst du im Staub kriechen." Welche Beweggründe sie auch hatte, das eine steht fest, daß Eva bei diesem Plan das Ziel des Angriffs war. Weshalb? Ob zu recht oder zu unrecht, die Schlange hielt die Frau für verletzbarer, leichtgläubiger und gefügiger als den Mann. Sie sagte sich, daß sie den geringsten Widerstand von beiden leisten würde. Und ihr Einfühlungsvermögen gab ihr recht. Unter ihrer Einflüsterung ist Eva bereit, in die verbotene Frucht zu beißen, und bringt es sogar fertig, ihren Mann zu ihrem Komplizen zu machen. (Die Moral von der Geschichte: Jeder kann verführt werden, die Frau durch den Verführer, der Mann durch die Frau).

Es gibt in dieser Episode etwas, was den aufmerksamen Leser stutzig machen könnte. Ist es denkbar, daß Eva bei der Entscheidung zwischen der Stimme des Weltenschöpfers und der Stimme einer Schlange — wenngleich diese in besonderer Mission da war – einen Augenblick zögerte? Bei Adam könnte man es allenfalls begreifen, denn wenn jemand zwischen himmlische Ansprüche und weibliche Versprechungen gestellt ist, kann es passieren, daß er zögert – oder auch nicht. Aber wie konnte Eva, wie konnte sie den Willen des Herrn verleugnen, um sich dem einer Schlange zu unterwerfen?

Nach der Legende hat sich die Geschichte folgendermaßen zugetragen. Die Schuld lag ganz klar bei Eva, sie redete zu viel. Selbst vor dem Biß in die verbotene Frucht machte sie sich durch Übertreibung schuldig. Übertreibung führt zur Abschweifung und diese wiederum zur Übertretung. Das ist eine bekannte Tatsache.

Lesen wir noch einmal den Text aus dem Buche Genesis. Gott sagte zu Adam und Eva, eine bestimmte Frucht nicht zu essen. Aber in ihrem Gespräch mit der Schlange fügte Eva noch etwas Überflüssiges hinzu, daß das Verdikt gleichfalls für das Berühren mit dem Munde gültig sei. Die Frucht berühren, sagte sie, würde die Todesstrafe nach sich ziehen.

Die erste Lehre, die aus dieser Episode zu ziehen ist, lautet, es ist gefährlich, Geschichten zu erfinden. Die zweite lautet, man muß seine Gesprächspartner mit Bedacht auswählen und läßt sich nicht mit dem ersten besten in eine Diskussion ein, vor allem nicht auf dem Gebiet der Theologie. Evas Fehler war, das Gespräch mit der Schlange zu akzeptieren. Die dritte Lehre lautet, sie hatte kein Recht, sich darauf einzulassen, noch dazu in Abwesenheit ihres Mannes. Die vierte Lehre schließlich: Adam hätte nicht von zu Hause weggehen dürfen. Wenn er daheim an der Seite seiner Gattin geblieben wäre, hätte die Schlange nicht die geringste Erfolgschance gehabt.

Da Eva allein zu Hause war, stellte sie eine leichte Beute dar. Umsomehr, als die Schlange offensichtlich genau wußte, wie ihr beizukommen war. Sie wußte, womit sie Evas Interesse wecken konnte, mit der Sünde. Darüber sprechen die Frauen doch nur zu gerne.

Kaum hatte Eva mit der Schlange Bekanntschaft gemacht, erzählte sie ihr auch schon von der verbotenen Frucht; sie mußte unbedingt etwas preisgeben, das nur sie und ihren Mann anging. „Daran glaubst du etwa?", sagte die Schlange und tat höchst erstaunt. „Glaubst du bei deiner Klugheit und deinem Scharfsinn allen Ernstes, daß es genügt, den Baum zu berühren, um zu sterben?" Als sie nicht antwortete, trat die Schlange an den Baum heran – der nach der Legende einen Wutschrei ausstieß – und umschlang ihn. „Siehst du", sagte sie mit gleichgültiger Miene, „ich habe ihn berührt und lebe. Möchtest du es nicht versuchen? Komm schon, du kannst es, es wird dir nichts geschehen ..." Eva hatte Angst und rührte sich nicht von der Stelle. Ihre Neugierde war zwar groß, aber das Mißtrauen überwog. Da stieß die Schlange sie gegen den Baum, und Eva sah den Todesengel, aber sie blieb am Leben. Das war für sie und für uns der Anfang vom Ende, die erste Begegnung mit dem Tod. Da sie nun einmal in das Räderwerk geraten war, wagte sie sich weiter und immer weiter. Es war zur Umkehr zu spät und zu spät, um das auszulöschen, was sie gesehen und erlebt hatte.

Eva konnte nicht verstehen, daß sie durch die Mißachtung des göttlichen Gebots nicht den Tod, sondern die Ahnung vom Tode, das Todesgefühl, entdecken würde; sie sah den Engel, ohne seinen Würgegriff zu spüren. Durch ihren Ungehorsam gegen das göttliche Gebot begriff sie, daß Leben und Tod dicht beieinander liegen; Leben und Tod treffen sich im Menschen, nicht in Gott.

Man kann mit dem Tod leben, man braucht nur den Lebenden den Rücken zu kehren. Man kann tot sein, ohne es zu wissen.

Aber warum nun beging Eva diese nie wieder gut zu machende Tat? Was trieb sie in die Arme der Schlange? Warum maß sie dem Berühren eine solche Bedeutung bei? Zog der Tod sie bereits an, faszinierte sie das Nichts?

Der Midrasch stellt folgende Hypothese auf: Eva wurde durch die Macht versucht. Die Schlange hatte ihr versichert, daß sie durch den Biß in die verbotene Frucht wie Gott sein und über die geschaffenen und über die noch zu schaffenden Welten herrschen werde – und gerade das hatte Gott zu verhindern gehofft, als er sein Verbot aussprach. Eva glaubte daran, das steht fest. Sie entschied sich für die geschickte Argumentation der Schlange und gegen das nüchterne Gebot Gottes. Sicher mußte sie für die Verführung auch reif sein; schließlich ist auch denkbar, daß sie sich der Schlange in gleichem Maße bediente, wie sie ihr diente. Sie arbeitete mit der Schlange zusammen, um ihre eigene Machtstellung zu begründen.

Die Schlange war sich darüber im klaren und gewann so auf raffinierte Weise ihr Spiel. Von dem Augenblick an, als die Frau zugegeben hatte, man könne den Baum ungestraft berühren, wußte die Schlange, daß Eva nun darauf brannte, weitere Schritte zu tun und Gott auf die Probe zu stellen, indem sie ihre eigene Möglichkeiten erprobte. Aber jetzt macht es die Schlange ihr schwer. Je größer Evas Verlangen ist, in die Frucht zu beißen, um so mehr hält jene sie davon ab, so daß sie schließlich anfängt zu bitten und zu betteln und an ihre Gefühle appelliert, an ihre alten Beziehungen; ihr Verlangen kennt keine Grenzen mehr. Sie will diese Frucht essen, sie besteht darauf, sie will nichts anderes. Sie muß diese Frucht um jeden Preis essen, nichts anderes zählt mehr, weder weibliche Eitelkeit noch Furcht, weder die eigene Sicherheit noch die Treue ihrem abwesenden Mann oder ihrem anwesenden Gott gegenüber. Sie schwankt hin und her und wird von einer außer Kontrolle geratenen Leidenschaft ins Verderben getrieben. Sie ahnt es, aber ihre Neugierde, ihre Gelüste sind stärker, und schließlich ist die Schlange einverstanden, aber nur unter der Bedingung, daß sie die Frucht mit ihrem Mann teilt. Eva, ganz Frau, verspricht auch das.

Jetzt erst reicht ihr die Schlange die heißbegehrte Frucht. Nebenbei bemerkt, handelte es sich nicht um einen Apfel, sondern um eine Zitrusfrucht. Andere sagen, es sei eine Weintraube gewesen oder gar eine Feige. Wie dem auch sei, Eva nahm die Frucht, hielt sie einen Augenblick fest in ihrer Hand und bewunderte ihre Schönheit. Aber sie konnte sich noch kein Herz fassen und einen Bissen herunterschlucken, wofür sie so teuer bezahlen sollte. Sie knabberte zuerst nur an der Schale herum und war darauf bedacht, nicht direkt in die Frucht zu beißen. Schließlich verzehrte sie ein winziges Stück und spürte auf der Stelle die Wirkung. Sie wußte plötzlich, daß sie sterblich war, daß ein direkter und unausweichlicher Zusammenhang zwischen ihr und dem Tod bestand. Das Spiel war zu Ende. Gott würde Wort halten und zuschlagen. Sie wußte es.

Doch anstatt aufzuhören und Reue zu empfinden, übernahm sie jetzt selbst die Strategie der Schlange, um mit List und Tücke ihren Mann in die gleiche tödliche Falle zu locken. Sie wußte bereits, was es bedeutete, Gott den Gehorsam zu verweigern, und wollte trotzdem ihren Mann auf die gleiche Bahn bringen. Sie hatte den Fehler begangen und jetzt sollte Adam das gleiche tun. Wenn sie schon zahlen mußte, dann Adam ebenfalls. Der Midrasch betont das in aller Deutlichkeit. Eva benimmt sich wie eine eifersüchtige Frau und der Gedanke, ihr Mann würde sie überleben und vielleicht eine andere heiraten, erschien ihr unerträglich. Wenn sie schon sterben mußte, dann würde sie alles tun, um diesen Weg nicht allein gehen zu müssen.

Aber wo war eigentlich Adam während der ganzen Zeit? Womit beschäftigte er sich, als seine Frau ihrem gemeinsamen Schicksal eine andere Wendung gab? Ein Text sagt: Er schlief. Ein anderer meint es etwas besser mit ihm und sagt, daß er gerade mit Gott spazieren ging, der ihm die Welt zeigte und ihn lehrte, friedlich mit der Natur umzugehen. Wie dem auch sei, Adam war jedenfalls nicht dabei, als Eva ihren Auftritt mit der Schlange hatte. Vielleicht pflegte er auch einfach fortzugehen, wenn ihm das Geschwätz seiner Frau auf die Nerven ging. Er mußte wohl Sehnsucht nach etwas Frieden und Ruhe haben.

Weiter oben wurde bereits festgestellt, daß Adam ein schwacher Mensch war. Er ließ die Dinge auf sich zukommen. Im Gegensatz zu den meisten mythologischen Gestalten drängt er sich dem Leser nicht wie ein großer Menschheitsführer auf, der sein Gesetz diktiert. Er forderte nichts und strebte nicht nach Ruhm und Ehre; er gründete kein Reich und errichtete keinen Tempel. Seine Bescheidenheit ging so weit, daß er sich damit zufrieden gab, in seiner eigenen Tragödie die zweite Rolle zu spielen.

In dem nach den beiden Stammeltern benannten Apokryphenbuch erzählt Eva und nicht Adam diese Tragödie, und zwar in der ersten Person. Am Ende ihres Lebens versammelte Eva ihre Kinder und Kindeskinder um sich und erzählte ihnen die bekannte Geschichte. „Als ich jung war", sagte sie, „bin ich Satan im Paradies begegnet, und sein Gesicht leuchtete, während er Loblieder auf den Herrn sang. Ich habe ihn für einen Engel gehalten, so groß und rein erschien er mir. Dann hat er mich verführt und mich die einzige Tat begehen lassen, die ich niemals hätte begehen dürfen …" Mit anderen Worten: Eva behauptete, es sei nicht ihre Schuld gewesen. Wie konnte sie ahnen, daß Satan der Satan war und kein Sendbote des Herrn?

Eine beängstigende Geschichte. Wer kann mit Sicherheit sagen, daß dieser oder jener Prophet tatsächlich das Wort Gottes verkündet? Wer kann sicher sein, daß der Freund kein Betrüger ist? Alles, was der Mensch sagt und tut, ist doppeldeutig. Wenn der Gute aussähe wie ein Guter und der Böse als solcher zu erkennen wäre, dann wäre das menschliche Leben einfacher. Aber das ist nicht der Fall, nicht einmal im Paradies.

Wie konnte Adam auch nur den geringsten Verdacht hegen, daß seine eigene Frau seinen Tod wollte? Er war zu leichtgläubig und kam gar nicht darauf, nein zu sagen oder zu zögern. Eva reichte ihm die Frucht und er biß hinein, sofort, und ohne eine Frage zu stellen. Vielleicht wußte er nicht, woher die Frucht stammte? Adam hatte nicht wie Eva das Gefühl, das höchste Gebot zu verletzen. Eine Frucht wie jede andere lag in seiner Hand und dann in seinem Mund. Da erst erkannte er seinen Irrtum. Mit einem Mal begriff er, daß er einen Körper hatte, daß er nackt und verwundbar war. Er hatte kein Zuhause mehr und fühlte sich verloren. Das Leben war gegen ihn. Auf wen konnte er sich noch verlassen? Seine eigene Frau hatte ihn verführt, um nicht zu sagen verdammt. Nach dem Biß in die verbotene Frucht wurde er zu einer tragischen Gestalt.

Die Geschichte der Menschen konnte endlich beginnen.

Die Fortsetzung ist bekannt. Die Bibel sagt uns, daß das Paar aus dem Paradies vertrieben wurde. Der Midrasch ist bildhafter und beschreibt die Folgen bis in ihre Einzelheiten. Zunächst die äußeren: Der Körper des Menschen wurde kleiner. Dann die inneren Folgen: Adam verlor seine Macht über die Tiere. Außerdem ging von seinem Körper kein Glanz mehr aus. Und das Schlimmste: Er wurde von Angst gepackt. Einst hatte er aufrecht vor Gott gestanden und ihm zugehört; jetzt versuchte er ihm davonzulaufen. „Wo bist Du?" fragte Gott ihn. Dazu ein Kommentar des berühmten Rabbi Schnëur – Salman von Ljady: Was, Gott sollte nicht gewußt haben, wo Adam sich verbarg? Diese Frage richtet Gott an jeden Menschen und zu allen Zeiten: „Wo bist du? Wo ist dein Platz in der Welt? Wie ist es um dein Leben bestellt ...?" Der Midrasch zieht in Erwägung, daß Adam durch seine Sünde völlig den Kopf verlor und tatsächlich versuchte, sich zu verstecken, so daß Gott ihm vorhalten mußte: Du versteckst dich, Mensch? Glaubst du denn, daß das Haus sich vor dem verstecken kann, der es erbaut hat?

Adam ist nicht mehr der gleiche. Überall ahnt er den Tod, der auf ihn lauert. Alle Dinge, Bilder und Gedanken, sind vom Tod durchdrungen. Die Sonne geht unter? Das ist ein Zeichen dafür, daß mein Ende naht, und ich in der Finsternis vergehen werde. Die Sonne geht auf? Sie wird mich verbrennen. Adam fühlt seinen Niedergang. Er ist der Welt und sich selbst fremd geworden und weiß nicht, wohin er blicken soll. Wer ist sein Feind? Wo hat er sich versteckt? Überall und in ihm selbst. Er wagt keine Bewegung zu machen, kein lautes Wort zu sagen. Unbekannte Mächte springen ihn an und halten ihn fest. Das ist ihm anzusehen, davon ist er überzeugt. Das ganze Getier, daß er jüngst noch zähmte, sieht ihn jetzt aus anderen Augen an, die voller Haß sind. Wenn die Tiere ihn bemerken, verstummen sie, sie wollen sich rächen. Adam hört sein Herz schlagen und fühlt, daß die Freude daraus entwichen ist. Dunkle, quälende Angst ist sein einziger Gefährte. Außerhalb des Paradieses ist er der Zeit unterworfen.

In seiner selbsterbauten Hütte trauert das Paar und weint in der Stille um seine verlorene Unschuld. Bis Eva diesen Zustand nicht mehr erträgt. Sogar im Unglück ist sie noch romantisch und schlägt eine Lösung vor, die ihr Ehre einbringen soll: „Weil ich für unser gemeinsames Leid verantwortlich bin, weil ich dich verführt habe, brauchst du mich nur zu töten – und Gott wird dir die Rückkehr ins Paradies gestatten." Adam weigerte sich natürlich. Er weiß, daß nichts das ungeschehen machen kann, was geschehen ist; nichts kann das Vergangene ändern. Er weiß auch, daß man nicht dadurch gegen den Tod gewinnt, daß man einem andern den Tod gibt.

Der Midrasch berichtet von diesem Vorschlag Evas, um sie uns in einem neuen Licht erscheinen zu lassen: Sie geht in sich und weiß nun, daß ihr Mann unschuldig ist, aber nicht sie, und sieht ein, daß es ungerecht ist, Adam zu strafen und ihn ihr Schicksal erleiden zu lassen.

Ein anderer Text geht noch weiter und will uns glauben machen, daß auch Eva nicht wirklich, nicht ganz und gar schuldig war. Demnach mußte das erste Paar das göttliche Gebot verletzen, um die Entwicklung der Menschheit überhaupt erst möglich zu machen. Wenn Adam und Eva sich für das Leben und gegen die Erkenntnis entschieden hätten, wäre die Weltgeschichte mit ihnen vollendet gewesen. Es hätte weder Strafe noch Tod, weder Kampf ums Überleben noch irgend etwas oder irgend jemand gegeben. Adam und Eva mußten den Herrn verleugnen, damit ihre Nachkommen ihn verherrlichen konnten. Sie waren nicht frei, demnach auch nicht schuldig.

Warum dann aber die Strafe? Der Midrasch versucht eine Antwort zu geben: Mehr als für ihre Vergehen wurden Adam und Eva bestraft, weil sie nach Entschuldigungen und Alibis gesucht hatten. Adam sagte: Das ist die Schuld meiner Frau. Eva sagte: Das ist die Schuld der Schlange. Ihre Schuld bestand darin, daß sie sich der Verantwortung entzogen.

Eine andere Erklärung lautet: Ihre Strafe zeigt die notwendigerweise tragische Grundsituation des Menschen, von der die Ungerechtigkeit nicht zu trennen ist. Gott ist allwissend, aber trotzdem ist der Mensch für seine Freiheit selbst verantwortlich. Eine ausweglose Situation: Sogar in der Verneinung erfüllt der Mensch doch nur den Willen Gottes. Aber das ist kein mildernder Umstand für seine Bestrafung. Haben Adam und Eva deshalb so ungeniert gesündigt, weil sie gegen diese schwere Ungerechtigkeit protestieren wollten? Wollten sie Gott sagen, da wir nicht anders können als diese Sünde zu begehen, werden wir sie frei, bewußt und mit Wissen und Willen begehen? Sollten sie die Gelegenheit ergriffen haben, um ihre Auflehnung gegen die unbegreiflichen Gesetze dessen hinauszuschreien, der sich als Vater und Richter der Menschen versteht?

Mit dem Fall Adams, mag er gerecht oder ungerecht gewesen sein, setzt der dramatischste Teil seines langen Lebens ein. Jetzt wird er zu einer realen und ergreifenden Gestalt. Fern vom Paradies und von Gott zurückgewiesen, nähert er sich Eva wieder. Nie war ein Paar so eng miteinander verbunden. Auf einmal entdeckt es Sinn und Ziel seiner Existenz, nämlich die Welt, die bisher nur erschaffen war, zu gestalten und zu vollenden, ihre Erfahrung zu nützen, sie in Wort und Tat weiterzugeben und dabei nichts auszulassen und nichts zu vergessen. Um sich besser an seine Vergangenheit erinnern zu können, hatte Adam sich vier Pflanzen aus dem Paradies mitgebracht. Sie sind für ihn der sichere Beweis, daß seine Erlebnisse und Versuchungen kein Traum waren. Wohl schmerzt es, wenn er sie in die Hand nimmt, und die alte Wunde brennt dann noch tiefer. Mag sie brennen, es handelt sich darum, über das Vergessen zu siegen und nicht über den Schmerz. Er könnte die Pflanzen ja wegwerfen, aber er hütet sie eifersüchtig. Das Vergessen ist keine Lösung.

Adam und Eva begnügen sich nicht damit, in der Vergangenheit zu leben, sie denken an die Zukunft. Auf den geborstenen Trümmern ihrer Existenz bauen sie sich Heim und Herd, allein und ohne fremde Hilfe. Sie sind dabei, an ihrer Zukunft, d. h. an ihrer eigenen Unsterblichkeit zu bauen. Sie haben zwei Söhne, Kain und Abel. Im apokryphen „Buch Henoch" erzählt Eva ihrem Mann: „Heute morgen hatte ich einen Alptraum. Ich sah, wie unser Sohn Kain seinen Bruder erschlug." Der erste Alptraum in der Geschichte, der später Wirklichkeit wurde wie die anderen.

Die Jahre vergehen, Adam und Eva haben einen dritten Sohn, Seth. Sie lieben ihn, er ist ihre Hoffnung. Adam vertraut ihm ein Buch an, das der Midrasch als Thora identifiziert. An Seth ist es nun, die Lehre an seine Söhne, und an ihnen ist es, sie an ihre eigenen Nachkommen weiterzugeben, bis an das Ende der Generationen.

Adam wird schließlich alt und schwach und krank. Seine Enkel, die sich um ihn scharen, fragen: „Was hast du, Großvater?" – „Ich bin krank." – „Was heißt das? Krank sein, was ist das eigentlich?" – „Ich habe Schmerzen." – „Schmerzen? Was heißt das?" Die tiefe Kluft zwischen den Generationen wird sichtbar; jede hat ihre eigenen Sorgen. Adam spricht, aber seine Enkel verstehen ihn nicht. Er leidet, aber seine Enkel können es nicht wissen.

Seth und seine Mutter haben Mitleid mit ihm. Sie wollen ihm Hilfe bringen und klopfen an die Pforte des Paradieses, um eine Pflanze zu erbetteln, die die Kraft hat, alle Leiden zu heilen. Doch sie werden nicht eingelassen, das Heilmittel wird ihnen verweigert. Sie lassen nicht locker, aber alles Weinen ist umsonst; denn so lautet die Wahrheit: Adam darf nicht länger leben, seine Stunde ist gekommen.

Adam wird sterben und Adam wird uns seinen Tod hinterlassen, aber nicht seine Sünde. Die Idee von der Erbsünde ist der jüdischen Tradition fremd. Wir erben nicht die Sünden unserer Väter, auch wenn wir die Strafe dafür erleiden müssen. Die Schuld wird nicht übertragen. Wir sind mit Adam nur durch die Erinnerung an ihn verbunden, die zu unserer Erinnerung wird – und durch seinen Tod, der auf unseren eigenen Tod hinweist, nicht durch seine Sünde.

Adam hatte das Recht auf eine großartige Totenfeier. Scharen von Engeln und Serafimen geleiteten ihn direkt ins Paradies. Dort ist er noch immer. Von dort schaut er sinnend auf die Menschen, die die eine Welt verlassen, um sie gegen eine andere einzutauschen. Sie, die sich von den Lebenden losreißen, blicken auf ihn. Kein Mensch, sagt der Sohar, stirbt, ohne Adam zu sehen und ihm die Frage nach seiner Schuld zu stellen und ohne ihm zu sagen: „Wegen deiner Sünde muß ich sterben."

Die Legende meint, daß sich Adam davor am meisten fürchtete. Deshalb flehte er den Herrn an, niemals sein Mißgeschick preiszugeben. Ein Text versichert uns, daß sein Flehen erhört wurde: Die wahre Geschichte, die sich vor dem Baum der Erkenntnis abspielte, wird nie an den

Tag kommen. Zwangsläufig muß eine andere Quelle das Gegenteil behaupten. Danach weiß Adam sich zu verteidigen. Wenn ein Sterbender ihn an seine Schuld erinnert, gibt er zurück: „Ich habe nur eine einzige Sünde begangen, du aber deren viele; jedes Individuum ist selbst für seinen Tod verantwortlich."

Aber Adam sieht die Menschen, seine Nachkommen, sterben und darin besteht seine Strafe. Als ob er gleichsam nie aufhören würde zu sterben. Er stirbt mit und in jedem Sterbenden – und mit jedem Sterblichen wartet er auf das Kommen des Messias, der den Tod zunichte machen wird. Adam steht nicht mehr über dem andern, er gehört allen, die sich auf ihn berufen.

Die wahre Strafe Adams besteht darin, daß er seine Einheit verlor. Einst war er wie aus einem Guß, war ein Ganzes. Jetzt ist er zerbrochen. Ein Teil von ihm ist im Paradies zurückgeblieben, während der andere Teil unablässig und voller Heimweh davon träumt. Man könnte eine Weisung des Talmud folgendermaßen umschreiben und sagen: Wir haben nicht das Recht, in die Geheimnisse der Schöpfung einzudringen, es sei denn, um dem Menschen seine Einheit zurückzugeben, die im Anfang vorhanden war. Noch eine Frage: Was bedeutet Adam heute für uns? Sicher ist sein Schicksal einmalig, aber das trifft für uns alle zu. Jeder Mensch muß sich sagen, daß alles, was er tut, auf die ganze Welt bezogen ist. Wer tötet, tötet Adam. Wer tötet, tötet das Bild Adams, tötet im Namen Adams. Jeder einzelne Mensch muß Adam sein für seinen Nächsten. Das ist die Lehre, die aus seinem Abenteuer gezogen wurde oder zu ziehen ist.

Sie ist nicht die einzige. Hier eine andere: Als Adam und Eva aus dem Paradies vertrieben waren, resignierten sie nicht. Sie wurden mit dem Tod konfrontiert und beschlossen, ihn dadurch zu bekämpfen, daß sie Leben schenkten, daß sie dem Leben einen Sinn verliehen. Nach dem Fall gingen sie ans Werk, an die Arbeit für die Zukunft und gaben ihr ein menschliches Gesicht. Auch ihre Kinder werden sterben, aber ein einziger Augenblick des Lebens enthält die Ewigkeit, ein einziger Augenblick des Lebens ist die Ewigkeit wert. Auch noch in dieser Hinsicht unterscheidet sich Adam von den meisten mythologischen Gestalten. Er ist zwar von Gott besiegt, will sich aber nicht selbst verleugnen. Er hat den Mut, sich wieder zu erheben und von neuem zu beginnen. Er begreift, daß der seit Anbeginn verdammte Mensch frei handeln kann und muß, indem er sein Schicksal selbst in die Hand nimmt. Das ist das Wesen der jüdischen Tradition. Trotz seines Falles stirbt Adam als Sieger. Solange er lebte, auch fern vom Paradies und fern von Gott, war er der Sieger und nicht der Tod.

Für die jüdische Tradition, wie die Legende sie überliefert, hörte die Schöpfung nicht mit dem Menschen auf, im Gegenteil, sie begann mit dem Menschen. Als Gott den Menschen erschuf, schenkte er ihm zwar nicht das Geheimnis des Anfangs, aber des Wiederanfangs.

Mit anderen Worten: Dem Menschen ist es nicht gegeben einen Anfang zu setzen, diese Macht steht nur Gott zu, aber der Neubeginn gehört zum Menschen. Der Mensch fängt jedesmal neu an, wenn er sich entscheidet, auf die Seite der Lebenden zu treten und so den alten Plan Adams, des ältesten Menschen, rechtfertigt, dem wir uns verbunden fühlen, sowohl durch die Angst, die ihn bedrängte, als auch durch die Herausforderung, die ihn über das Paradies emporhob, in das wir nie gelangen werden.

Ein Wort des Midrasch: Der Mensch ist sterblich und

begrenzt, er kann die Geheimnisse der Schöpfung nicht fassen; sie existieren, und er weiß es, das muß ihm genügen. Deshalb steht im Buch der Bücher geschrieben, daß Gott im Anfang Himmel und Erde schuf, ohne daß gesagt wird, wie er sie schuf.

Eine Geschichte: Ein Heide besuchte Rabbi Akiba, um ihn zu verspotten.

„Wer hat die Welt erschaffen?" fragte er ihn.

„Gott, gelobt sei er", erwiderte der Weise.

„Wirklich? Beweise es."

„So sei es", sagte Rabbi Akiba. „Komm morgen wieder."

Der Heide kam am nächsten Morgen zurück.

„Was hast du an?" fragte der Weise.

„Seltsame Frage", sagte der Heide, „einen Anzug."

„Wirklich? Und wer hat ihn gemacht?"

„Der Schneider."

„Beweise es", sagte Rabbi Akiba.

Darüber ärgerte sich der Heide.

„Was, du weißt nicht, daß der Schneider die Kleider macht, die wir tragen?"

Darauf gab der Weise zurück:

„Und du weißt nicht, daß Gott die Welt gemacht hat, in der wir leben?"

Der Heide ging fort.

Die Schüler des Rabbi Akiba, die den Gesprächen beigewohnt hatten, wunderten sich darüber. Sie sahen keine Zusammenhänge. Da gab ihnen der Weise folgende Erklärung:

„Wisset, meine Kinder, ebenso wie das Haus vom Erbauer, das Kleid vom Schneider und die Tür vom Zimmermann zeugt, ebenso ist und bleibt die Welt Zeugnis für Gott. Es genügt sie zu betrachten, um zu begreifen, daß sie ein Beweis für Gott ist.

Ein Wort des Rabbi Simeon: Hienieden wird alles geordnet durch den Geist des Himmels. Der Grashalm wächst nur, weil ein Engel dort oben ihn dazu bringt und ihm sagt: „Wachse – denn das ist der Wille Gottes".

Ein Gleichnis: Am dritten Tage, als Gott den Pflanzen und Bäumen Saft und Samen gegeben hatte, stieß er auf unerwartete Probleme: Die Zedern des Libanon dünkten sich besonders groß und bildeten sich darauf etwas ein. Deshalb beschloß Gott, das Eisen zu erschaffen. Als die Bäume begriffen, was ihnen drohte, begannen sie zu weinen: „Welch ein Unglück für uns, alle werden wir durch die Axt gefällt werden!" Gott aber beruhigte sie: „Ohne Stiel ist die Axt nur ein Stück Eisen; der Stiel jedoch ist aus Holz gemacht, trachtet deshalb danach in Frieden zu leben, euch nicht gegenseitig zu verraten, bleibt miteinander verbunden und füreinander verantwortlich, und das Eisen wird ohnmächtig gegen euch sein."

Ein Zitat: Vor der Schöpfung hatte Vorrang: die Thora, der himmlische Thron, die Patriarchen, Israel, der Tempel und der Name des Messias.

Kommentar des Rabbi Akiba über den Vers „Und Gott sah, was er gemacht hatte, und sah, daß es gut war": Der König David hatte recht, als er die wunderbare Vielfalt der Werke des Herrn bewunderte. Es gibt nämlich Geschöpfe, die nur im Wasser leben, und andere, die nur auf der Erde bestehen können. Wenn die ersten sich aus dem Wasser wagen, gehen sie zugrunde, wenn die zweiten ins Wasser gehen, ertrinken sie. Dann gibt es Geschöpfe, die im Feuer, und andere, die in der Luft leben. Wenn die ersten die Luft einatmen, verenden sie, *wenn die zweiten sich dem Feuer nahen, verbrennen sie. Ja, Gott hat für jede Art ihren Lebensraum, ihre eigene Welt vorgesehen.*

Ein Wort des Sohar: Am sechsten Tage, als Gott den Menschen erschaffen hatte, sprach er: „Bis hierher reicht mein Werk, jetzt ist es an dir es forzusetzen.“

Eine chassidische Geschichte: Ein Schüler machte vor dem Rabbi Menachem Mendel von Kotzk die Bemerkung: „Gott, der vollkommen ist, hat in sechs Tagen die Welt, die man wohl kaum vollkommen nennen kann, geschaffen, wie ist das möglich?“ Und der Rabbi fuhr ihn an:

„Würdest du es besser machen?“

„Ich denke schon“, stammelte der Schüler, ohne zu wissen, was er sagte.

„Du würdest es besser machen?“ rief der Meister aus. „Aber worauf wartest du dann? Du hast keinen Augenblick zu verlieren, geh und mache dich an die Arbeit!“

Ein Wort des Midrasch: Die Welt, die wir kennen, ist nicht die einzige, die Gott erschaffen hat. Gott schafft unabläßlich andere Welten, die er immer wieder zerstört, weil sie ihm keine Freude bereiten.

Kain und Abel:
Der erste Völkermord

Bei oberflächlicher Betrachtung könnte man von absurdem Theater sprechen. Zwischen dem Verbrechen und der Strafe besteht, außer dem gleichen Bericht darüber, keinerlei Zusammenhang.

Die Geschichte ist düster und beklemmend, sie besitzt nicht einmal tragische Schönheit und ist jeder Größe, sogar göttlicher Größe, bar. Sicher spielt sie im Raum des Absoluten, aber es handelt sich um eine Auseinandersetzung auf drei Ebenen: Zwischen dem Menschen und einem Gott, der sehr präsent und feindselig ist, zwischen dem Menschen und seinem Bruder, der ihm zugleich Rivale und Verbündeter ist, und schließlich ist es eine Auseinandersetzung im Menschen selbst, der, hin- und hergerissen zwischen Gut und Böse, zwischen Fluch und Gnade schwankt. Das eine ist ewig wie das andere, ist in ihm, für alle Zeiten.

Zwei Brüder, von denen einer dem anderen neidet, was er besitzt, seine Erinnerungen und seine Einsamkeiten, und die nicht miteinander auf der gleichen Erde leben können, deren alleinige Besitzer sie noch sind. So rufen sie als Schiedsrichter den Tod herbei, und der hat selber noch keine Geschichte.

Hier handelt es sich noch nicht wie bei Abraham um einen Vater, der den Vater aller Menschen dadurch herausfordert, daß er seinen Sohn auf dessen Befehl zum Opferaltar führt; und es handelt sich auch nicht mehr um das Bild, das sich Adam, der erste Mensch, in seiner Verblendung von seinem und unserem Schicksal machte. Der Ort des Geschehens ist irgendwo und überall. Die Zeit: Nach dem Anfang, nach der Schöpfung, nach dem Sabbat. Bleierne Wolken lasten auf der Welt, das Fest ist aus, der Himmel hat sich von der Erde zurückgezogen, die Geschöpfe sind müde geworden, ernüchtert und enttäuscht.

Adam hatte den Vorteil, als erster voller Begeisterung den Kosmos zu entdecken, mit den staunenden Blicken eines Schülers, der das Werk des Meisters bewundert. Aber das gilt nicht mehr für seine beiden Söhne. Sie erinnern sich nur an den jähen Sturz.

In dieser Übergangsperiode ist der Mensch nicht mehr allein, noch nicht sterblich und sich seiner Möglichkeiten und Grenzen noch nicht bewußt. Da sich seine Vergangenheit nur auf das eigene Erinnerungsvermögen beschränkt, hat er noch keine Zukunft, aber er kann sie nicht mehr zurückweisen, er ist zum Leben verdammt. Das Unbekannte um ihn und in ihm zieht ihn an und macht ihm Angst, aber dennoch wird er unaufhaltsam seinen Weg gehen, bis zum Mord und bis zur Gewissensqual. Was er tut, wird sich unwiderruflich im Blut und nicht in heiliger Begeisterung vollziehen. Was er unternimmt, ist nicht rückgängig zu machen, es wird in unnötiger Gewalt und im Finstern enden, nicht im Gebet.

Eine bedrückende Geschichte, die uns nicht anspricht, nichts hat, was über sie hinausweist und keine Tür zu einem verborgenen Heiligtum öffnet. Sie führt das Böse in seiner niedrigsten Form vor Augen, als primitive, nackte, phantasielose Untat. Instinkte diktieren die Spielregeln, niedrige Instinkte und kein göttliches Gebot. In diesem Falle hat Gott weder den Mörder noch das Opfer auf die Probe gestellt. Beide haben in voller Freiheit gehandelt, dumpf und verständnislos, ohne überhaupt den Versuch zu machen, sich zu verstehen.

Trotzdem handelt es sich um zwei Wesen, die uns nicht kalt lassen können. Zwei Menschen, die gezeichnet und vorbestimmt sind. Kain, der erste Mörder und vielleicht der erste Rächer. Abel, das erste Opfer, der erste Mensch, der die Welt stumm und ohne ein Wort des Bedauerns, ohne ein Zeichen des Widerspruchs verläßt.

Warum wählte Kain die Gewalt und Abel die geduldige Ergebung? Wie ist es zu erklären, daß der eine sich nicht gegen die Rolle des Henkers und der andere sich nicht gegen die des Opfers gewehrt hat?

Wir verstehen die beiden nicht, spüren aber dunkel, daß ihr Schicksal uns angeht. Was sie erleben, ist der erste Völkermord und mehr als das Modell für einen Krieg. Ihr Verhalten ist uns nicht fremd. Alles, was sie dazu treibt, nimmt unser eigenes Verhalten in sogenannten Extremsituationen vorweg. Im Grenzbereich konfrontieren sie uns mit einem doppelgesichtigen Wesen, das wir nicht anschauen können, ohne vor Angst zu zittern. Und Angst, das ist der Name für diese Geschichte. Eine grund- und ausweglose Angst, die keine Überwindung und keine Erlösung kennt. Kain und Abel stellen die ganze damalige Menschheit dar. Die Auswahl ist beschränkt auf Mörder oder Opfer. Das ist alles. Mörder oder Opfer, Zuschauer oder Zeugen gibt es nicht. Und Gott? Er ist Richter, Teilnehmer, Komplize.

Aber warum wird uns diese schauerliche Geschichte erzählt? Was haben wir davon, sie zu enträtseln, darzulegen, zu behaupten, zu widerlegen? Keine Erzählung hat so wenig Würde, und kein Ereignis ist bedrückender. Warum muß sich der Mensch von heute, warum muß sich jedermann daran erinnern? Warum müssen wir immer dann auf diese beiden Brüder stoßen, wenn unser

Blick den Umkreis und den zurückgelegten Weg prüfend betrachtet?

Keine Situation in der Bibel schließt soviele Fragen und soviele Ungewissheiten mit ein.

Befragen wir zuerst den Text. Das Ereignis selbst wird in wenige Sätze zusammengedrängt, die voller Anspielungen und von einer sogar in der Bibel selten anzutreffenden Dichte sind. Der Stil ist nüchtern und sachlich, die Handlung wird schnell und mit fliegendem Atem erzählt. Der Wechsel erfolgt gründlich, nur das wesentliche wird gesagt. Namen, Berufungen und Konflikte, Leben ohne Liebe, Töten ohne Haß. Ein paar Mißverständnisse, ein paar Fehlinterpretationen, und das Drama ist da. So artet eine rührende Kameradschaft unter Brüdern, eine Jünglingsfreundschaft in Unheil aus. Der gradlinige, bis zum Zerreißen gespannte Bericht liest sich wie ein tragisches Dreipersonenstück in 3 Akten, das dreimal auf ganz verschiedenen Ebenen gespielt werden müßte. Beim ersten Lesen ist Kain der Abstoßende, beim zweiten Abel, und beim drittenmal der, der sie manipuliert hat.

Hören wir zu.

Es war einmal ein Mann namens Kain und sein Bruder hieß Abel. Berufen, das Reich, in dem ihre Eltern sich plagten, miteinander zu teilen, stritten sie sich um die Gunst des Himmels und standen sich schließlich in allen Rollen, die die Beziehungen des Menschen zu seinem Nächsten bestimmen, feindlich gegenüber.

Obwohl beide am gleichen Tage geboren wurden, ist Kain nach dem Midrasch der älteste. *Kaniti ish eth adoshem*, sagte seine Mutter Eva, als sie ihm das Leben schenkte und rühmte sich damit; denn wörtlich bedeutet der Satz: Ich habe einen Mann gekauft, ich habe ihn mir besorgt *mit* Gott, in Gott und durch Gott. Das hat im übertragenen Sinne eine andere Bedeutung: Zum erstenmal ist der Mensch an der Erschaffung eines menschlichen Wesens beteiligt. Zum erstenmal ist ein menschliches Wesen ganz und gar menschlich, d. h. ist Werk des Menschen, ist seine Verantwortung. Kain ist ausschließlich Angelegenheit seiner Eltern, Gott hat damit nichts zu tun. Vielleicht liegt darin eine Erklärung für das Temperament des jungen Mannes. Er ist anspruchsvoll, hochmütig und mißtrauisch und jähem Stimmungswechsel unterworfen. Ein Mensch der Tat, der glaubt, daß ihm alles erlaubt sei, und ein merkwürdiger Mensch, der sich unverstanden fühlt. Er ist eroberungssüchtig und ehrgeizig und braucht Selbstbestätigung, er muß gewinnen; sonst ist er unglücklich, böse und nachtragend und haßt die ganze Welt und sich selbst dazu.

Der jüngere, Abel, erscheint anziehender. Er ist ein romantischer Hirte, der ständig unterwegs ist, die Wege und den Wind liebt und sich nirgendwo zuhause fühlt. Er hat kein Zuhause und will auch keins. Als ewiger Wanderer, der überall Wunder sieht, zieht er wie ein unschuldiges Kind durch die Welt. Scheu und schüchtern, sanft und nachgiebig, staunt er über das Rauschen der Bäume oder ganz einfach darüber, daß er überhaupt lebt. Er ist fähig zu geben und zu empfangen, ist der Prototyp des kindlich gebliebenen Menschen.

Beide Brüder bringen, wenn auch aus verschiedenen Gründen, Gott Opfergaben dar, und dieser zieht die des Jüngeren vor, während er die des Älteren zurückweist. In seinem verletzten Stolz müßte sich Kain logischerweise mit Gott anlegen, er zieht es jedoch vor, sich gegen seinen Bruder zu wenden, und tötet ihn.

In der folgenden Szene denken wir uns Gott in der Rolle des Untersuchungsrichters. Noch klagt er Kain nicht des Mordes an. Er stellt seine Fragen geschickt und geht als gewiefter Psychologe ganz sanft vor. Er spielt mit dem Verdächtigen, bevor er ihn in Verwirrung stürzt. Er stellt ihm in einem eher freundschaftlichen Ton eine unverfängliche Frage und damit zugleich eine Falle. „Wüßtest du nicht zufällig, wo dein Bruder wohl herumspazieren könnte?" Als wenn Gott nicht alles wüßte. Das ist natürlich eine List, aber Kain soll nicht merken, daß Gott Bescheid weiß. Und Kain, der noch nicht begriffen hat, daß Gott Gott ist, und daß er Schweigen und Geheimnis ist, der arme Kain geht in die Falle: „Mein Bruder? Keine Ahnung; bin ich denn sein Hüter?" Aber jetzt legt Gott die Karten auf den Tisch und holt zum großen Schlag aus: „Ich höre die Stimme deines Bruders, sie dringt heulend aus dem Schoß der Erde." Wie ein Blitz aus heiterem Himmel fallen die Masken. Um diese Achse dreht sich das Stück; der Bericht ändert Richtung und Ton. Mit einem Schlag verliert Kain seinen Hochmut; er ist gefaßt und weiß es. Er macht sich ganz klein, nimmt sein Schicksal an und erwartet es mit gesenktem Kopf: „Meine Sünde ist zu groß, zu groß ist meine Schuld, als daß sie ertragen werden könnte ... soll ich mich vor deinem Antlitz verbergen?"

Der Epilog? Kain, der Verfluchte, der am Leben bleibt, er wird ein unsteter Wanderer wie es sein ermordeter Bruder einst war, und wie er wird er von einem Mitglied seiner Familie umgebracht. Kain wird zu Abel, er erbt sein Schicksal, aber nicht seine Unschuld.

Der Text ist lückenhaft, denn menschlich und pädagogisch betrachtet, müßte der Leser sich Sorgen um die Eltern machen.

Adam und Eva sind immerhin noch am Leben, und es geht ihnen gar nicht schlecht. Wo stecken sie, während ihre Kinder sich streiten? Können sie nicht eingreifen, ein Machtwort sprechen? Den einen zurechtweisen und den anderen besänftigen? Sie zur Vernunft bringen, ihnen ruhig aber bestimmt erklären, was es mit dem Leben, vor allem mit dem Leben in der Gemeinschaft, auf sich hat? Sicher, Kain ist ein schwieriges Kind, aber warum versucht Adam nicht ein gutes Wort für ihn einzulegen und sein Verhältnis zum Himmel zu verbessern? Adam ist nirgendwo zu sehen. Als seine Anwesenheit dringend erforderlich ist, ist er unauffindbar. In dem Augenblick, da Kain Schwierigkeiten mit Gott und Abel Schwierigkeiten mit Kain hat, ist er nicht da. Als ob ihn die Erziehung und die Probleme seiner Söhne kaum etwas angingen. Er ist zu beschäftigt, der Vater. Er arbeitet hart, er verdient sein Brot im Schweiße seines Angesichts. Gut, aber wo ist denn Eva? Hat sie auch nur einmal versucht, zwischen Kain und Gott, zwischen Kain und seinem Bruder zu vermitteln? Was macht sie eigentlich, während ihre wilden und frühreifen Kinder eine Mutter brauchen. Sie müßte den Schiedsrichter spielen, mit ihnen schimpfen und zeigen, daß sie sie gern hat. Wie soll man diesen pädagogischen Mißerfolg, den ersten und wahrscheinlich folgenreichsten der Geschichte, erklären und rechtfertigen? Ist er auf den berühmten Graben zurückzuführen, der früher wie heute die Generationen trennt und die Eltern unfähig macht, ihre Kinder zu verstehen, mit Einfühlungsvermögen zu erziehen?

Noch viel schwerwiegender sind die theologischen Fragen, die sich stellen. Begeht Gott durch die Zurückweisung der Opfergaben Kains nicht einen Akt der Diskriminierung? Aus welchem Grunde bevorzugt er Abel? Weil seine Gaben laut Midrasch von besserer Qualität waren? Sollte für Gott der Wert einer Gabe zählen, auch für Gott? Oder zieht er Abel wegen seiner Schwäche vor – denn Gott liebt die Schwachen – oder wegen seiner Jugend? Will denn sogar Gott der Jugend gefallen?

Oder gibt es einen anderen Grund? Kain braust leicht

auf, stiftet Unruhe und redet ununterbrochen, während sein Bruder lieber zuhört und nachdenkt. Ist das ein Grund für Gott, für den einen und gegen den anderen Partei zu ergreifen? Oder wollte Gott bereits zeigen, daß die Ungerechtigkeit seit jeher und für immer in den sozialen Bedingungen steckt, daß die Menschen zwar Brüder, aber nicht gleich sind? Wie kann man sich vorstellen und begreifen, daß es einen Gott gibt, der als höchster Richter mit seinen Geschöpfen spielt und aus Menschen unversöhnliche Feinde macht?

Schließlich hat Kain noch kein Gebot übertreten; er hat tatsächlich noch nichts getan oder gesagt. Sogar in Gedanken scheint seine Haltung Gott gegenüber noch untadelig zu sein. Die Idee mit den Opfergaben stammt von ihm; Abel hat sie bloß imitiert. Und was tauscht Kain dafür ein? Eine Zurückweisung. Warum eigentlich? Wozu diese grundlose und noch dazu öffentliche Demütigung? Schlimmer noch, als Gott schließlich das Wort an ihn richtet – um ihm seine Enttäuschung vorzuwerfen –, bedient er sich einer unverständlichen Sprache: „Die Sünde steht vor deiner Tür ... Es ist an dir, sie zu bezwingen."

Kain glaubt ein Recht auf Trost oder wenigstens auf eine Erklärung zu haben, aber alles, was er bekommt, ist eine Moralpredigt, eine Warnung. Er fühlt sich beleidigt und zu Unrecht zurückgewiesen. Da steht er mit seinen Opfergaben, und niemand will sie. Was soll er denn machen? Schmerz und Leid stillschweigend herunterschlucken? Das hat ihm niemand beigebracht. Stumm leiden? Er weiß nicht, wie man das macht? Es ist eigentlich ganz natürlich für ihn, sich auszutoben, der Leidenschaft, die ihn packt, nachzugeben und rückwirkend das Unrecht, dessen Opfer er ist, dadurch zu rechtfertigen, daß er handelt, zuschlägt und tötet.

Dieser Eindruck ergibt sich aus dem Text. Von Gott zurückgestoßen, fällt Kain in eine düstere Depression, und Gott fragt ihn mit einem Schuß spürbarer, wenn nicht provozierender Grausamkeit: „Warum diese Bitterkeit auf deinem Gesicht? Warum bist du denn so niedergeschlagen, Kain?" Als wenn Gott nicht Bescheid wüßte, als wenn Gott nicht selbst der Grund wäre!

Wenn man nach Ton und Rhythmus der Entgegnungen urteilt, könnte man sagen, daß Gott sich bemüht, den Druck auf Kain zu verstärken, um ihn zum Äußersten zu treiben. Indem er ihn verleugnet, ihn lächerlich macht, seinen Handlungen ihren Sinn nimmt, sucht er ihn aus dem Gleichgewicht zu bringen. Kain weiß nicht mehr, was Recht und Unrecht ist. Plötzlich sieht er seine Welt zusammenbrechen und weiß nicht mehr, was er mit seinem Leben anfangen soll. Er sucht nach einer Tat, die nicht umsonst ist und sich in das Gedächtnis der Menschheit einschreibt. Es ist befremdend, er wird töten, um zu fühlen, daß er wirklich lebt, um schneller zu der unausweichlichen und unausweichlich tragischen Entscheidung zu gelangen. Wie geschaffen für eine solche spektakuläre und endgültige Tat, kann Kain gar nicht anders als töten; nicht er wählt das Verbrechen, das Verbrechen wählt ihn.

Hier stehen wir vor einer anderen Frage: Wenn Kain tatsächlich für den Mord geschaffen ist, wie soll man in ihm dann nicht ein Opfer Gottes sehen, so wie wir Abel für ein Opfer des Menschen halten?

Abel ist Opfer, das ist klar, er ist der Prototyp des Opfers. Das ist seine Rolle von Anfang an, schon sein Name bedeutet Unwichtigkeit, Vergeblichkeit. In ihm sollen sich alle Opfer aller Zeiten wiedererkennen. Wie er sind sie da, um zu leiden und zu verschwinden, sind da, damit der Mörder seinen Blutdurst stillen kann. Und das stört uns an der Geschichte Abels. Wer begreift, warum und mit welchem Recht ihm Gott das Leben geschenkt und ihn in die Welt gesetzt hat? Um dem Mörder einen Dienst zu erweisen? Welche Sünde hat Abel begangen, um ein solches Los zu verdienen? Jeder Tod ist eine Folge der Sünde, versichert der Midrasch. Auch im Falle Abels? Ist er ein Sünder? Ein Verbrecher? Er ist doch nur ein armer Träumer, ein Reiner, ein Gerechter, und er wird zu den Vätern des Menschengeschlechts gerechnet.

Eine Legende behauptet, er habe nur 50 Tage gelebt — sicher zu kurz, um die höchsten Gebote der Thora zu verletzen. Es stellt sich die Frage: Zugegeben, Gott brauchte einen Mörder, warum machte er dann Abel zu dessen Opfer? Nach welchen Kriterien verteilte er die Rollen? Wodurch verdiente Abel diesen frühen Tod, ohne Zeit zu haben, etwas aus seinem Leben zu machen?

Mit seinem Gefühl für die Spannung, die die biblische Erzählung belebt, versucht der Midrasch Einzelheiten und Kommentare herauszuarbeiten. Der Midrasch ist für die Bibel, was die Phantasie für die Erkenntnis ist. Aber in diesem Sonderfall scheint der Gegenstand die Autoren einzuschüchtern. Rabbi Simeon bar Jochai erklärt diese Zurückhaltung. „Von dieser Episode", sagt er, „kann man nicht reden, noch weniger kann man sie kommentieren." Es gibt nur wenige Legenden über Kain und Abel, weniger als über die anderen biblischen Gestalten. Wir hören von Abraham und seinem Vater, von Moses und Aaron, von Pharao und seinen Ratgebern. Wir können ihr Bild aufgrund der Schriften des Midrasch rekonstruieren, aber bei Kain und Abel ist das nicht möglich. Der einzige Versuch, uns eine grobe Skizze von Kain zu hinterlassen, stammt von seinem Enkel Lamech, und der war blind. Was die rabbinischen Erzähler angeht, so scheinen sie gespürt zu haben, daß dieses Ereignis zu weittragend ist, noch weiter geht als später das Geschehen auf dem Berge Morija, wo Isaak gerettet wird. Abel wurde nicht gerettet.

Dafür hat der Midrasch nun eine Reihe allerdings recht halbherziger Erklärungen, mit denen er die Tragödie geradezu verdeckt. Unsere Weisen, die durch den jähen Einbruch des ersten Mörders in die Schöpfung gebannt sind, wollen unbedingt eine Erklärung dafür finden. Einige stützen ihre These auf materialistische Motive, andere auf sexuelle Triebe, wieder andere auf religiöse Überlegungen. Auf diese Weise werden alle Leidenschaften, die Nährboden für Kriege sein können, aufgeführt, und jedes Temperament kommt auf seine Kosten.

Erste Hypothese. Die ganze Geschichte war nur eine banale Erbschaftsangelegenheit. Kain und Abel streiten sich um das Hab und Gut ihrer Eltern, also um die ganze Welt. Kain nimmt die nichtbeweglichen Güter, die Immobilien, und Abel das Übrige. Der Konflikt bricht in dem Augenblick aus, als der Älteste, geizig und unzufrieden wie er ist, den Bruder von dessen Land vertreiben will: „Räume das Feld, auf dem du gehst, flieg meinetwegen in die Luft, die gehört mir nicht, aber der Boden gehört mir."

Die Antwort des kleinen Bruders läßt nicht lange auf sich warten: „Ausgezeichnet, doch wenn das so ist, dann ziehe die Kleider aus, die du trägst; denn die Wolle, aus der sie gemacht sind, stammen von meiner Herde, und da mir die Herde gehört, gehört mir auch die Wolle!" Ein Wort gibt das andere, eine Beleidigung folgt der anderen, die Auseinandersetzung wird immer heftiger. Und Gott muß plötzlich feststellen, daß Worte zum Mord führen können.

Eine solche Erklärung könnte vielleicht den Leuten passen, bei denen ökonomische Spannungen die Antwort auf alle Fragen sind. Dummerweise liegt hier ein Irrtum vor; denn es wird außer acht gelassen, daß die beiden Brüder das Erbe ihrer Eltern einfach deshalb nicht unter sich aufteilen können, weil diese noch am Leben sind. Natürlich sind Adam und Eva nicht mehr die Jüngsten, aber so alt sind sie wiederum auch nicht, werden sie doch bald einen dritten Sohn, Seth, haben. Mit welchem Recht beanspruchen Kain und Abel Güter, die ihnen noch nicht gehören? Versuchen sie ungerechtfertigt in ihren Besitz zu gelangen? Ist es vorstellbar, daß ihre Eltern sie dabei einfach gewähren lassen?

Angesichts dieser Schwierigkeit stellt der Midrasch eine zweite Theorie auf: „Cherchez la femme". Gut und schön, aber welche Frau? Hier gibt es zwei Hypothesen:

1. Die beiden Brüder streiten sich wegen der einzigen Frau, die es in ihrem Leben gibt, wegen Eva, der Gattin Adams (und alles, was Freud einmal über den Ödipuskomplex meint entdecken zu können, wäre nichts als ein Kommentar dazu).

2. Die „femme fatale" ist niemand anders als die Zwillingsschwester Abels, von der eine Quelle zu berichten weiß, daß sie die schönste Frau der Welt gewesen sei. Kain ist dazu bestimmt, sie zu heiraten, und sein kleiner Bruder ebenfalls, was die Dinge kompliziert. Kain pocht auf das Recht der Erstgeburt, Abel beruft sich auf das Schicksal: „Wir sind zusammen auf die Welt gekommen und werden zusammen bleiben."

Ob Mutter oder Schwester, auf jeden Fall hätte eine Frau den ersten Bruderkrieg der Geschichte provoziert. Wegen einer enttäuschten Liebe verliert Kain seine Seele, Abel sein Leben und wir, die wir ihnen ähnlich sind, unser gutes Gewissen.

Eine hervorragende, ja attraktive Theorie. Leider findet sich in der Bibel kein einziger Hinweis auf eine solche Schwester. Man hätte sich doch wenigstens darauf einigen können, ihr Namen und Identität zu geben, vielleicht hätte man sie auch fragen können, welchem der beiden zur Verfügung stehenden Verehrer sie den Vorzug gäbe. War es also Eva, die sie begehrten? Auch hier klingt die Erklärung nicht gerade überzeugend, denn schließlich hätte Adam in dieser Frage noch ein Wörtchen mitzureden gehabt.

Eine dritte und letzte Möglichkeit. Danach hätte sich der Streit um spirituelle, religiöse oder sakrale Dinge gedreht. Als Kain und Abel das Universum teilten, hätte der Ältere die irdische, sein Bruder die künftige Welt gewählt. Nach einer gewissen Zeit hätte Kain mehr, nämlich auch ein Stück der anderen Welt, verlangt und Abel wäre damit nicht einverstanden gewesen. Darauf sei Kain in Zorn geraten und hätte ihn getötet.

Noch eine andere Vorstellung gibt es. Die beiden Brüder streiten sich um den Tempel zu Jerusalem. Jeder will ihn auf seinem Grund und Boden haben. Der Familienzwist wäre demnach letztlich ein Religionskrieg gewesen. Diese mystische Motivation scheint paradoxerweise vernünftiger; denn Jahrhunderte um Jahrhunderte wird um Jerusalem immer wieder Blut vergossen.

Leider muß auch hier noch eine ganze Reihe verschiedener Einwände erhoben werden. Die zukünftige Welt ist im Prinzip allen Menschen versprochen, und niemand kann einem anderen den Zutritt dazu verwehren. Nur Gott kann Kain aufnehmen oder verstoßen, nur Gott kann die Pforten dort oben öffnen oder schließen. Abel hätte dann seine Machtbefugnis überschritten. Aber konnte er den Tempel überhaupt auf seinem Terrain errichten, da er rein juristisch doch gar kein Land besaß?

Letzen Endes würde eine solche Hypothese nicht Kain, sondern Abel ins Unrecht setzen, dessen Verhalten so unsinnig wie ungesetzlich ist. Kain hat recht, sich aufzuregen, Abel übertreibt und maßt sich etwas an. Er besitzt kein Stückchen Land auf der Welt und beansprucht das kostbarste, um darauf das allerheiligste Bauwerk zu errichten. Kain wäre kein Mensch gewesen, wenn er da nicht vor Wut geplatzt wäre.

Es ist unnötig, noch einmal daran zu erinnern, daß die Apologeten nicht wörtlich genommen werden dürfen. Kain und Abel sind Symbole und Beispiele für die stärksten Triebe, die die Mitglieder der menschlichen Gesellschaft in Haß, Blutvergießen und Kriege stürzen und schließlich zur Selbstzerstörung führen: Sexuelle Besessenheit, Besitzgier, religiöser Fanatismus, Fanatismus überhaupt.

Aber trotzdem bleibt das Ereignis ungeklärt, die Akte offen. Mögen die Thesen noch so logisch oder scharfsinnig sein, keine ist unwiderlegbar. Wir tappen im Dunkeln. Wir wissen immer noch nicht, warum Kain getötet hat und Abel sich töten ließ.

Hätte sich der Midrasch nicht im Laufe seiner Untersuchung die Routinefrage stellen müssen, die sich jeder Polizist stellt: Wem nützt das Verbrechen? Er verzichtet auf diese Frage. Aus gutem Grund. Diese Frage ist unheimlich, denn sie verwickelt einen anderen als den Mörder in die Sache. Und nach dem Mörder braucht man nicht zu suchen. Seine Identität steht von Anfang an fest. Deshalb können wir den eigentlichen Beweggrund nicht fassen. Unter anderen Umständen hätte der Midrasch sicher die bequemen und zuverlässigen Dienste Satans herangezogen, um ihm die Verantwortung aufzubürden. Hier nicht, denn der Midrasch merkt sehr wohl, daß alle Fragen und alle Antworten beim Menschen beginnen und beim Menschen enden müssen, sogar die Fragen, auf die es keine Antwort gibt.

(Nun sind unlösbare Fragen nur in der Literatur von Nutzen. Kain und Abel wären demnach Romanfiguren? Warum nicht. Ein schlechter Roman enthält bekanntlich drei Personen; die bekannte Dreiecksgeschichte. Ein guter Roman hat deren zwei, und ein echter Roman beschränkt sich auf eine einzige Person. Sollte Kain aus rein literarischen Gründen Abel beseitigt haben?)

Was den Mord selbst betrifft, so tut der Midrasch nichts, ihm aus dem Weg zu gehen oder seine Entsetzlichkeit abzuschwächen. Im Gegenteil, er bedient sich einer realistischen, einer geradezu anschaulichen Beschreibung. Die beiden feindlichen Brüder sind allein. Niemand ist da, der sie reizen oder beruhigen könnte, und es ist kein Spiel, sondern bitterer Ernst. Sie sind entschlossen, alles zu versuchen, um den Dingen auf den Grund zu kommen. Eine Rechnung wird beglichen, und das kann nur böse enden. Wie wild ergreift Abel die Flucht; Kain verfolgt ihn. Abel hetzt einen Hügel hinauf. Kain ist ihm auf den Fersen. Sie springen von Gipfel zu Gipfel, stürzen vom Gebirge ins Tal, aus dem Tal in den Wald, vom Wald wieder ins Gebirge, vom einem Ende der Welt zum andern, von einer Welt zur anderen und schließlich stehen sie wie zwei Wilde sich Aug in Auge gegenüber. Und im selben Augenblick umklammern sie sich zum letzten Kampf, zur tödlichen Umarmung. Plötzlich wechselt der Midrasch ganz abrupt die Sicht. Er zeigt, wie der starke, körperlich unbezwingbare Kain vor seinem Gegner die Flucht ergreift. Mit einem Mal gewinnt Abel die Oberhand, ist er der Sieger. Der schmächtige und ungeschickte Träumer hat seinen Gegner ganz in der Hand. Kain ist kaum wiederzuerkennen, er ist erledigt und fleht seinen Bruder auf den Knien um Erbarmen an. Abel stellt sich taub, doch Kain kennt seine schwache Stelle: Die Eltern. „Abel, mein Bruder", sagt er, „wir sind hier ganz allein. Wenn du ohne mich nach Hause kommst, was werden unsere Eltern dann sagen?" Und schon sieht Abel Vater und Mutter tieftraurig vor sich stehen und bekommt Mitleid. Er löst die Umklammerung, und auf diesen Augenblick hat Kain nur gewartet. Mit raubtierhafter Schnelligkeit springt er auf, schlägt zu und tötet. Abel ist Opfer seines eigenen Mitleids.

Die folgende, noch dramatischere Szene regt die Phantasie noch mehr an. Der Beschuldigte steht seinem Richter gegenüber.

Kain ist zu klug, um die Fakten abzustreiten, und zu gewitzt, um sie einfach zuzugeben, und greift zum Humor. Der Mord scheint ihn verändert zu haben, er ist nicht mehr so verbockt; er diskutiert, legt sich eine Verteidigungsstrategie zurecht und wird sogar ironisch. „Herr des Universums", sagt er, „mir scheint, als klage man mich des Mordes an. Wer ist denn der Kläger? Meine Eltern, die hier unten leben, wissen von nichts. Wie hast du es gemacht, um im Bilde zu sein? Solltest du dort oben Denunzianten haben?"

Später setzt er auf die Vernunft: „Herr des Universums, wir wollen doch logisch sein, ich habe noch nie einen Leichnam gesehen und weiß nicht, was der Tod ist, konnte ich im voraus wissen, daß es genügt, einen Menschen zu schlagen, um ihn zu töten?"

Er erscheint noch erfinderischer, als er, Naivität heuchelnd, zum Gegenangriff übergeht: „Herr des Universums, du erklärst mich für schuldig. Ich soll schuldig sein? Wessen denn? Daß ich mich habe erwischen lassen?

Man stelle sich einen Dieb vor, der in einem fremden Garten überrascht wird; er kann zum Wächter sagen, mein Beruf ist es zu stehlen; und dein Metier, mich daran zu hindern; wenn es mir nun gelungen ist in den Garten einzudringen, bei wem liegt dann die Schuld? Du bist doch der Weltenwächter. Wenn du nicht wolltest, daß ich meinen Bruder töte, warum bist du nicht dazwischen getreten?"

Rabbi Simeon bar Jochai erläutert diese Idee durch ein Gleichnis. Zur Unterhaltung des Königs kämpfen zwei Athleten miteinander. Wird am Ende des Kampfes der Sieger des Mordes angeklagt werden?

Für den glühenden Mystiker Simeon bar Jochai sind Kain und Abel gleich, sind ausgestattet mit den gleichen Vorrechten und den gleichen Tugenden, der eine ist nicht gerechter als der andere und hat keine größeren Verdienste. Erst später, im dritten Jahrhundert, wird aus Kain ein Ungeheuer, der Vorläufer aller Totschläger. Die ältere rabbinische Literatur sieht ihn viel menschlicher. Es gibt Weise, die behaupten, er habe prophetische Gaben besessen, weil er zu seiner Verteidigung die Zukunft beschworen habe: „Sechshunderttausend Juden werden in der Wüste Sünden auf sich laden, und du wirst ihnen verzeihen, warum verzeihst du mir nicht mein Vergehen?" Sogar im biblischen Text wird er nicht zum Tode, sondern zu lebenslänglicher Verbannung verurteilt. Er genießt sogar eine eigenartige Immunität, niemand hat das Recht, ihn zu strafen, indem er seinem Beispiel folgt. Wird er von Gott geschützt? Sicher, aber ebenso ist er durch seine Tat geschützt. Er hat getan, was noch niemand getan hatte, er scheint unberührbar und ausgestoßen zu sein durch die Erstmaligkeit und die Ungeheuerlichkeit seines Verbrechens. Er verläßt das Land und macht sich daran, eine Stadt zu bauen; vermutlich, um seßhaft zu werden. Aber was ist dann mit dem göttlichen Richterspruch, der ihn zu einem unsteten Leben verurteilt? Bedeutet das, daß man auch wenn man an einem einzigen Ort bleibt, im Exil sein kann? Vermutlich, denn das Exil hat nicht notwendigerweise mit Geographie zu tun.

Die Zeit geht dahin. Eines Tages trifft Kain seinen alten Vater, der ihn nach seinem Befinden fragt. Er erzählt ihm alles: Mord, Prozeß, Reue, Buße und Sühne. Gott will, daß der Mensch immer etwas wiedergutmachen kann. Da stimmt Adam ein Lied an: *Mismor schir leyom ha-Shabbat,* ein Preislied auf den 7. Tag. Der erste menschliche Gesang ist ein Dankgebet.

Der Erzählfluß wird ruhiger, man nähert sich einem glücklichen Ausgang. Kain, der brutale Verbrecher und zynische Lügner, ist der lebendige Beweis, daß Vergebung möglich ist, und rechtfertigt so die Hoffnung auf Erneuerung, ja auf das Geschick des Menschen überhaupt.

Ein Rätsel bleibt nach wie vor: Warum hat Kain getötet? Welche Macht hat ihn zum Mord gereizt? Für dieses eine Mal liefert uns der nüchterne biblische Bericht mehr Stoff für die Antwort als die Erzählungen des Midrasch.

Kehren wir zu Abel zurück. Haben wir auch seine mögliche Verantwortung, seine Mitschuld ins Auge gefaßt? Wenn Kain schon töten mußte, wodurch verdiente Abel getötet zu werden? Lesen wir noch einmal den Text:

Gott nimmt Abels, aber nicht Kains Opfergaben an. Dieser leidet darunter und wird völlig verbittert. Gott verstärkt die Strafe noch, indem er sich unwissend stellt, von der Zukunft spricht und dabei ganz die Vergangenheit vergißt, also von dem absieht, was ihn schmerzt.

Kain antwortet nicht. Er vergräbt sich in hoffnungsloses Schweigen. Er zürnt Gott, nicht seinem Bruder, noch nicht. Dem verzeiht er, daß er ihm seine Idee gestohlen und ihn mit seinen besseren Opfergaben übertroffen hat. Als er das Bedürfnis hat zu sprechen, sich jemandem anzuvertrauen, wendet er sich nicht an Gott, auch nicht an seine Eltern, sondern an seinen Bruder: *Vayomer Kain el Hebel akhiv,* Kain verzichtet auf das Gespräch mit Gott und tritt mit seinem Bruder in Verbindung. Man weiß nicht, was er ihm sagte. Vielleicht wiederholt er einfach die Worte, die er soeben gehört hat, oder sagt irgend etwas. Aber das ist auch nicht wichtig. Kain ist bedrückt und will und muß sein Herz ausschütten, das ist alles. Was er sich wünscht, ist jemand, mit dem er sprechen, dem er sich anvertrauen kann. Um sich zu unterhalten oder um sein Herz auszuschütten. Um die Gegenwart eines anderen Menschen zu spüren, um aus seiner Einsamkeit auszubrechen. Er möchte einen Bruder haben, einen Verbündeten angesichts Gottes.

Und was tut Abel? Abel rührt sich nicht, tut nichts, um seinen Bruder zu trösten, um ihn aufzuheitern oder zu beruhigen. Dabei ist er doch verantwortlich für den Zustand Kains und tut nichts, um ihm zu helfen. Kein Wort des Bedauerns, nichts. Er ist da und doch nicht da, träumt sicher von besseren Welten, von heiligen Dingen. Kain spricht mit ihm, aber er hört nicht zu, oder er hört zu und vernimmt nichts. Darin liegt die Schuld Abels. Wenn jemand leidet, wenn jemand einsam ist, hat niemand das Recht, sich fortzustehlen oder die Augen zu verschließen. Wenn jemand Unrecht erleidet, darf niemand sich abwenden, wer leidet hat Vorrang. Sein Leiden gibt ihm das Recht dazu. Wenn jemand neben dir weint, so hat er Anspruch auf dich, auch wenn sein Leid ihm von euerm gemeinsamen Gott auferlegt wurde. Über einen Menschen, der leidet, zu wachen, ist dringlicher als an Gott zu denken. Der Mensch ist zu schwach, um mit Gott zu kämpfen, aber nicht zu schwach, um für sein Ebenbild einzutreten oder seine Wunden wenigstens zu verbinden. Abel tat nichts und darin liegt seine Schuld.

Wenn Abel demnach schuldig ist, läßt sich dann daraus der Schluß ziehen, daß Kain unschuldig ist? Keinesfalls. Kain hätte die tragische Situation seines jüngeren Bruders verstehen müssen. Auserwählter Gottes zu sein, bringt ebenso viele Leiden und Zwänge mit sich, als wenn man sich seinen Zorn zuzieht. Der Mensch straft jene, die ihn lieben. Wen aber Gott liebt, den züchtigt er. In beiden Fällen ist die Strafe ungerecht. Mit Gott leben ist nicht weniger beängstigend als ohne ihn oder gegen ihn leben. Als Kain Gott seine Hand segnend oder als Zeichen der Erwählung über Abel ausstrecken sah, hätte er seinen Bruder eigentlich bedauern und bemitleiden sollen, denn teuer zahlt der Mensch für die Gunst des Himmels. Kain wurde schuldig, weil er Abel beneidete und sich weigerte, ihn zu verstehen und ihn *trotz allem* zu lieben, weil er über ihn richtete und ihn somit verleugnete. Schuldig war er bereits *vor* dem Verbrechen, seine Mordtat bringt nur zum Ausbruch, was schon in ihm vorhanden war.

Vielleicht will er allein bleiben, als einziger Sohn, und nach dem Tode der Eltern auch als einziger Mensch. Allein wie Gott und vielleicht an Stelle Gottes. Wie Gott glaubt er, sich ein Menschenopfer als Sühneopfer darbringen zu müssen. Grausam wie er, fremdartig wie er, Rächer wie er, und wie er zugleich anwesend und abwesend, abwesend durch seine Gegenwart, gegenwärtig *in* seiner Abwesenheit. Kain tötet, um Gott zu werden. Um Gott zu töten.

In seinem Verlangen nach irgendeiner Transfiguration

hätte Kain also versucht, die Menschheit zu schänden und sie durch sein Verbrechen absolut schuldig zu machen. Er hätte getötet um des Tötens willen, um das Bestehende zu zerstören, um den Menschen zu töten. Jeder Mensch, der sich für Gott hält, tötet am Ende Menschen.

Aber wir wollen gerecht sein und die Hypothese einmal umkehren. Wenn Kain nun *für* den Menschen getötet hätte, das heißt, um zu beweisen, daß der Mensch fähig ist, die Rolle des Todes an sich zu reißen und in menschliches Ermessen zu stellen?

Diese Haltung erscheint uns unannehmbar, und sie ist keine jüdische. Was in der jüdischen Tradition zählt, ist die Tat. Der Heilige, der tötet, ist ein Mörder. Ein Sittenprediger, der foltert, ist ein Sadist. Man spielt nicht mit dem Leben des anderen. Man tötet niemals, weder für den Menschen noch für Gott. Jeder Mord ist gegen den Menschen und gegen Gott. Kain, der Sohn des ersten Menschen, verliert seine Privilegien von dem Augenblick an, als Blut an seinen Händen klebt.

In dem Text kehrt häufig das Wort *Bruder* wieder, eine auf den ersten Blick überflüssige Wiederholung, denn wir wissen doch, daß sie Brüder sind. Der Ausdruck wird wiederholt, um dadurch ein Grundprinzip zu unterstreichen: Wer tötet, tötet seinen Bruder, und wenn man getötet hat, ist man niemandes Bruder mehr. Man ist der Feind schlechthin.

Damit sind wir beim eigentlichen Thema des Berichts, bei der Verantwortung angelangt. Die beiden Brüder sind füreinander verantwortlich; weder der eine noch der andere ist völlig schuldig oder völlig unschuldig, denn jeder ist, wenn auch graduell verschieden, dem anderen gegenüber gleichgültig. Als Gott fragt: „Wo ist dein

Bruder Abel?" antwortet Kain *Lo yadati, hashomer akhi anockhi?* – ich weiß es nicht, bin ich der Hüter meines Bruders? Im Sinne des Midrasch könnte man die Interpunktion des Verses ändern, das Komma wegnehmen und sagen: „Ich wußte nicht, daß ich für den Hüter meines Bruders gehalten wurde." Seine Antwort hört sich in der Tat wie Hohn an: Er weiß bereits, daß Gott im Bilde ist, warum sollte er noch lügen? Warum sollte er sich noch tiefer verstricken und dem Mord eine Lüge folgen lassen? Seine Antwort errichtet schon eine Verteidigungslinie. Man kann ihn nicht verurteilen, weil er das Gesetz nicht kannte, weil er sich seiner Verantwortung nicht bewußt war. Jetzt weiß er Bescheid, aber zur Umkehr ist es zu spät. Abel ist tot, und der Tod ebenso wie das Leben ist etwas Absolutes.

Als Schlußanalyse und unter Berücksichtigung des Gebrauchs des Wortes *anockhi* (für Gott bestimmt) würde das bedeuten, daß der Mensch für seinen Nächsten, für sich selbst und für Gott verantwortlich ist. Das, was er tut, betrifft nicht nur ihn selber.

Eine ergreifende Stelle des Midrasch bekräftigt das in aller Deutlichkeit. Es heißt dort: Das Blut deines Bruders schreit zu mir aus den Tiefen der Erde; lies nicht: schreit zu mir, sondern: schreit *auf* mich ein, gegen mich. Was du getan hast, Kain, hast du auch in meinem Namen getan. Du läßt mich teilnehmen an deinen Plänen und an deinem Wahnwitz, du machst mich verantwortlich für deine Taten, wie ich dich für meine Schöpfung verantwortlich mache.

Wenn der erste Tod in der Geschichte sich als Mord in unser Kollektivgedächtnis eingeschrieben hat, so heißt das, daß der Tod Ungerechtigkeit bedeutet. Vielleicht hat Kain getötet, um gegen den Tod zu protestieren.

So zeigt sich unser Held also unter einer neuen Maske,

als Verneiner, als Empörer. Kain würde so rehabilitiert und wäre der erste idealistische oder nihilistische Revolutionär. Er erhebt sich nicht gegen seine Eltern, sondern gegen Gott; gegen Gott im Namen seiner Eltern.

Eine verlockende Idee. Ich möchte mir lieber einen Kain vorstellen, der aus Liebe gehandelt hat; um die Ehre seiner leidenschaftlich geliebten Eltern zu rächen, um gegen ihr Elend zu protestieren. Zweifellos war er der Meinung, daß Gott sie ungerecht bestraft hatte, er brauchte nur seinen von Heimweh verzehrten Vater und seine weinende Mutter zu beobachten. So bekümmert und aufgebracht war er darüber, daß er, wie der Midrasch sagt, hinausschrie, daß die Welt ohne Richter und ohne Gerechtigkeit sei.

Ich würde mir gerne vorstellen können, daß Kain sich nicht gegen seinen Bruder, sondern gegen Gott erhoben hat, dessen Wege ihm unbegreiflich und unerträglich vorkamen. Er tötete seinen Bruder, um den nur duldenden und passiven Menschen auszulöschen. Er konnte nicht leben, als ob nichts geschehen wäre. Er weigerte sich wie Abel zu werden, der von der Schmach, die seine Eltern erlitten hatten, absah. Kain tötete, um diese Ungerechtigkeit, die darin steckte, ad absurdum zu führen, als wollte er zu Gott aufschreien: „Ist es das, was du willst? Nun gut, ich werde bis ans Ende gehen! Du liebst deine eigene Schöpfung nicht? Einverstanden, ich werde dir helfen, sie zu vernichten." Der Midrasch drückt es so aus: Kain wollte das ursprüngliche Chaos im Universum wiederherstellen.

Und auf einmal begreifen wir Kain, einen Kain, der sich auf tragische Weise seiner Unvollkommenheit bewußt ist, einen zutiefst menschlichen Kain, der für Schmerz, Tränen und Einsamkeit empfänglich ist. Kain hat das Böse und das Schicksalhafte in der Schöpfung und in sich selber entdeckt, er hat gesehen, daß der Mensch auf einem Weg voller Hindernisse und Fallen umherirrt. Und angesichts seiner beschränkten Mittel und seiner grenzenlosen Einsamkeit beschließt er in seiner Verzweiflung, sofort ein Ende damit zu machen. Es ist besser, unter dieses erbärmliche menschliche Abenteuer einen Schlußstrich zu setzen, bevor es neue Ungerechtigkeiten zeugt, die in ihren Ausmaßen weit furchtbarer sind.

Kain tötet seinen Bruder – die Hälfte des Menschengeschlechts – desillusioniert und vielleicht aus Liebe. Er weint über die Menschen und über sich selbst. Sein Ziel? Die Schöpfung zerstören und mit den Wurzeln ausreißen. Seine Schlußfolgerung: Wenn das der Mensch ist, dann lehne ich es ab, sein Schicksal zu teilen, wenn das das Leben ist, dann will ich es nicht. Kain tötet Abel, das ist nur ein erster Schritt, er tötet, um ihm in den Tod zu folgen. Jeder Mord ist ein Selbstmord: Kain tötet Kain in Abel. Ja, so möchte ich es mir gerne vorstellen.

Aber der Text läßt nicht zu, daß wir uns vergaloppieren. Kain tötet sich nicht. Nach seinem Prozeß gründet er ein Heim, er hat Kinder, die leben und wieder Kinder haben werden. Abel ist gestorben für nichts, Kain hat getötet für nichts. Ihre gemeinsame Geschichte ist absurd. Sie hätte ebenso gut nicht stattfinden können.

Dann betritt der alte Adam wieder die Szene und setzt uns durch seine Lebenskraft und seinen Mut in Erstaunen. Trotz des „Holocaust", der seine Familie heimgesucht hat, wird er ein drittes Mal Vater. Eva schenkt ihm einen Sohn, Seth. Wie kamen sie zu diesem Entschluß? Wozu begannen sie von neuem in einer Welt, die den Stempel der Gewalt trägt und von Haß zerfressen ist? Mit welchem Recht verdammten sie ihr Neugeborenes zum Leben und Sterben? Man kann voraussetzen, daß

Adam und Eva diesen dritten Sohn im Hinblick auf ihre fernen Nachkommen wollten. Ohne Seth würden wir alle eine ewige Last mit uns herum schleppen, wir würden alle Erben, ja, Nachfolger Kains sein; er war der einzige, denn sein Bruder starb als Junggeselle und ohne Kinder.

So löst uns die Thora von dem Mörder und setzt seinem Leben wie seinem Geschlecht ein Ende. Kain wird von Lemek getötet und verschwindet aus der Bibel, seine Geschichte bricht abrupt ab. Die Thora kommt nicht wieder darauf zurück. Und ein neues Kapitel wird aufgeschlagen: *Und dies sind die Anfänge des Menschengeschlechts,* und verbindet uns mit einem neuen, ganz anderen Anfang. Wir können uns guten Glaubens auf Seth berufen, der nichts mit dem von seinen Brüdern ausgelösten Drama zu tun hatte.

Kommen wir jetzt auf unsere erste Frage zurück. Ist Kain schuldig? Die Antwort darauf kann nur ein unzweideutiges Ja sein. Trotz allem, was Kain, vielleicht durch sein Verbrechen oder über sein Verbrechen hinaus, vollbringen wollte, kann er sich aus der Sicht der jüdischen Tradition nicht auf mildernde Umstände berufen. Hat er gelitten? Hat Gott sich ihm gegenüber ungerecht gezeigt? Er hätte es ihm nur zu sagen brauchen, Gott hatte ihm doch die Frage gestellt: *Warum ist dein Gesicht so finster?* Kain hätte darauf antworten können und sagen, was er auf dem Herzen hatte. Nun zog er es aber vor, zu schweigen, seinen aufgestauten Zorn in sich hineinzufressen und in Haß zu verwandeln. Dadurch und durch den Mord an seinem Bruder nahm er sich selbst das Recht, über Gott zu urteilen.

Selbst wenn auch sein Aufbegehren gegen Gott gerechtfertigt war, seine Mordtat war es niemals. Denn man hat niemals das Recht, die Zukunft, und vor allem nicht die eines anderen, zu opfern. Niemand hat auch das

Recht, sich eines anderen wie eines Instruments oder wie eines Abstraktums zu bedienen. Ein Mord wird niemals gerechtfertigt, auch dann nicht, wenn er begangen wurde, um eine bessere Zukunft zu schaffen. Kain träumte vielleicht davon, das Menschengeschlecht vor künftigen Leiden zu bewahren, aber Abel war es, der dafür zahlte.

Kein Mensch ist allein in der Geschichte, jeder Mensch *ist* Geschichte. Das lehrt die jüdische Tradition. Kain hatte nicht das Recht, für uns einen Entschluß zu fassen und noch weniger für Abel. Wer zerstört, tut es in der Gegenwart, aber seine Schuld überlebt ihn.

Kain hatte vielleicht die besten Absichten von der Welt; vielleicht war seine Sicht reiner als manche andere. Aber er hatte Unrecht, das Leben zu verleugnen und zu verwerfen, auch das Leben, das er in sich trug oder das ihn selber trug.

Oh, hätte Kain doch das Wort und nicht die Gewalt gewählt, hätte er vor Gott doch folgendes gesagt:

„Herr des Universums, höre mich an. Du bist mein Zeuge, wie ich der deine bin. Du bist mein Richter und ich habe Angst, habe Angst zu richten. Gib aber zu, daß ich allen Grund habe, dir meine Bestürzung und meinen Zorn entgegenzuschleudern. Ich könnte meine Ungerechtigkeit der deinen entgegenhalten. Gib zu, daß ich meinen Bruder schlagen könnte, wie du meinen Vater gezüchtigt hast. Gib zu, daß ich gegen die Prüfungen protestieren muß, die du den Menschen auferlegst. Ich könnte die Menschheit in meinen Tränen und seinem Blut ertränken. Ich könnte mit dieser Komödie ein Ende machen; vielleicht reizt du mich sogar dazu, drängst mich dazu. Aber ich werde es nicht tun, hörst du mich, Herr des Universums, ich werde es nicht tun, ich werde nicht zerstören, hörst du mich, ich werde nicht töten!"

Wenn Kain so gesprochen hätte, wie anders wäre die Geschichte verlaufen. Das wäre nicht das verzweifelte Abenteuer der beiden Brüder gewesen, von denen der eine sich dadurch selbst bestätigt, daß er tötet, und der andere, daß er sich töten läßt, sondern es wäre die schöne und leidenschaftliche, reine und reinigende Geste einer edlen und innigen Menschlichkeit gewesen. Hätte Kain sich entschieden, lieber Zeugnis abzulegen als Blut zu vergießen, dann wäre sein Schicksal für uns ein Beispiel und ein Vorbild gewesen und nicht das Bild unserer Verfluchung. Statt uns den Tod vor Augen zu stellen, wäre er unser Bruder geblieben, und wir hätten die Erinnerung an ihn nicht mit Furcht, sondern mit Stolz beschworen.

Es war am Abend vor dem Passahfest. Adam, der sich mit seiner Familie ausruhte, wandte sich an seine Söhne und sagte: „Die Zeit wird kommen, da werden die Kinder Israels diese Nacht der Feier ihres Bundes mit Gott und dem Gedächtnis ihrer Befreiung weihen. Sie werden ihm Gaben und Opfer darbringen; tut jetzt, was sie tun werden, wenn die Zeit gekommen ist." Kain und Abel konnten nur gehorchen. Der erste opferte Gott von seinem Überfluß, während der zweite sich vom Besten trennte, was er besaß.

Und Gott nahm das Opfer Abels an und wies das Kains zurück.

Und Kain sprach zu Abel und sagte:

„Es wird behauptet, daß die Welt durch die Gnade gelenkt wird, das ist falsch. Es wird erzählt, daß nur die guten Taten zählen. Das ist ebenfalls falsch. Ich sage dir, das Gesetz ist entstellt und entartet durch Schmeichelei, und was uns geschieht, ist ein unwiderlegbarer Beweis

dafür. Du schmeichelst Gott und er gibt dir dafür den Vorzug."

„Sprich nicht so", erwiderte Abel. „Gott ist gerecht und seine Gerechtigkeit ist unwandelbar. Wenn Gott mir den Vorzug gibt, so nur deshalb, weil meine Taten besser sind als die deinen."

„Ich weigere mich, daran zu glauben. In Wahrheit gibt es hier unten weder Richter noch Gerechtigkeit, und was die künftige Welt betrifft, so existiert sie nicht."

„Gott ist gerecht und seine Wahrheit ist gerecht", sagte Abel. „Und wisse, daß der irdischen Welt eine himmlische entspricht. Und daß die Gerechten belohnt werden ebenso wie die Bösen bestraft werden."

Während dieser Auseinandersetzung tötete Kain seinen Bruder Abel.

Der Leichnam Abels wurde von seinem treuen Schäferhund bewacht und blieb lange Zeit zwischen Steinen und Unkraut liegen und war der Sonne und den Winden ausgesetzt, indes Adam und Eva ihn laut jammernd betrachteten und nicht wußten, was sie mit ihm machen sollten.

Da beschloß ein Rabe, der soeben seine Gefährtin verloren hatte, es ihnen zu zeigen. Mit seinem Schnabel begann er langsam in der Erde ein Loch auszuhöhlen und legte seine tote Gefährtin hinein. Adam hatte ihn dabei beobachtet und erklärte:

„Wir machen es wie der Rabe."

Und er begrub seinen Sohn.

Aber seine Trauer verließ ihn nicht, 127 Jahre lebte er ohne Freude und ohne Begierden. Seine Traurigkeit war so groß, daß er seine Gattin mied. Gott mußte ihn daran erinnern, daß die Welt darauf wartete, bewohnt zu werden, und daß das Leben ihm gegeben war, damit er es weitergebe. Jetzt erst vereinigte sich Adam von neuem mit Eva.

Gott sprach zu Kain:

„Da du bereut hast, bleibe nicht hier, gehe fort." Und Kain ging fort in die Verbannung. Und überall zitterte der Boden unter seinen Füßen, als wolle er sich von ihm lossagen. Und überall stürzten sich zahme und wilde Tiere auf ihn, um ihn zu verschlingen und um so das Bild ihres Freundes Abel zu rächen.

Und um ihn zu schützen und abzusondern, drückte Gott auf seine Stirn ein sonnenförmiges Zeichen. „Nein", sagte Rabbi Nehemia, „es hatte die Form eines Furunkels." „Nein", sagte Rav, „Gott gab ihm zu Schutze einen Hund mit." „Nein", sagte Abba Josse, er ließ ihm ein Horn auf der Stirn wachsen, um die Menschen daran zu erinnern, daß sie imstande sind zu töten und zu bereuen."

Es wird erzählt, daß Aschmedai, der König der Dämonen, König Salomon besuchte und ihn fragte:

„Willst du, daß ich dir etwas zeige, was du noch nie gesehen hast?"

Salomon sagte ja. Da tauchte sein Besucher seinen Arm in Zeit und Raum und zog einen Menschen mit zwei Köpfen und vier Augen hervor. Von Entsetzen gepackt ließ ihn der König in seine Privatgemächer eintreten und fragte ihn:

„Wer bist du? Wessen Sohn?"

„Ich bin ein Nachkomme Kains."

„Wo wohnst du?"

„Irgendwo, an einem Ort, den ihr Tevel nennt."

„Gibt es bei euch eine Sonne? Einen Mond?"

„Gewiß", sagte der Mann mit den zwei Köpfen und den vier Augen. „Wir bestellen unsere Felder und warten *auf die Ernte wie ihr. Wir besitzen Vieh wie ihr."*

„Wo geht", sagte König Salomon, „bei euch die Sonne auf?"

„Sie geht im Westen auf und sinkt im Osten."

„Sprecht ihr auch Gebete?"

„Gewiß. Wir haben deren sehr schöne. Wir loben Gott ob seiner Weisheit, mit der er das Weltall lenkt."

„Möchtest du bei uns bleiben oder nach Hause zurück-kehren."

„Ich möchte zurückkehren."

Da ließ König Salomon Aschmedai, den König der Dämonen, kommen und befahl ihm, den Nachkommen Kains in sein Land zurückzubringen. Aber Aschmedai schüttelte den Kopf und sagte:

„Das läßt sich leider nicht mehr machen; das steht nicht in meiner Macht."

Ein Ausspruch: Was ist die wahre Strafe Kains? Er verlernte, was der Sabbat ist.

Die Opferung Isaaks:
Geschichte des Überlebenden

Dies ist eine bestürzende Geschichte, in der die Furcht herrscht. Die Furcht und der Glaube. Die Furcht und die Herausforderung. Die Furcht und das Lachen.

Eine Schrecken erregende Geschichte, die zu einer Quelle des Trostes geworden ist für alle, die sie auf sich nehmen und sie in einem übertragenen Sinne in ihre eigene Erfahrung einfügen. Es handelt sich um eine Geschichte, die das jüdische Schicksal ganz enthält, wie die Flamme bereits in dem Funken enthalten ist, der sie entzündete. Es finden sich dort alle großen Themen, Leidenschaften und Heimsuchungen jenes Abenteuers, das Judentum heißt. Die Angst des Menschen vor Gott und seine Suche nach Reinheit und Sinn, die Zerreißprobe zwischen absolutem Glauben und absoluter Gerechtigkeit, zwischen dem Bedürfnis, Gott zu gehorchen und ihm den Gehorsam zu versagen, dem Drang nach Freiheit und Hingabe und dem Wunsch, Hoffnung oder Verzweiflung durch Wort und Schweigen, durch das gleiche Wort und das gleiche Schweigen, zu rechtfertigen. Alles ist in ihr enthalten.

Sogar die Form des Berichts hat nichts Vergleichbares im Buch der Bücher und verschlägt uns in ihrer Nüchternheit und Wucht den Atem. Jedes Wort hallt im Unendlichen wider, beschwört Konflikte und Dramen, schafft eine besondere Atmosphäre, bezieht sich auf Geschehenes, weist auf Künftiges und erreicht seinen

Höhepunkt in einem Theatercoup, der den Personen ein anderes menschliches Format und eine andere Dimension gibt. Trotz des metaphysischen Hintergrunds bleibt die Situation in jeder Phase real und von brennendem Ernst. Diese uralte Geschichte ist noch immer unsere Geschichte und wird es zutiefst bleiben. Jeder von uns ist aufgerufen, eine Rolle darin zu spielen. Welche Rolle? Sind wir Abraham oder Isaak? Wir sind Jakob, das heißt Israel, und Israel beginnt mit Abraham.

Wir wollen den Text zur Hand nehmen.

Es war einmal ein außergewöhnlicher Mann mit Namen Abraham, der alle Gaben und Tugenden besaß und aller Dankbarkeit würdig war. Ein Gesandter Gottes unter den Menschen, die zu selbstgefällig und blind waren, um seine Größe zu erkennen. Die Tradition stellt ihn über Moses, dessen Gesetz er befolgt und sogar über Adam, dessen Irrtümer er berichtigt. Abraham ist der erste Feind des Götzendienstes, der erste zornige junge Mann, der erste Rebell, der sich gegen das „System", gegen die Gesellschaft und gegen die Autorität auflehnt. Er ist der erste, der die offiziellen Tabus entmystifiziert und die rituellen Verbote aufhebt, und der erste, der allgemeine Konventionen verwirft, um eine Minorität des Einzelnen zu bilden.

Der erste Glaubende, der allein gegen alle steht, und sich für frei erklärt. Allein gegen alle trotzt er dem Feuer und der Menge und behauptet, daß es nur einen Gott gibt, der dort gegenwärtig ist, wo man ihn anruft, und daß das Geheimnis des Himmels das des Menschen wieder zusammenfügt.

Und dennoch, trotz seines totalen Glaubens an Gott, an seine Gerechtigkeit und seine Güte, zögert er keinen Augenblick, das alles in Frage zu stellen, um zwei bereits verdammte Städte zu retten. „Wie kannst du, gerechter, wahrer und barmherziger Gott, eine Ungerechtigkeit begehen?" Er ist der Erste, der das zu sagen wagt. Und Gott hört ihn an und antwortet ihm. Denn im Gegensatz zu Hiob tritt Abraham nicht für sich selbst, sondern für andere ein. Gott verzeiht Abraham alles, auch seine Fragen. Gott ist Gott und Abraham sein treuer Diener, der eine kann sich auf den anderen verlassen. Abraham hat es bewiesen. Er hat das Haus seines Vaters verlassen, Fürsten und ihre Armeen geschlagen, Hunger und Verbannung erlitten, ist durch Schande, Feuersglut und Nacht gegangen, aber niemals wankte sein Glaube. Daraufhin verheißt Gott ihm die Zukunft und schenkt ihm einen Sohn, Gründer des Geschlechts, Träger und Symbol der Gnade und des Segens.

Und dann beschließt Gott eines Tages, ihn zum zehnten und letzten Mal auf die Probe zu stellen: „Nimm deinen Sohn und bringe ihn mir zum Opfer dar." Der hier benutzte Ausdruck ist *ola,* das bedeutet restlos verbranntes Opfer, Holocaust. Und Abraham gehorcht ohne Widerspruch, sucht nicht zu verstehen oder Zeit zu gewinnen., er sagt kein einziges Wort und vergießt keine Träne. Er spricht mit niemanden darüber, nicht einmal mit seiner Frau Sarah. Er wartet ganz einfach den nächsten Morgen ab und schirrt, während sie noch schläft, den Esel an. Sein Sohn und zwei Knechte begleiten ihn, er schlägt den Weg zum Berge Morija ein, und nach einem Marsch von drei Tagen – die nach Kierkegaard länger waren als die viertausend Jahre, die uns von dem Ereignis trennen – lassen Vater und Sohn die Knechte und den Esel zurück und beginnen den Aufstieg ins Gebirge. Oben angekommen, errichten sie einen Altar und bereiten die rituelle Handlung vor. Alles ist bereit, das Holz, das Messer, das Feuer. Opferpriester und Opfer blicken sich lange in die Augen. Einen Augenblick lang hält die ganze Schöpfung den Atem an. Die gleiche Angst befällt Vater und Sohn. Isaaks Angst hat uns der Midrasch beschrieben. Auf dem Altar ausgestreckt, an Händen und Füssen gefeßelt, erblickt Isaak den Tempel zu Jerusalem, wie er nacheinander zerstört und wieder aufgebaut wird. Auf dem Höhepunkt seiner Prüfung begreift Isaak, daß das, was mit ihm geschieht, auch mit anderen geschehen wird, diese Geschichte wird kein Ende haben, seine Kinder werden sie immer wieder durchstehen müssen. Die Qual wird ihnen nie erspart bleiben. Die Angst des Vaters dagegen hat nichts mit der Zukunft zu tun. Abraham weiß, daß er mit der Opferung seines Sohnes im Gehorsam gegen Gott in Wirklichkeit sein Wissen *von* Gott und seinen Glauben *an* ihn opfert. Wenn Isaak stirbt, wem wird der Vater diesen Glauben und dieses Wissen weitergeben? Das Ende Isaaks würde das Ende eines wunderbaren Abenteuers bedeuten: Der Erste wird der Letzte gewesen sein. Eine Angst, die bedrückender und verheerender ist, ist kaum vorstellbar: *Ich hätte also umsonst gelebt, gelitten und leiden lassen.*

Und das Wunder geschieht. Der Tod wird besiegt, das Schicksal widerrufen. Die Schneide des Messers, die den Lebensfaden seines Geschlechts hätte abschneiden – und Israel an seiner Entstehung hindern können, saust nicht nieder. Ist damit das Geheimnis schon gelöst? Ganz im Gegenteil. Bei der Lektüre der Midraschliteratur tritt das noch stärker und beunruhigender hervor. Die Frage lautet nicht mehr, ob Isaak gerettet wird, sondern ob das Wunder sich wiederholen wird, wie oft, aus welchen Gründen und zu welchem Preis es sich wiederholen wird.

Als Kind las ich diese Geschichte immer mit klopfendem Herzen. Ich spürte, wie eine unnennbare Angst mich beschlich und mich weit forttrug.

Ich begriff keine der drei handelnden Personen. Warum hatte Gott, der ein barmherziger Vater sein will, von Abraham verlangt, Unmenschliches zu wählen? Und warum hatte Abraham es akzeptiert? Und Isaak, warum zeigte er eine derartige Unterwürfigkeit? Warum war er einverstanden, sich ohne direkten Befehl opfern zu lassen? Ich verstand das nicht. Wenn Gott das menschliche Leid zu seiner Ehre, die ewig währt, braucht, wie kann sich der Mensch dann ein Ende dieses Leids vorstellen? Wenn der Glaube an Gott die Verleugnung des eigenen Ichs erfordert, wie kann der Glaube dann behaupten, den Menschen zu erziehen und zu verbessern?

Gerade für einen jungen Menschen sind das schmerzliche Fragen, weil sie sich nicht mit dem Begriff von Schuld und Sühne vereinbaren lassen, an den uns das ganze religiöse Denken gewöhnt hat. In einem Midrasch geschieht es folgendermaßen. Warum wurde Abraham auf dem Berg Morija auf die Probe gestellt? Weil er seinen Sohn Isaak seinem Erstgeborenen, Ismael, vorzog. Eine Hypothese, die das Verdienst hat, den Befehl, den Abraham von Gott empfing, zu „rechtfertigen", uns aber unbegreiflich erscheint.

Lesen wir die Stelle noch einmal. Gott sprach zu Abraham: *Kachna eth bincha eth jechidcha ascher ahawta eth Jizchak*, das heißt: nimm deinen Sohn Isaak, deinen einzigen Sohn, den du liebst, und bringe ihn mir als Brandopfer dar. Den einzigen Sohn? Das stimmt nicht. Was ist mit Ismael? Wurde der von Abraham Vergessene auch von Gott vergessen? Um wieder auf die Idee von der Schuld des Vaters seinem Ältesten gegenüber zurückzukommen – und diese Schuld führt zu seiner Strafe – brauchen wir nur die Zeichensetzung des Satzes zu verändern: *Kachna eth bincha:* nimm deinen Sohn (Komma) *eth jechidcha ascher ahawta:* den einzigen den du liebst, Isaak, und bring ihn mir; ich will ihn als Versöhnungsopfer. Der Ausdruck *jechidcha* – der einzige – wird durch die Fakten nicht mehr für falsch erklärt. Aber es geht hier nicht um Grammatik, auch nicht um immanente Moral. Wenn es sich nur darum gehandelt hätte, eine Schuld oder eine Ungerechtigkeit zu sühnen, wäre das Opfer nichts Außergewöhnliches gewesen, diese Art von Hinschlachten war bei den Völkern der Region damals üblich. Verweilen wir kurz bei dem Gedanken, daß Gott den schuldigen Vater bestrafen wollte. Warum wollte er dann seinem Sohne eine noch schlimmere, die höchste Strafe auferlegen? Abraham hätte diese Frage stellen können. Er hatte doch den Mut gehabt, sich mit Gott für Sodom und Gomorrha anzulegen. Laut Midrasch kannte und befolgte er die Gesetze und die Gebote der Thora. War ihm nicht bewußt, daß er das Bild Gottes schändete, wenn er tötete? Wußte er nicht, daß es besser ist zu sterben als zu töten? Wußte er, der doch alles wußte, nicht, daß nach der jüdischen Tradition Gott sein eigenes Gesetz zu respektieren hat, auch das wichtigste von allen „Du sollst nicht töten"? Oder müssen wir uns ein menschlicheres Motiv bei dem befremdlichen Verhalten des Abraham vorstellen? Etwa uneingestandene Ressentiments des Vaters gegen den Sohn, der ihn überleben wird? Oder das tief im Menschen verwurzelte Bedürfnis, zu töten, was er liebt?

Aus diesem unbegreiflichen Geschehen ergeben sich soviele Fragen, die es zu einem der großen Geheimnisse unserer Geschichte machen; und dieses Geheimnis ist so dunkel, daß es nicht nur die Fakten, sondern auch die Namen der Personen umhüllt.

Warum wurde Abraham, der beinahe zum Opferpriester geworden wäre, in unseren Gebeten zum Symbol der Gnade – der *Chessed* – des Mitleidens und der Liebe? Er, der bereit war, seinen Sohn zu schlachten, als Symbol der Liebe? Und Isaak, warum nannte man ihn so, Jizchak? Der lachen wird? Über wen, über was lachen wird? Der zum Lachen bringt, wie Sarah dachte? Warum nur hat die tragischste Gestalt der biblischen Geschichte für alle Zeiten einen so merkwürdigen Namen erhalten?

Hunderte von Werken haben sich mit dieser Szene, der *Akeda*, befaßt. Dieser Ausdruck bedeutet, daß Isaak auf den Altar gebunden wurde, und nicht, was falsche Übersetzungen suggerieren, „Opferung Isaaks".

Wir wollen kurz auch auf die Rolle dieser Szene im Christentum eingehen. Was Isaak bevorstand, war eine Vorwegnahme der Kreuzigung. Abgesehen davon, daß die Tat nicht ausgeführt wurde, verließ der Vater seinen Sohn nicht und überließ ihn gewiß nicht dem Tode. Darin besteht der Unterschied zwischen Morija und Golgotha. Für die jüdische Tradition ist der Tod kein Mittel, das der Mensch gebrauchen sollte, um Gott zu verherrlichen. Jeder Mensch ist letzter Selbstzweck, ist lebendige Ewigkeit, und keiner hat das Recht, ihn zu opfern, nicht einmal Gott. Wenn Abraham seinen Sohn getötet hätte, wäre er nicht zu unserem Vater und Fürsprecher geworden. Für den Juden kommt jede Wahrheit aus dem Leben und nicht aus dem Tode. Die Kreuzigung stellt für uns keinen Fortschritt, sondern einen Rückschritt dar. Auf dem Gipfel des Morjia bleibt der Lebende am Leben und markiert damit das Ende einer Ära des rituellen Tötens. Wenn wir uns auf die *Akeda* berufen, appellieren wir an die Gnade. Golgatha dagegen hat im Lauf der Jahrhunderte als Vorwand für zahllose blutige Kämpfe zwischen Söhnen und Vätern gedient, wo Feuer und Schwert herrschten im Namen eines Wortes, das als Liebe gedacht war. Das als Zwischenbemerkung, wir folgen wieder den Spuren Abrahams.

Was wissen wir von seinem Leben und seiner Persönlichkeit? Die Bibel weiß viele Dinge zu berichten, und der Midrasch läßt sich ausführlich darüber aus. Beide bringen eine Menge recht genauer, recht farbiger Einzelheiten über sein privates und öffentliches Wirken. Es ist dort die Rede von seinen Gewohnheiten, seiner Gemütsverfassung, seinen Geschäftsbeziehungen, seinen Schwierigkeiten mit den Nachbarn, von seinen Mägden und seinen Konkubinen. Er war reich, gastlich, freundschaftlich und herzlich, beherbergte Unbekannte, ohne zu fragen, wer sie waren und zu welchem Zweck sie kamen. Er nahm die Hungrigen auf und unterstützte die Armen, einerlei ob Engel oder Bettler, und gewährte ihnen Obdach und Nahrung.

Der Midrasch legt auch Wert auf seine körperlichen Vorzüge. Tollkühn und verwegen stürzte er sich als erster in die Schlacht und verlor nur eine einzige, weil die zahlenmäßige Überlegenheit des Feindes zu groß war. 45 000 Heerführer, 80 000 kampferprobte Recken und 60 000 Soldaten mußten gemeinsam alle Anstrengungen machen, um ihr Ziel zu erreichen. Als mächtiger und gefürchteter Mann heiratete er natürlich die schönste Frau der Welt, mit der er häufig auf Reisen war. Es stellte sie bekanntlich als seine Schwester vor, als er nach Ägypten kam.

Aber es zeigt sich auch, daß er ein unruhiger Geist war, der es nie lange an einem Ort aushielt. Er suchte nach immer neuen Reizen und Erkenntnissen und verachtete die Routine. Er zog von Haran nach Kanaan und stieß manchmal sogar bis Damaskus vor, wenn er seine Gegner verfolgte, um sich mit ihnen zu messen. Auf seinen weiten Entdeckungsreisen bot er Königen und Räubern die Stirn, besiegte sie spielend und brach ihren Stolz.

Sein wunderbarstes Abenteuer ist jedoch seine Begegnung mit Gott, eine von beiden Seiten gewollte Erwählung. Sie sprachen wie zwei Gleichberechtigte miteinander. *Ani jechidi weata jechidcha* erklärte ihm Gott nach dem Midrasch: „Ich bin allein und du bist allein", allein, um es zu wissen und zu verkünden. Von nun an steht der Austausch zwischen ihnen im Zeichen des Absoluten. Sie werden zugleich Partner und Komplizen sein. Vorher, so sagt die Legende, herrschte Gott nur im Himmel, Abraham breitete seine Herrschaft auch hier unten auf der Erde aus.

Da der Gesprächspartner Gottes kein Mann von Mittelmaß sein kann, wird der Midrasch nicht müde, ihn mit besonderen Würden und Eigenschaften auszustatten. Er besaß die Macht eines Herrschers und die abgeklärte Weisheit eines Gerechten und die leidenschaftliche Sprache eines Propheten oder Hohenpriesters. Er sprach alle Sprachen und beherrschte alle Künste; und hatte Zutritt zu Geheimnissen, in die noch kein Lebender vor ihm eindringen oder auch nur einen flüchtigen Blick werfen konnte. Warum erhielt er den Beinamen des *Ha'iwri*, des Hebräers? Ivri, so sagt eine Quelle, kommt von dem Wort *ewer*, das soviel wie Seite bedeutet. Abraham stand auf der einen und die ganze Welt auf der anderen Seite. Eine zweite, mehr humorvolle Erklärung meint: Abraham wurde ganz einfach deshalb der Hebräer genannt, weil er sich mit Gott auf hebräisch unterhielt.

Wenn nun Gott und er, so fragen sich unsere Weisen, sich so sehr liebten, und wenn sie so eng zusammenarbeiteten, wozu dann die Prüfungen und Qualen? Weil Gott sie den Starken abverlangt, die Schwachen halten nichts aus oder nur wenig, deshalb sind sie uninteressant. Aber wozu soll man überhaupt standhaft sein, wenn Gott den Ausgang schon im voraus kennt? Die Antwort: Gott kennt den Ausgang, der Mensch aber nicht. Die meisten

Kommentatoren vertreten die Meinung, daß die Prüfungen zum besten Abrahams erdacht wurden, um ihn den Völkern der Erde als Beispiel hinzustellen, damit ihre Führer ihn verehren sollten. Auch um ihn hart gegen sich selbst zu machen, damit er sich seiner Stärken und Möglichkeiten bewußt werde. Klar, daß nicht alle mit dieser Erklärung zufrieden sind, denn daß Leiden den Juden guttäten, ist eine Vorstellung, die höchstens unseren Feinden gefallen kann.

Deshalb gibt es eine andere, weniger originelle Erklärung, die sich auf einen alten Bekannten besinnt, der im Zweifelsfalle immer zur Stelle ist, auf Satan. Er ist die Quelle alles Bösen, die höchste Versuchung. Eine leichte und bequeme Antwort, man hat einen Sündenbock, den schlauen Spieler und den schamlosen Lügner, den Diener mit den schmutzigen Händen, der an Stelle seines Herrn Vorwürfe und Verwünschungen erntet. Die Opferung Isaaks? Gott hatte damit nichts zu tun, das war das Werk Satans, Gott wollte die Prüfung gar nicht, aber Satan bestand darauf, Satan hat das ganze unmenschliche Spiel in Gang gesetzt, und er trägt die volle Verantwortung dafür. Satan ist ein ideales Alibi. Wie im Falle Hiob, den man aus mehr als einem Grunde häufig mit Abraham vergleicht, kommt Satan mit Klatsch, schmückt damit die Geschichte aus und verdreht sie ganz. Bei seiner Rückkehr von einer Inspektionsreise auf Erden erstattet er dem Herrn Bericht und gibt seine Eindrücke wieder. Er kommt auch auf seinen Blitzbesuch bei Abraham zu sprechen, der gerade die Geburt seines geliebten Sohnes Isaak feierte, erzählt von öffentlichen Lustbarkeiten, Festen und üppigen Gelagen, und übertrieb natürlich, wie es die Gewohnheit Satans ist. „Weißt du", bemerkt der Versucher hinterhältig, „weißt du, daß dein treuer Diener Abraham dich dabei ganz vergessen hat? Sein

Glück ist ihm zu Kopf gestiegen, er hat vergessen, für dich eine Opfergabe zurückzubehalten. Er hat nur seine Freude im Kopf, als ob sie nicht von dir käme, gibt seinen Gästen zu essen und zu trinken, unterläßt es aber, dir das jüngste Lamm zu opfern, um dir wenigstens zu danken." Gott blieb skeptisch und erwiderte: „Aber nein, du tust meinen treuen Abraham Unrecht, er ist mir ergeben, er liebt mich, er würde mir alles geben, was er besitzt, er würde mir sogar seinen Sohn geben, wenn ich ihn darum bäte."

„Wirklich?", meint Satan, „bist du dessen so sicher? Ich nicht." Das ist eine Herausforderung, und Gott fühlt sich gezwungen, sie anzunehmen. Was dann geschah, steht in der Schrift.

Der biblische Bericht ist von beispielloser Klarheit, Strenge und Intensität. Kein Wort zuviel, keine unnötige Geste. Treffende Bilder, eine nüchterne Sprache und Dialoge hart wie Stein, bei denen uns der Atem stockt.

Und nach diesen Begebenheiten geschah es, daß Gott Abraham rief, um ihn zu prüfen. Und Abraham antwortet: „Hier bin ich". Und Gott sagt: „Nimm deinen Sohn, deinen einzigen, den du liebst, den Isaak, und gehe in das Land Morija und bringe ihn dort auf einen der Berge, den ich dir angeben werde, als Brandopfer dar." Diesmal erwidert Abraham nicht *„Hier bin ich"*, er schweigt, kehrt heim und legt sich schlafen. Beim Morgengrauen steht er auf, weckt seinen Sohn und seine Knechte und macht sich auf den Weg. Nach drei Tagen, an denen er kein Wort spricht, entdeckt er in der Ferne den angegebenen Ort, hält an und läßt seine Knechte und den Esel zurück. Abraham lädt seinem Sohn das Holz auf und nimmt selbst das Messer und das Feuer: *So gingen sie beide miteinander.* Dieser Satz sagt uns alles. Sie gehen, um dem Tod ins Auge zu schauen, oder um den Tod zu geben, aber sie gehen miteinander. Sie fühlen sich verbunden, während alles sie schon voneinander trennt. Gott erwartet sie, und sie gehen zusammen zu ihm. Da aber spricht Isaak, der bis dahin den Mund noch nicht aufgetan hatte, zu seinem Vater ein einziges Wort, er sagt „Vater". Und zum zweiten Mal antwortet Abraham: „Hier bin ich". Liegt es an dem Schweigen, das dieser schmerzlichen und leisen Bestätigung folgt, daß Isaak ein unbehagliches Gefühl hat? Er möchte verstehen oder aber Sicherheit haben und sagt: „Ich sehe das Feuer und sehe das Holz, aber wo ist das Lamm, das Gott versprochen wurde?" Abraham wird plötzlich verlegen und antwortet ausweichend: „Gott wird das Lamm bezeichnen." Und wieder *gingen beide miteinander*. Sie setzen den Weg fort, sind allein auf der Welt, eingeschlossen in einem unergründlichen Plan Gottes. Aber sie gehen *miteinander*. Die Wiederholung verstärkt die dramatische Spannung des Berichts und gibt ihm plötzlich einen neuen Ton. Isaak beginnt zu ahnen, zu begreifen, und dann weiß er es. Vater und Sohn leiden gemeinsam. Miteinander erreichen sie den Gipfel, miteinander errichten sie den Altar, miteinander legen sie das Feuer und das Holz bereit. Alles ist nun bereit, und nichts regt sich. Isaak liegt ausgestreckt auf dem Altar und mißt schweigenden Blickes den Vater. Plötzlich greift Abraham nach dem Messer, schickt sich an, das Opfer zu vollziehen. In diesem Augenblick fährt ein Engel dazwischen und ruft: Abraham. Und Abraham sagt zum dritten Mal *„Hier bin ich."* Ich bin derselbe, der ich war, als ich auf deinen ersten Anruf geantwortet habe. Ich antworte deinem Ruf, wie immer er auch lautet. Auch wenn er sich ändert, ändere ich mich nicht.

Ende gut, alles gut. Das Opfer ist vollbracht, aber Isaak bleibt am Leben; an seiner Stelle wird ein Widder geschlachtet und verbrannt. Abraham ist wieder bei seinem Sohn und versöhnt sich mit seinem Gewissen. Und der Engel ruft ihm zum zweiten Mal jubelnd die strahlendsten Verheißungen zu: Seine Kinder werden als Erben der Erde so zahlreich sein wie die Sterne, die sich im Meer widerspiegeln. Abraham erlebt wieder den großartigen Traum, der ihn immer an seinen Bund mit Gott erinnern wird. Nein, die Zukunft ist nicht tot und die Wahrheit wird nicht erstickt werden. Nein, das Exil wird nicht endlos währen. Abraham hätte glücklich und zufrieden heimkehren müssen; aber der Bericht schließt mit einem seltsamen Satz, der die Wunden von neuem aufreißt anstatt sie vernarben zu lassen: *Wajaschaw Awraham el na'araw* und Abraham kehrte zu seinen Knechten zurück. Beachten wir das Wort *wajaschaw* — er kehrte zurück. Es steht im Singular. Abraham kehrte also allein zurück. Und Isaak, wo ist Isaak? Warum ist er nicht bei seinem Vater? Was ist mit ihm passiert? Hat die gemeinsam gemachte Erfahrung sie schließlich getrennt? Hat Isaak sich verändert? Grollt er seinem Vater? Blieb ein Stück von ihm oben auf dem Altar zurück?

Schwerwiegende und verwirrende Fragen, die den Midrasch offenbar leidenschaftlich bewegen, denn er räumt dem Thema ebenso viel Raum ein wie der Erschaffung der Welt oder der Offenbarung am Sinai.

Hier begnügt der Midrasch sich nicht damit, die Fakten aufzuzählen und zu kommentieren. Er erforscht Herz und Schweigen der Personen und prüft alle Gesichtspunkte. Er dringt in die letzten Winkel ihres innersten Wesens ein und vermag sich das Unvorstellbare vorzustellen.

Der Prolog konzentriert sich auf eine einzige Person, auf Abraham. Nur er weiß, was geschehen wird. Zu seiner Frau sagt er: „Isaak und ich wollen beten." Zu seinem Sohn sagt er: „Wir wollen Einkehr bei uns selber halten". Er ist allein mit seinem Geheimnis, weiß als einziger, daß es sich um ein Geheimnis handelt, und will es mit niemandem teilen. Als handelnde Personen sind weder Sarah noch Isaak beteiligt. Sie sind existent, aber ihre Anwesenheit ist nicht begründet. Was Gott betrifft, so ist er nur durch die Lüge Abrahams anwesend. Man weiß, daß Gott da ist, daß er zusieht, zuhört, abwartet; man weiß es, weil Abraham für ihn lügt, weil Abraham seine Furcht und seine Schmerzen vor ihm verbirgt. Was wird er tun? Auf welche Seite wird er sich stellen? Auf Gottes Seite oder auf die des Opfers? Einer kennt die Antwort. Sarah und Isaak kennen nicht einmal die Frage, noch nicht. Aber Satan kennt sie. In diesem Augenblick scheint er Gott näher zu sein als den Menschen.

Durch sein Auftreten wird die Handlung vorwärts getrieben. Sein Benehmen ist scheinbar ohne jeden Zusammenhang. Er hatte doch die Opferung Isaaks angestiftet, nein gefordert, und plötzlich versucht er, sie um jeden Preis zu verhindern. Nachdem es ihm gelungen ist, auf Gott einzuwirken, gibt er sich jetzt Mühe, Abraham zu beeinflussen.

Hören wir, was der Midrasch sagt. Auf dem Wege zum Berge Morija begegnet Abraham Satan, der sich als Greis verkleidet hat. „Wohin gehst du?" fragt Satan. „Zum Gebet", sagt Abraham. „Du gehst mit einem Messer in der Hand zum Gebet, mit Feuer und Holz? Mit dieser Ausrüstung geht niemand zum Gebet". Wir haben uns wohl verspätet", erklärt Abraham, „um ein oder zwei Tage. Wir müssen ein Tier schlachten, an die Mahlzeiten denken, sie zubereiten; es ist immer besser, wenn man mit dem Notwendigsten versehen ist." Da läßt Satan die Maske fallen und ruft: „Armer Alter, du glaubst, mich zum Narren halten zu können. Weißt du nicht, daß ich dabei war, als dir der Befehl gegeben wurde?" Abraham beendet die Unterhaltung, aber Satan läßt nicht locker und schreit: „Sag mal, Alter, hast du denn völlig den Verstand verloren und jedes menschliche Gefühl aus deinem Herzen verbannt? Da hast du im Alter von 100 Jahren noch das Glück gehabt einen Sohn zu bekommen, und jetzt willst du ihn wirklich schlachten?" – „Ja", sagt Abraham. „Aber morgen, armer Alter, morgen wird er dir noch schrecklichere Prüfungen auferlegen. Glaubst du, daß du sie ebenfalls bestehen kannst?" – „Ich hoffe es", sagt Abraham, „ich hoffe, daß ich ihm immer gehorchen kann." – „Aber morgen, du armer Sterblicher, wird er dich des Mordes anklagen, obwohl er dir doch selbst den Befehl dazu gegeben hat. Er wird dich verurteilen, weil du deinen Sohn getötet, weil du gehorcht hast. Wirst du es trotzdem tun?" – „Ja", sagt Abraham, „ich werde es trotzdem tun. Ich muß ihm und will ihm gehorchen." Da Satan beim Vater kein Erfolg beschieden ist, nimmt er sich den Sohn vor, und dem erscheint er als junger Mann: „Wohin gehst du?" – „Ich will die Thora studieren", erwidert Isaak.

„Willst du die Thora jetzt oder nach deinem Tode studieren?" – „Eine dumme Frage", gibt Isaak zurück, „natürlich jetzt sofort. Weißt du nicht, daß die Thora nur für den Lebenden da ist?" – „Du bist wirklich ein ganz unglücklicher Kerl", fährt Satan fort. „Ich bedaure deine Mutter genau so wie ich dich bedaure. Sie hat jahrelang gefastet und gebetet, um dich in die Welt zu setzen, und nun kommt dieser Alte, kommt dein eigener verrückt gewordener Vater und will dich umbringen." Isaak kann das nicht glauben und betrachtet zärtlich seinen Vater. Satan schlägt nun einen andern Ton an und macht auf Mitleid: „Ja, du mußt sterben, das kannst du mir glauben. Weißt du auch, wer sich darüber freuen wird? Dein Bruder Ismael. Er wird froh sein, er wird deine Kleider, deine Geschenke und alles, was du hast, bekommen." Bei diesem Argument, so kindisch und menschlich es auch ist, stutzt Isaak und wendet sich schüchtern an seinen Vater: „Schau dir diesen Kerl an, Vater. Hör nur, was er sagt." – „Achte nicht darauf", sagt Abraham. „Das sind nur leere Worte, sinnlos und falsch. Hör gar nicht hin!" Aber die Geschichte bricht hier noch nicht ab. Satan will sich nicht geschlagen geben und erfindet andere Hindernisse. Er verwandelt sich in einen Fluß, aber Abraham schiebt die Wellen beiseite. Er verwandelt sich in eine Wolke, aber Abraham zerstäubt sie.

Schließlich hat Satan eine glänzende, eine geradezu geniale Idee und greift zur gefährlichsten Waffe, zur Wahrheit. Er setzt alles auf eine Karte, legt die Fakten bloß und erklärt: „Abraham, folgendes habe ich dort oben aus nächster Nähe mitbekommen. Am Ende wird die Geschichte so ausgehen, daß das Lamm geopfert wird, das Lamm und nicht Isaak. Hörst du, was ich sage, Alter? Du hast nichts zu fürchten, Isaak ebensowenig. Ob du weitergehst oder umkehrst, das bleibt sich gleich. Das Ganze ist nur ein Spiel, eine ganz einfache Prüfung. Hör doch auf, dir Sorgen zu machen oder dich für einen Helden zu halten." Wenn Abraham Satan Glauben schenken würde, einem Satan, der die Wahrheit sagt, dann wäre das Drama sofort zu Ende. Aber er geht von nun an schweigend seinen Weg weiter bis genau zu dem Punkt, wo Verzweiflung und Wahrheit sich in verzehrendem und sinnlosem Suchen wieder treffen.

Wie immer im Midrasch entsprechen solche Gleichnisse den dramaturgischen Erfordernissen des Textes; sie erhellen die Handlung, schmücken sie aus, zeigen die inneren Konflikte der Personen, dienen als Hintergrund.

Durch die Anwesenheit Satans und Isaaks, der im Bilde ist, wird die Einsamkeit Abrahams noch verstärkt. Satan verkörpert hier den Zweifel, den Abraham haben *muß,* um menschlich zu bleiben, während uns Isaak durch die Angst, die ihn befällt, näher kommt. Ein völlig blinder und bis zum Schluß stummer und vertrauensseliger Isaak wäre eher naiv als unschuldig und eher infantil als mutig gewesen. Und dabei war er laut Midrasch schon 37 Jahre alt. An einem gewissen Punkt mußte er einfach begreifen, daß der Mann an seiner Seite hier nicht die Vaterrolle, sondern eine andere spielte. Durch seine Angst wird er menschlich, wird wieder zum Kind. Ein Text will uns sogar einreden, daß Vater und Sohn Hand in Hand zum Berge Morija hinaufsteigen, weil Abraham Isaak daran hindern wollte wegzulaufen. Isaak hatte nämlich Angst.

Sogar Satan wird menschlich. Er hat umsonst mit der Wahrheit Mißbrauch getrieben und verliert den Kopf. Der Ärmste, er ist geschlagen worden. Aber er wird von neuem anfangen; denn Satan plant nicht auf kurze Sicht, wie wir später sehen werden. Doch jetzt geht es um Abrahams Verhalten. Er weigerte sich, Satan Glauben zu schenken, aber wie konnte er sicher sein, daß er sich nicht täuschte? Und wenn Satan nicht log? Dadurch daß Satan ihm das, was später tatsächlich geschah – also den Ausgang der Geschichte – vor Augen führte, zeigte er ihm, daß in Wirklichkeit er selbst es war, der die Opferung Isaaks verlangt und erreicht hatte. Und wenn er die Wahrheit sprach? Darin liegt für Abraham das eigentliche Problem, darin steckt seine wahre Angst: für Gott zu sterben, das ist denkbar, und streng genommen ist es sogar denkbar, in einer Extremsituation für Gott zu töten. Aber für Satan?

Trotzdem zögerte Abraham keinen Augenblick. Er wußte genau, daß zwischen göttlichen und anderen Prüfungen ein ganz grundlegender Unterschied besteht. An bestimmten Anzeichen läßt sich das recht klar erkennen. Satan erleichtert die Dinge, Gott nicht. Abraham brauchte sich doch bloß zu fragen, was das Bequemste wäre. Natürlich nach Hause gehen! Frohen Herzens und ruhigen Gewissens Sarah wiedersehen, die sich sicher schon Sorgen machte. Deshalb mußte er sich für das Gegenteil entscheiden, und er setzte seinen Weg fort, ohne einen Blick zurückzuwerfen. Das ist ein wohlüberlegter Entschluß, und der Midrasch betont das auch: Warum hat der Marsch drei Tage gedauert? Damit die Leute nichts sagen können, Vater und Sohn hätten unter Schockeinwirkung gehandelt.

Nein, beide sahen ganz klar und waren durchaus Herr ihrer Sinne. Sie hatten Zeit genug zur Vorbereitung und zum Nachdenken, konnten das Für und Wider abwägen und sich das Furchtbare, das auf sie zukam, vorstellen. Laut Midrasch bemerkt Abraham am Morgen des dritten Tages wie später das Volk am Sinai in der Ferne den bezeichneten Ort. Er fragt seinen Sohn: „Siehst du auch, was ich dort sehe?" – „Ich sehe ein herrliches Gebirge unter einer Feuerwolke", sagt Isaak. Da fragte Abraham seine Knechte: „Und ihr, was seht ihr?" Die beiden Knechte, als neutrale Personen, sehen nur eine einsame Gegend, und Abraham begreift, daß das Ereignis sie nicht betrifft; sie werden zurückbleiben. Er begreift auch, daß diese Gegend der erwählte Ort ist.

Dann gingen der Vater und der Sohn miteinander fort, *se la'akod wese le'aked:* der eine um zu fesseln, der andere um gefesselt zu werden, *se lischchot wese lischachet:* der eine um zu schlachten, der andere um geschlachtet zu werden. Und beide besitzen die gleiche Ergebenheit dem gleichen Gott gegenüber und antworten dem gleichen Anruf; die Opferung sollte ihre gemeinsame Opfergabe sein; noch nie waren Vater und Sohn so eng miteinander verbunden. Darauf legt der Midrasch Wert, als wolle er zusätzlich einen tragischen Sinn und eine tragische Dimension enthüllen: Abraham und Isaak sind trotz ihrer gegensätzlichen Rollen gleich, der eine ist das Opfer, der andere opfert. Aber wessen Opfer ist nun Abraham? Gottes Opfer? Das Schlüsselwort lautet auch hier *jachdaw*: miteinander. Miteinander sind sie Opfer. Miteinander bringen sie Feuer und Holz, miteinander errichten sie den Altar. Abraham gibt sich dem Text zufolge wie ein fröhlicher Vater, der die Hochzeitsfeier für seinen Sohn vorbereitet, und Isaak wie der Verlobte, der seine künftige Gemahlin trifft. Beide erscheinen gelöst und glücklich.

Für die Dauer dieser Szene gewinnt Isaak für einen Augenblick seinen Sinn für Realität wieder: „Vater", sagt er, „was werdet ihr denn nachher machen, du und die Mutter?" – „Der, der uns bis jetzt getröstet hat, wird uns auch weiterhin trösten", erwidert Abraham. „Vater", sagt Isaak nach einer Weile, „ich habe Angst, daß ich toben und schreien werde. Binde mich gut fest." Und etwas später meint er: „Vater, wenn du mit meiner Mutter sprichst, wenn du es ihr erzählst, dann gib acht, daß sie dabei nicht an einem Brunnen oder auf dem Dach steht, sie könnte vor Entsetzen umfallen und sich dabei töten."

Der auf dem Altar ausgestreckte Isaak fesselt unsere Aufmerksamkeit. Wir betrachten ihn mit Abraham, der ihm in die Augen schaut und weint. Abrahams Tränen fließen in die Augen seines Sohnes und hinterlassen eine Spur, die nichts mehr auslöschen wird. Er weint so heftig, daß ihm das Messer aus der Hand und auf den Boden fällt. Dann, erst dann stößt er einen Angstschrei aus, und erst dann reißt Gott den Himmel auf, wo Isaak die unsichtbaren Heiligtümer der Schöpfung und die Chöre der Engel erblickt, die in die Klage ausbrechen. *Jachid schochet wejachid nischchat:*„ Seht, der Schlächter ist allein wie der, den er schlachtet, allein ist." Alle Welten aller himmlischen Sphären sind aufgewühlt. Isaak ist der Mittelpunkt des Universums. Er darf nicht sterben, nicht jetzt und nicht so, und er wird nicht sterben. Ein Engel ruft mit lauter Stimme: „Rühre deinen Sohn nicht an, Abraham. Isaak muß leben."

Warum ertönt des Engels und nicht Gottes Stimme? Darauf antwortet der Midrasch: „Den Tod kann nur Gott verhängen, aber um ein Menschenleben zu retten, genügt ein Engel."

Das ist sicher eine edle und rührende Erklärung, aber ich ziehe eine andere vor, die es mir möglich macht, mich nicht nur mit Isaak, sondern auch mit Abraham zu identifizieren.

Der Erzähler muß hier zugeben, daß Abraham ihm weniger nahe stand als sein Sohn Isaak. Ihm gefiel weder die Vorstellung, daß dem Menschen etwas Unmenschliches als Umweg zu Gott dienen könne, noch die allzu bequeme Theorie Kierkegaards vom „ethischen Schwebezustand" beim Geschehen auf dem Berge Morija. Kierkegaard behauptet auch, daß Abraham Isaak vorher nicht vom Schicksal, das ihn erwartete, in Kenntnis gesetzt hätte, um ihm den Glauben an Gott zu bewahren, weil es besser war, daß Isaak am Menschen, nämlich an seinem Vater, verzweifelte als an Gott. Solche Meinungen weist die jüdische Tradition zurück. Das Gesetz Gottes verpflichtet, wie gesagt, Gott ebenfalls, aber während Gott sein Gesetz nicht aufheben kann, steht es dem Menschen zu – dem Menschen und nicht Gott –, es auszulegen. Und der Glaube an Gott ist durch den Glauben an den Menschen bedingt und beides ist untrennbar.

Greifen wir also die Frage wieder auf, die wir gerade gestellt haben. Warum sagte Abraham nichts zu Isaak? Weil der Befehl zur Opferung für Abraham eine Angelegenheit zwischen Gott und ihm war, sie ging niemand etwas an, nicht einmal Isaak.

Auf diese Weise rechne ich mit der Stärke des Menschen und nicht mit seinem Verzicht. Gott mag es nicht, wenn der Mensch aus Resignation zu ihm kommt, er muß ganz bewußt und aus Liebe zu ihm gehen. Gott schätzt am Menschen nicht blinde Ergebenheit, sondern klare Erkenntnis, Aufrichtigkeit und keine Schmeichelei. Wenn Hiob ihm teuer war, so deshalb, weil er sich nicht vor ihm duckte, und Abraham war lange vor der Prüfung mit Isaak für jene sündigen Städte eingetreten. Nun hat die Prüfung hier aber eine doppelte Bedeutung: Gott läßt sie Abraham erleiden und zugleich läßt Abraham sie Gott erleiden. Wie wenn Abraham sagte: „Ich fordere dich heraus, Herr, ich werde mich deinem Willen unterwerfen, aber wir werden sehen, ob du bis zum Äußersten gehst, ob du es tatsächlich geschehen läßt, ob du stumm bleibst, wenn das Leben meines Sohnes, der auch dein Sohn ist, auf dem Spiele steht?"

Und Gott gibt nach, ändert seine Ansicht, und aus diesem Zweikampf geht Abraham als Sieger hervor. Deshalb schickt er einen Engel, um den Befehl zu widerrufen und ihn zu beglückwünschen; er selber ist zu überrascht.

Und dabei gibt es eine neue Überraschung. Abraham hört nicht auf, uns weiter in Erstaunen zu setzen. Er hat die Partie gewonnen, und jetzt wird er anspruchsvoll. Gott hat zwar eingelenkt, aber mit diesem Sieg gibt sich Abraham nicht zufrieden und tut so, als ob nichts gewesen wäre. Er stellt nun seinerseits Bedingungen , andernfalls griffe er wieder zum Messer, komme was da wolle.

Das sagt der Midrasch: Als Abraham die Stimme des

Engels vernahm, jauchzte er nicht vor Freude oder Dankbarkeit. Im Gegenteil, er fing an zu diskutieren. Bis jetzt hatte er nur mit zusammengebissenen Zähnen gehorcht, aber auf einmal wird er skeptisch und zweifelt den Widerruf an, obwohl er ihn von Anfang an insgeheim erwartet und sehnlichst gewünscht hatte. Zuerst verlangt er vom Engel, daß er sich, wie es sich gehört, ausweist, und dann soll er den Beweis erbringen, daß er nicht der Abgesandte Satans ist. Schließlich weigert sich Abraham ganz schlicht und einfach, die Botschaft zu akzeptieren. Er erklärt: „Gott hat mir befohlen, ihm meinen Sohn zu opfern, deshalb ist es an ihm, den Befehl zurückzunehmen, und zwar ohne Mittelsmann." Da muß Gott von neuem nachgeben und letzten Endes ist es Gott selbst, der ihm verbietet, seinen Sohn anzurühren.

Ein zweiter Sieg für Abraham, aber damit gibt er sich noch nicht zufrieden.

Öffnen wir wieder den Midrasch. Als Abraham die himmlische Stimme vernahm, die ihm befahl, seinen Sohn Isaak zu verschonen, erklärte er: „Ich schwöre, daß ich den Altar nicht verlassen werde, bevor ich dir, Herr, nicht gesagt habe, was ich auf dem Herzen habe." – „So sei es", entgegnete die himmlische Stimme, „sprich." – „Hast du mir nicht eine Nachkommenschaft, so zahlreich wie die Sterne des Himmels, versprochen?" – „Ja, das habe ich dir versprochen." – „Und diese Nachkommen, auf wen sollen sie sich berufen, nur auf mich?" – „Nein", spricht die Stimme, „auch auf Isaak." – „Und hast du mir nicht versprochen, daß sie die Erben der Erde sein werden?" – „Ja, das habe ich dir versprochen." – „Von wem stammen sie denn ab, nur von mir?" – „Nein", sagt die Stimme Gottes, „auch von Isaak." – „Siehst du Herr", sagt Abraham mit Nachdruck, „soeben hätte ich dich darauf aufmerksam machen können, daß dein Befehl im Widerspruch zu deinem Versprechen stand. Ich habe meinen Schmerz zurückgehalten und kein Wort gesagt, aber zum Ausgleich will ich, daß du mir folgendes versprichst, daß auch du nichts sagen wirst, wenn meine Kinder und Kindeskinder in allen späteren Generationen gegen dein Gesetz und deinen Willen verstoßen." – „So sei es", spricht die Stimme Gottes, „es genügt, daß sie diese Geschichte erzählen und alles wird ihnen verziehen."

Jetzt ist alles klar. Wir verstehen, warum Abraham das Synonym für *Chessed*, für Gnade, geworden ist. Er war wirklich barmherzig, nicht so sehr Isaak als Gott gegenüber. Er hätte ihn beschämen und ihn anklagen können, aber er tat es nicht. Er unterwarf sich während des ganzen Weges und noch viel länger seinem Willen und bewies dadurch seinen Glauben an Gott und seine Barmherzigkeit. Er hat die Partie gewonnen, und Gott liebt es, wie der Midrasch sagt, von seinen Kindern besiegt zu werden.

Bei Satan ist das anders, er haßt es zu verlieren. Im Gegensatz zu Gott rächt er sich auf jede erdenkliche Weise und an jedem. Da Abraham und Isaak ihn geschlagen haben, richtet er seinen Angriff gegen Sarah. Er tritt in der Maske Isaaks vor sie hin und erzählt die *wahre* Geschichte, die sich gerade auf dem Berge Morjia ereignet hat, erzählt vom langen Marsch, vom Opferritus und vom Wunder. Noch hat Satan nicht zu Ende erzählt, da stürzt Sarah schon tot zu Boden.

Abraham dachte, daß die Prüfung nur eine Angelegenheit zwischen ihm und Gott und höchstens noch zwischen ihm und seinem Sohn sei. Das war ein Irrtum. Absolut gesehen gibt es in jedem Unrecht und jedem Einsatz etwas Unberechenbares. Man läßt einen

Freund oder einen Sohn leiden, um irgendetwas zu erreichen, um irgendwelche Wahrheiten zu erproben, aber am Ende zahlt ein anderer den Preis dafür – und dieser andere ist fast immer ein Unschuldiger. Sobald das Unrecht begangen ist, macht es sich selbständig. Alles in allem hatte Abraham vielleicht unrecht, zu gehorchen oder wenigstens so zu tun, als ob er gehorchte. Aber da er nicht Herr über das Leiden seines Sohnes war, hätte er nicht damit spielen, hätte er es nicht manipulieren dürfen. Weil Abraham Isaak in diese Gleichung, die über ihn hinausging, mit einbezog, wurde er wider seinen Willen auch mitschuldig am Tode Sarahs.

Ein anderer, härterer Text geht hier noch einen Schritt weiter. Er geht von der Voraussetzung aus, daß ein tragischer Ausgang unvermeidbar ist, daher der Gebrauch des Singulars beim Verb *und er kehrte heim*— ja, Abraham kehrte allein nach Hause zurück, denn ein solches Spiel treibt man nicht ungestraft. Natürlich ist diese Hypothese nicht sehr verbreitet, und die Tradition hält auch nicht daran fest. Die alten Kommentatoren stellen sich lieber vor, daß Isaak, der zwar sehr mitgenommen, aber noch am Leben war, sich in eine Schule oder ins Paradies zurückzog und einige Jahre später von dort zurückkehrte.
Aber der Phantasie des Volkes, seinem poetischen Kollektiv-Unterbewußtsein, liegt mehr an einer tragischen Textinterpretation. Isaak konnte deshalb seinen Vater nicht auf dem Heimweg begleiten, weil das göttliche Eingreifen zu spät kam. Die Tat war bereits geschehen. Weder Gott noch Abraham konnten sich als Sieger fühlen, beide waren sie Verlierer. Daher empfindet Gott am Neujahrstag, wenn er über die Menschen und ihre Taten richtet, so etwas wie Gewissensbisse, wegen des Dramas

auf dem Berge Morija bringt er mehr Verständnis für sie auf, wegen Abraham und Isaak weiß er, daß man bestimmte Dinge zu weit treiben kann.

Daher werden zu allen Jahrhunderten und fast allenthalben das Thema und der Begriff „Opferung Isaaks" benutzt, um die Zerstörung und das Verschwinden unzähliger jüdischer Gemeinden zu umschreiben. Ob es Pogrome, oder ob es Kreuzzüge, Massaker und Kathastrophen sind, ob die Vernichtung durch das Schwert oder durch das Feuer erfolgt, es ist immer Abraham, der seinen Sohn von neuem zum Opferaltar führt.

Diese zeitlose Geschichte ist höchst aktuell. Wir haben Juden gekannt, die wie Abraham ihre Söhne im Namen dessen, der keinen Namen hat, dahinsinken sahen. Wir haben Kinder gekannt, die wie Isaak die Opferung am eigenen Leibe erlitten haben, und andere, die wahnsinnig wurden, als sie ihren Vater auf dem Altar und mit dem Altar in einer Feuerwolke verschwinden sahen, die bis in die höchsten Höhen des Himmels reichte.

Wir haben Juden jeder Alters gekannt, die blind werden wollten, weil sie Gott und den Menschen gesehen hatten, wie beide in dem unsichtbaren Heiligtum der himmlischen Sphären, in dem von den ungeheuren Flammen des Holocaust erhellten Heiligtum, gegeneinander arbeiteten.

Der Bericht jedenfalls hört dort nicht auf. Isaak hat überlebt, er hatte keine Wahl. Er war es sich schuldig, aus seinen Erinnerungen und aus seiner Erfahrung etwas zu machen, damit wir zur Hoffnung gezwungen werden.

Unser Überleben ist deshalb an sein Überleben gebunden. Satan konnte Sarah töten und sogar Abraham verletzen, aber über Isaak hat er keine Macht. Isaak bleibt für ihn unantastbar. Auch Isaak eine Herausforderung: Abraham hat Gott herausgefordert, Isaak den Tod.

Was tut Isaak, nachdem er den Berg Morija verlassen hat? Er wird zum Dichter – er ist der Schöpfer des gottesdienstlichen Ritus, der *Mincha* –, er bricht nicht mit der Gesellschaft, er hat nichts gegen das Leben. Eigentlich müßte ihm der Sinn mehr nach einem unsteten Leben und nach Vergessen stehen, aber statt dessen läßt er sich in seinem Land nieder, das er nie mehr verläßt, und zwar unter seinem Namen, den er niemals ändert. Er heiratet, hat Kinder und gründet ein Heim. Sein Schicksal hat ihn nicht zu einem verbitterten Menschen gemacht. Er hegt weder Haß noch Zorn gegenüber seinen Zeitgenossen, die seine Erfahrung nicht geteilt haben. Im Gegenteil, er ist ihnen wohlgesinnt, liebt sie, interessiert sich für das, was mit ihnen geschieht und was aus ihnen wird. Sein Recht auf Unsterblichkeit weiht er der Verteidigung seines Volkes.

Am Ende der Zeiten, sagen unsere Weisen, wird Gott zu Abraham sagen: „Deine Kinder haben das Gesetz übertreten." Und Abraham wird antworten: „Sie sollen sterben, um deinen Namen zu heiligen." Dann wird sich Gott an Jakob wenden und ihm sagen: „Deine Kinder haben das Gesetz übertreten." Und Jakob wird antworten: „Sie sollen sterben, um deinen Namen zu heiligen." Dann wird Gott das Wort an Isaak richten und sagen: „Deine Kinder haben das Gesetz übertreten." Und Isaak wird antworten: „Meine Kinder? Sind es nicht deine Kinder?" Isaak ist der mit besonderen Vorrechten ausgestattete Verteidiger und als solcher bleibt er der Beschützer Israels, dessen Sache er mit Erfolg vertritt. Er hat das Recht, Gott alles zu sagen und ihn um alles zu bitten. Etwa weil er gelitten hat? Nein, nicht deswegen. Das Leiden als solches verleiht in der jüdischen Tradition keinerlei Vorrecht. Es kommt darauf an, was man aus seinem Leiden macht. Isaak verwandelte es in Gebet und

Liebe, er haderte nicht mit seinem Schicksal und verfluchte es nicht. Das gibt ihm Rechte und verleiht ihm Kräfte, die kein anderer besitzt. Sein Lohn dafür? Der Tempel wird nicht auf dem Sinai, sondern auf dem Berg Morija gebaut.

Kommen wir noch einmal auf den Ausgangspunkt unserer Frage zurück. Warum trägt Isaak, das Urbild unseres tragischen Schicksals, einen so unpassenden Namen, einen Namen, der Lachen bedeutet und Lachen auslöst? Dies ist der Grund: Als erster Überlebender lehrt er die Überlebenden der künftigen jüdischen Geschichte, daß es möglich ist, ein ganzes Leben lang zu leiden und zu verzweifeln und dennoch nicht auf die Kunst des Lachens zu verzichten.

Sicher vergißt Isaak niemals den Schrecken jener Szene, die seine Jugend zerstört hat. Er wird sich immer an den Holocaust erinnern und bleibt gezeichnet bis an das Ende der Zeiten. Aber trotzdem ist er fähig zu lächeln, und lächelt auch. Trotzdem.

Und Gott sprach zu Abraham: „Fürchte dich nicht, ich bin dein Schild; dein Lohn wird groß sein."

Dieser Vers, der nach der Beschreibung der Aufsehen erregenden Siege steht, die Abraham über die Könige der dortigen Gegend davontrug, setzt unsere Weisen in Erstaunen. Warum mußte Gott Abraham, der als unbesiegbar galt, Mut machen?

Weil Abraham sich vor den Folgen seiner Siege fürchtete, sagt Rabbi Levi. Er fürchtete, die Söhne der getöteten Fürsten könnten sich zusammenschließen, um gegen ihn Krieg zu führen. Gott mußte ihn also ermutigen: „Fürchte dich nicht, Abraham, selbst wenn alle Könige der Welt sich gegen dich verbündeten, wird dir nichts Böses geschehen, denn ich werde sie schlagen."

Eine andere Erklärung lautet: Abraham war von Zweifeln geplagt. Wie sollte er wissen, ob sich unter den erschlagenen Kriegern nicht ein Gerechter befand, der diesen Tod nicht verdiente. Gott mußte also seine Ängste zerstreuen: „Du hast nur die Dornen aus dem Garten des Königs ausgerissen, dein Lohn wird groß sein."

Sodom, die sündhafte Stadt, die nach Verbrechen stank und laut das Böse verkündete, wurde nicht wegen ihrer Taten gegen Gott, sondern gegen die Menschen bestraft, gegen die Schwachen, die Bedürftigen, die Obdachlosen, die Unglücklichen.

In Sodom, sagt Rabbi Jehuda, gab es ein Gesetz, das jeden mit dem Tode bestrafte, der einem Fremden, einem Bettler, einen Unglücklichen Brot anbot.

Und dennoch eilte Abraham, als er erfuhr, daß Gott Sodom auslöschen wollte, zu seiner Verteidigung herbei. Er flehte Gottes Barmherzigkeit an und sagte: „Wenn du darauf beharrst, daß die Welt für sich allein besteht, dann gibt es kein Gesetz. Wenn du darauf beharrst, daß das Gesetz für sich allein besteht, dann gibt es keine Welt. Du faßt den Stock an seinen beiden Enden zugleich an. Wähle das eine oder das andere. Sei nicht so anspruchsvoll und nicht so unbeugsam, sonst wird nichts bestehen." So redete Abraham nach Rabbi Levi für die Stadt, deren Bewohner sich gegenseitig umbrachten.

Drei Jahre nachdem er Ismael, den er immer noch liebte, aus dem Hause vertrieben hatte, begab sich Abraham in die Wüste, um ihn aufzusuchen. Eine Frau empfing ihn, Aissa, die moabitische Gattin Ismaels. Abraham fragte sie: „Wo ist dein Mann?" – „Fortgegangen, um Früchte zu pflücken." – „Ich habe Hunger und Durst", sagte Abraham, „die Reise hat mich erschöpft. Gib mir einen

Schluck Wasser und ein Stück Brot, wenn du möchtest." Aissa weigerte sich. Da sagte Abraham zu ihr: „Wenn dein Mann zurückkommt, sage ihm, ein alter Mann sei gekommen, das Land Kanaan zu sehen, und dieser Alte läßt ihm sagen, daß ihm die Schwelle seines Hauses nicht gefallen hat." Aissa richtete Ismael die Botschaft aus, und der verstieß sie auf der Stelle. Seine neue Gattin hieß Fatima und kam aus Ägypten.

Drei Jahre später kehrte Abraham zurück. „Wo ist dein Mann?" fragte er Fatima. „Fortgegangen, um sich um die Kamele zu kümmern", — „Ich habe Hunger und Durst", sagte Abraham, „die Reise hat mich ermüdet." — „Komm, tritt ein", sagte Fatima und reichte ihm Brot und Wasser. „Wenn dein Mann zurückkommt", meinte Abraham lächelnd, „sage ihm, daß ein alter Mann gekommen sei, um das Land Kanaan zu sehen und daß ihm die Schwelle seines Hauses sehr gefallen hat." Auch voneinander getrennt hörten Vater und Sohn nicht auf sich zu lieben.

Um die Opferung Isaaks zu verhindern, verwandelte sich Satan auf dem Wege zum Berge Morija in einen Fluß in der Hoffnung, daß Abraham und sein Sohn ihn nicht überschreiten könnten. Aber Abraham stieg ins Wasser und befahl seiner Begleitung, ihm zu folgen. Das Wasser reichte ihm schon bis zum Kopf, da blickte Abraham zum Himmel auf und sagte: „Herr des Universums, als du mich erwähltest, sagtest du mir, daß du allein seist und ich es auch sei; daß du dich durch mich zu erkennen geben würdest, und daß ich dir meinen Sohn als Opfergabe darbringen sollte. Aber wenn ich nun ertrinke oder wenn Isaak ertrinkt, wer wird dann deinen Willen erfüllen? Wer wird deinen Namen verkünden?"

Sogleich war kein Fluß mehr auf dem Weg zu sehen.

„Und Abraham opferte den Widder an Stelle seines Sohnes ..." Armer Widder, sagt mancher Weise; Gott stellt die Menschen auf die Probe, und er wird getötet. Das ist ungerecht, denn er hat nichts getan.

Rabbi Joschua sagt: Seit dem ersten Schöpfungstage lebte der Widder im Paradies und wartete auf seinen Abruf. Er war von Anfang an dazu bestimmt, Isaaks Platz auf dem Altar einzunehmen.

Es war ein besonderer Widder mit einem einmaligen Schicksal, von dem Rabbi Hanina ben Dossa sagt, daß nichts von diesem Opfer verloren ging. Die Asche wurde im Allerheiligsten des Tempels verstreut, die Sehnen dienten König David als Saiten für seine Harfe, das Fell nahm der Prophet Elias, um sich damit zu bekleiden, und was die beiden Hörner betrifft, so rief das kleinste das Volk am Fuße des Sinai zusammen, und das größte wird eines Tages erschallen, um die Ankunft des Messias anzukündigen.

Eines Tages rief Micha, der König der Moabiter, seine engsten Berater zusammen und fragte sie: „Worin besteht eigentlich die Kraft des jüdischen Volkes? Warum gelingt es uns nicht, es zu vernichten?" – „Seine Kraft beruht auf Abraham", antworteten seine Ratgeber. „Abraham, wer ist Abraham?" – „Ihr Ahnherr, der erste ihrer Patriarchen." – „Aber was hat er denn vollbracht, daß er eine solche Macht verdient?" – „Abraham war bereit, Gott seinen Sohn zu opfern", antworteten die Ratgeber. „Hat er es getan?" – „Nein, es handelte sich nur um eine Prüfung." – „Dann werde ich es besser machen und mächtiger sein als er."

Und der moabitische König ließ nicht nur einen, nicht nur zehn und nicht nur hundert Männer ergreifen. Er ließ alle seinen Göttern opfern. Und er fühlte, wie ihn seine

Kräfte verließen, und er starb, ohne irgend etwas begrif-
fen zu haben.

Rabbi Hanan, der Sohn des Rava, sagte im Namen des
Rav: „An dem Tage, als Abraham seine Seele zurückgab,
versammelten sich alle Könige und alle großen Fürsten
der Erde, um ihn zu beweinen, und riefen zusammen aus:
„Welch ein Unglück für die Welt, die ihren Führer, welch
ein Unglück für das Schiff, das seinen Kapitän verloren
hat."

Jakob
oder der Kampf mit der Nacht

Ein Mann, ein Traum, eine Geschichte. Wir kennen den Ort, die Geschichte und einige Mitspieler, aber keineswegs alle. Wenn wir versuchen, tiefer in sie einzudringen, sie in ihrer menschlichen und manchmal auch irrealen Wahrheit zu erfassen, stellen wir fest, daß eine der Gestalten uns immer wieder entgleitet. Wir wissen nicht einmal, wie sie heißt.

Vordergründig geht es hier um Gebet und Einsamkeit, um Kampf und Überleben, um Sieg und Niederlage. Aber wenn wir näher hinschauen, wird uns bewußt, daß in dieser Geschichte, auch wenn sie ein Stück Geheimnis birgt, der Schatten vorherrscht.

Ein einsamer Mann, ein gluthelle Traum, ein Konflikt. Zwei Brüder, zwei Schicksale, verbunden und getrennt durch die Nacht. Der Ort: Irgendwo in einem fernen Land, das wir heute Jordanien nennen. Jakob nannte ihn *Machanaim,* den Ort, wo er die Seinen in zwei Gruppen teilte, damit die eine überlebe, falls die andere untergehen sollte.

Ein Mann, der den Tod vor Augen hat, ein Mann, der sich seine Zukunft vorstellt.

In der Ferne ganz schwache Geräusche von irgendeiner Karawane, die nach einer anstrengenden und bewegten Reise einen Rastplatz sucht. Diese Reise war nicht einfach; man könnte sie eine Flucht ohne Anfang und ohne

Ende nennen. Auf dem Weg hierher hat der Feind gewechselt; es ist nicht mehr der getäuschte Schwiegervater, der entschlossen war, wieder in den Besitz seiner Güter zu gelangen, sondern der rasende, nach Rache dürstende Bruder. Und anstatt vor dem feindlichen Bruder zu fliehen, wird seltsamerweise die Begegnung mit ihm gesucht.

Es ist Nacht. Eine beklemmende, unheilschwangere Stille liegt über der Ebene, die ein Sternenhimmel überstrahlt. Nur das Rauschen des Flusses Jabbok ist zu hören, der es eilig hat, sich ins Meer zu ergießen und den vorüberhuschenden Schatten die unglaubliche Geschichte dieses Mannes zu erzählen, dem es darauf ankommt, zum letzten Mal allein zu bleiben, allein in der Nacht und in der Ebene, als ob er jemanden erwarte, einen Einzelgänger vielleicht, einen flüchtigen Schatten ohne Gesicht und Namen.

Nächtliche Stille. Die letzten vertrauten Geräusche, die von den Feldern von Machanaim herüberdrangen, sind verstummt. Nichts regt sich am andern Ufer des Flusses. Seine glitzernden Wellen sind das einzige Zeichen, daß die Welt noch Welt und lebendig ist.

Und was tut dieser Mann? Liegt er auf der Lauer, bohrt er seine Augen in die Finsternis, aus der jeden Augenblick das Ereignis hervorbrechen wird? Jakob, der Sohn Isaaks und Abrahams, denkt nach. Vielleicht bestimmt er seinen eigenen Standort. Deshalb hat er es vorgezogen, sich von den Seinen zu trennen und auf dieser Seite des Ufers zu bleiben. Er will die Lage besser im Auge behalten, denn sie wird sich ändern, das weiß er. Aber er weiß nicht wie. In dieser Stunde ist noch alles möglich. Ein Wort, eine Geste würden genügen, damit Jakob Jakob und Israel der Traum eines furchtsamen alten Mannes bliebe.

Zu seiner Gewissenserforschung gehört es auch, daß er seine Vergangenheit wieder in Frage stellt. Erste Kindheitserinnerungen, erste Streitereien mit seinem älteren Bruder, erste Triumphe, denen Gewissensbisse folgten, erste Liebschaften, erste und letzte Enttäuschungen, so viele Ereignisse, die in die Begegnung, die er gerade mit seinem Onkel Laban gehabt hat, münden und in das Treffen, das er morgen mit seinem Bruder Esau haben wird.

Jakobs Unruhe ist begreiflich. Vielleicht wird er morgen sterben. Sein Bruder, den er seit 20 Jahren nicht gesehen hat, kommt nicht allein zu dieser Verabredung, er bringt über 400 bewaffnete Männer mit. Was wird morgen aus ihm geworden sein? Jakob fürchtet sich. Er hat im Leben Glück gehabt; das kann nicht ewig währen, nicht über diese Nacht hinaus. Morgen wird alles zu Ende sein. Für jeden Augenblick des Glücks wird er zahlen, für jede Gabe der Liebe, die er empfangen oder geschenkt hat. Morgen wird Jakob dem Willen Esaus, seines Bruders und Rächers, unterworfen sein.

Morgen ... aber noch hat die Nacht kaum begonnen. Jakob sollte versuchen, sich eine Lösung, einen Ausweg ausdenken. Es muß doch eine Möglichkeit geben, da herauszukommen?

Er sucht. Und wenn er zu beten anfinge? Und wenn er sich für den Kampf bewaffnete? Und wenn er seinem Bruder ein neues Geschenk anböte, schöner als alle früheren? Niemand ist Geschenken gegenüber gleichgültig. Jakob sollte, wenn er nur ein bißchen praktisch dächte, sich tatsächlich etwas ausruhen, sich entspannen, schlafen und die verbleibenden Stunden nutzen. Morgen wird er seine ganze Energie und alle Kräfte brauchen. Er sollte sich schonen, sich erholen. Er tut es nicht und kann es nicht; denn diese Nacht wird die Nacht eines neuen

Abenteuers sein, das mehr bedeuten wird als alle anderen.

Ein seltsames Abenteuer, geheimnisvoll von Anfang bis Ende, von einer schaudererregenden Schönheit – von einer Größe, die die Sinne übersteigt. Wen hat es nicht in Bann geschlagen? Philosophen und Dichter, Rabbiner und Erzähler, alle suchen das Rätsel zu lösen, das in dieser Nacht, wenige Schritte vom Flusse Jabbok entfernt, geschah. Es ist eine Episode, die die Bibel mit der gewohnten großartigen Kargheit erzählt. Erinnern Sie sich?

Aus dem tiefsten Grund der Nacht steigt einer empor und beginnt einen lautlosen und absurden Kampf mit Jakob. Was will er? Niemand weiß es, nicht einmal Jakob. Sie kämpfen wortlos miteinander, und der Kampf dauert bis zur Morgenröte. Da erst spricht der Angreifer seine ersten Worte: „Laß mich los, denn die Morgenröte bricht an." Und Jakob, plötzlich kämpferisch geworden, lehnt ab und stellt seine Bedingungen. „Zuerst wirst du mich segnen." Der Gegner sagt nein. Lieber kämpft er weiter. In wilder Umarmung ringen sie aufs neue miteinander. Schließlich müssen sie aufgeben. Keiner hat wirklich gesiegt, und beide sind verletzt; Jakob an der Hüfte, der Engel in seiner Eigenliebe. Sie trennen sich als Freunde und als Komplizen. Jetzt ist Jakob gnädig bereit, seinen Gegner ziehen zu lassen, und dieser macht ihm wie aus Dankbarkeit einen neuen Namen zum Geschenk, der noch in Generationen und auf ewig Symbol sein wird für Kampf und Ausharren nicht nur in einem Land und nicht nur eine Nacht lang.

Wer ist dieser rätselhafte Angreifer? Wer hat ihn geschickt? Und wozu? Ist er nichts weiter als ein menschliches Wesen? Der biblische Text gebraucht den Ausdruck *Isch* — ein Mann. Der Midrasch und die Kommentatoren erheben ihn in den Rang eines Engels; und Jakob, der es wissen müßte, siedelt ihn noch höher an: „Denn ich habe Gott von Angesicht zu Angesicht gesehen und bin am Leben geblieben." Der Angreifer seinerseits bestätigt ihm das auch: *ki ssarita im El* – dein Name sei Israel; denn du hast mit Gott gekämpft und gesiegt.

Eine dunkle und verwirrende Episode, in der die Hauptdarsteller mehr als einen Namen besitzen, die Worte mehr als eine Sache bezeichnen und jede Frage eine neue aufwirft. Man hat die ganze Zeit den Eindruck, vor einem Schirm zu bleiben, hinter dem sich irgendwo das ganze Geschehen vollzieht und der keinen Zutritt gestattet. Um was geht es? Um ein zufälliges oder gewolltes Treffen? Um einen Namenswechsel? Und was ist im Grunde ein Name? Ist das Ich des Menschen nur auf seinen Namen allein beschränkt? Und warum hat Jakob einen neuen Namen angenommen? Paßt der alte ihm nicht? Noch mehr als bei der nicht stattgefundenen Opferung Isaaks steht man hier vor einem Geheimnis. Dort glaubte man wenigstens, wenn auch nur an der Oberfläche, zu verstehen, warum die Personen so handelten, und wer sie dazu trieb. Hier tappen wir völlig im Dunkeln, verstehen weder den Angreifer noch den Angegriffenen, noch die Umstände, die sie zusammengeführt haben. Sie reden, ohne Verbindung zu schaffen. Die Fragen entsprechen nicht den Antworten. Die Worte, die Schläge, die Komplimente – alles hat etwas Irrationales an sich, und die ganze Geschichte könnte uns im Grunde beinahe wie ein Zwischenspiel erscheinen, das unnütz, aber nicht ohne Bedeutung ist.

Wir lassen den Angreifer einmal außer acht und werfen einen Blick auf sein Opfer Jakob. Er ist uns bekannt, bekannter noch als seine Eltern und Großeltern. Seit seiner Geburt und bereits vorher schon sind seine Taten und Untaten offiziell registriert: Sein Widerstand bei seiner Geburt, als er sich an der Ferse seines Zwillingsbruders Esau festhielt. Seine krankhafte Furcht. Seine Erziehung. Seine Jugendjahre, seine Streitereien mit dem alten blinden Vater, der seinen ältesten Sohn vorzog. Seine Flucht zu Laban, seine romantischen Liebesabenteuer. Man weiß auch, daß seine Mutter ihn wohl etwas zu auffällig in Schutz nahm, und daß ihm seine eigenen Kinder Sorgen machten. Sie haßten ihren Bruder Josef, der ins Ausland gehen mußte, um Karriere zu machen. Man weiß auch, daß Jakob der erste Jude war, der das „Recht der Rückkehr" praktizierte.

Zwei Ereignisse drückten seinem Leben und drei seiner Legende einen Stempel auf: Ein Traum, der eine Leiter betraf, die er nicht hinaufstieg, ein Geschenk, das er empfing, ohne darum gebeten zu haben, und ein Geheimnis, das er lüften wollte, ohne daß ihm dies gelang.

Das Geschenk war, wie wir gesehen haben, ein Name. Nehmen wir wieder den Bericht der Bibel zur Hand: … Jakob blieb allein zurück. Da packte ihn ein Mann und kämpfte mit ihm bis zur Morgenröte. Als *er* ihn nicht besiegen konnte, stieß er so heftig gegen seine Hüfte, daß sie ausgerenkt wurde. *Er* sagte: „Laß mich gehen; denn die Morgenröte bricht an." Jakob entgegnete: „Du wirst nicht gehen, bis du mich gesegnet hast." *Er* fragte ihn: „Wie heißt du?" Jakob antwortete: „Jakob". Da sagte *er*: „Du sollst nicht mehr Jakob heißen, sondern Israel; denn du hast mit Gott gekämpft und dich als stark erwiesen." Da fragte Jakob ihn: „Nenne mir deinen Namen, ich bitte dich." *Er* antwortete: „Warum willst du ihn erfahren?" Und er segnete ihn. Jakob nannte den Ort, wo dieses geschah, Penuel, denn „ich habe Gott von Angesicht zu Angesicht geschaut und habe mein Leben gerettet!

Man könnte von einem mystischen und fast zusammenhanglosen Poem sprechen, das nicht nur für den Leser, sondern auch für die darin vorkommenden Personen kaum verständlich ist. Warum greift der nächtliche Besucher den armen Jakob an, von dem er nicht einmal den Namen weiß? Weil er Jude ist? Oder weil er allein ist und weit weg von einem bewohnten Ort? Warum will der Unbekannte unbedingt die Identität seines Opfers feststellen? Wenn er ihn nicht kennt, warum hat er sich nicht erkundigt, ehe er angriff? Wenn er ihn kennt, warum fragt er dann danach? Warum weigert er sich, Jakob die eigene Identität preiszugeben? Von den beiden ist zwar Jakob der „Jude", aber doch ist es der Unbekannte, der auf jede Frage mit einer Gegenfrage antwortet, und hat er keine mehr, dann wechselt er das Thema; und Jakob läßt es geschehen. Und warum hält Jakob denn einen Jubelschrei zurück, den er doch eigentlich ausstoßen mußte, als er den andern endlich los war? Und wieso wird dieser Mann der Nacht beim Morgengrauen in Jakobs Augen ... zu Gott?

Hier handelt es sich um eine der unerklärlichsten und dunkelsten Episoden im Leben Jakobs, ja der Schrift, um eine Episode, die gut für ihn endet, da sie ihn in eine neue Dimension rückt, eine Dimension des Geheimnisvollen und Heiligen, die er dringend nötig zu haben schien.

Von den drei Patriarchen ist Jakob tatsächlich derjenige, der am wenigsten Interesse erregt. Seinem Leben fehlte es bis dato an Größe. Seine Probleme und Taten hatten nichts Außergewöhnliches an sich. Abraham war der Pionier gewesen, der Eroberer und Gründer von Dynastien. Isaak war der Überlebende, der erleuchtete Dichter. Beide hatten ein Auftreten, ein Gewicht und eine Ausstrahlung, die Jakob offenbar nicht besaß. Verglichen mit seinen Vorläufern erscheint Jakob als Mensch ohne besonderes Format, mit einem ganz gewöhnlichen Schicksal. Ohne sein Abenteuer und seine Verwandlung in Penuel wäre er durch die Weltgeschichte gegangen wie eine schillernde und rührende Nebenfigur, ohne Größe und Tragik, nicht aus jenem Stoff, aus dem Heldensagen und Legenden gewoben werden. Das Porträt, das die Bibel vor Penuel von ihm entwirft, ist auffallend blaß. Rechtschaffen, aber ohne Phantasie; ehrenwert, aber ohne rechten Mut, lebt er als verschlossener, frustrierter, jähzorniger Außenseiter und ist im Grunde ein Schwächling. Zwar geschieht ihm alles, aber wie von außen. Jeder läßt ihn für sich arbeiten, er gehorcht nur. Das liegt in seiner Natur, er hat keine eigene Initiative, kann keinen Entschluß allein fassen. Er möchte bei der Hand genommen werden. Seine Mutter Rebekka bringt ihn auf die Idee, sich als Esau zu verkleiden und seinen Vater zu belügen, um den Segen zu erlisten, der nicht für ihn bestimmt war. Sie bringt ihm die Gesten und Antworten bei, und er gehorcht ihr weinend. Rebekka ist es auch, die ihm nach der Darbietung rät, für einige Zeit fortzugehen und zu seinem Onkel Laban zu fliehen. Sie gibt ihm auch Ratschläge für die Reise und sagt ihm, daß er nicht heiraten soll. Natürlich verliebt er sich in das erste Mädchen, das er trifft, in Rachel. Er errötet wie ein schüchterner Knabe und will sie vom Fleck weg heiraten, ehelicht am Ende aber ihre Schwester und wird aus zwei Gründen unglücklich: Er liebt jemanden, ohne ihn heiraten zu können, und wird von jemandem geliebt, den er heiratet, ohne ihn lieben zu können. Er beklagt sich darüber nicht, wenigstens nicht sehr. Er akzeptiert, was ihm zustößt. Er folgt lieber, als daß er Gefolgschaft hat; er leidet lieber, anstatt andere leiden zu lassen. Die Frauen bestimmen unter sich, mit welcher von ihnen er die Nacht verbringen wird. Als Rachel die Bilder und Idole seines Vaters wegnimmt, sagt sie kein Wort davon zu ihrem Mann, der ist nicht mit von der Partie; er ist nie mit von der Partie. Naiv und ahnungslos ist er und nimmt nur, was man ihm gibt. Ein einziges Mal zeigt er eine gewisse Unabhängigkeit, als er Rachel zum ersten Mal am Brunnen erblickt. Da küßt er sie ohne Umschweife, aber im nächsten Augenblick bricht er in Tränen aus. Gewissensbisse? Nein, eher Furcht, er ist über seine eigene Kühnheit erschrocken. Es passiert ihm überhaupt oft, daß er weint, als Kind, als Jüngling, als Erwachsener. Er hat, wie man sagt, dicht am Wasser gebaut. Er weint, wenn er zu Hause ist, und weint, wenn er fern von zu Hause ist. Er umarmt Laban und weint, er umarmt Esau und weint. Und wenn man ihn umarmt, dann weint man mit ihm. Man könnte von einem liebe- und schutzbedürftigen großen Kind sprechen. Das ist weiter nicht erstaunlich, seine besitzergreifende und herrschsüchtige Mutter hat ihn verhätschelt und verwöhnt. Rebekka ist dauernd hinter ihm her: „Tu dies, tu das nicht, komm hierher, geh dorthin." Sicher will sie sein Bestes, denn er ist schwächlicher als sein Bruder, zarter und wehrloser. Man muß ihn vor den andern schützen. Rebekka ist wie eine Glucke, die ihn mit ihrer Liebe schier erstickt.

Die Tatsache, daß Isaak eine starke Persönlichkeit ist, macht die Geschichte auch nicht besser. Isaak spricht nicht viel, geht nicht aus sich heraus und ermuntert nicht zu einem vertrauten Gespräch, aber hinter seinem Schweigen spürt man das Geheimnis seiner Jugend. Für Jakob ist es nicht leicht, im Schatten eines Menschen aufzuwachsen, den Gott als Opfergabe auserwählt und gefordert hat. Leicht ist es nicht für ihn, der Sohn des ersten Überlebenden der jüdischen Geschichte, des ersten Zeugen eines Holocaust zu sein.

Zudem zieht Isaak Esau vor, aus Gründen, die nur er

selber kennt. Man fragt sich wirklich warum; denn Vater und Sohn haben nichts Gemeinsames, sind zwei vollkommene Gegensätze. Isaak ist krank und blind, Esau kräftig und sportlich, sein Auge und sein Arm sind für Wettkampf und Jagd gemacht. Isaak will Gelassenheit und Meditation, Esau wird von Blut und Gewalt angezogen. Isaak verbringt seine Zeit daheim, Esau streift durch Wälder und Felder. Isaak lebt für das Heilige, Esau verkauft das Recht der Erstgeburt für ein Linsengericht. Und trotzdem verstehen die beiden sich glänzend. Isaak liebt seinen ältesten Sohn, der ihn ebenfalls liebt und ihm seine Liebe auch zeigt. Ziehen sich hier zwei Gegensätze einfach an, oder glaubt Isaak, wenn er an die Bedeutung seines Namens denkt, daß er damit das „Lachen" sogar übertreibt, um Gott zu zeigen, daß der Mensch und er imstande sind, Seelenruhe mit Brutalität zu vereinen? Jedenfalls stehen sich der Vater und sein ältester Sohn nahe. Sie verstehen sich. Insofern erhebt sich die Frage: Was wäre, unabhängig von jeder rechtlichen Überlegung, mit dem Volke Israel geschehen, wenn die entscheidende Begegnung zwischen Isaak und Esau stattgefunden hätte? Ohne das Eingreifen, ohne die plötzliche Erkenntnis Rebekkas, ohne ihre – objektiv betrachtet – unmoralische List hätte Isaak seinen Segen nicht Jakob, sondern Esau gegeben. Wessen Nachkommen wären wir, wenn Isaak den Schwindel entdeckt hätte? Hätten wir also dann unsere Existenz nur einem Zufall, einem glücklichen Zufall gar, zu verdanken? Israel hätte dann also nicht – oder nur Esau sein können?

Solche Zweifel mußten Jakob plagen und in seiner Schwachheit nocht mehr niederdrücken. Er fühlte sich verwundbar, in die Defensive gedrängt, ihm war nicht wohl in seiner Rolle. Er fühlte sich seinem Vater gegenüber schuldig, weil er ihn belogen, seinem Bruder, weil er ihn betrogen hatte, und der ganzen Welt gegenüber fühlte er sich schuldig, weil er Theater spielte. Weil er zu oft ein falsches Spiel getrieben hatte, dachte er nur daran, wiedergutzumachen, zu leiden, um Sühne zu leisten und seine eigene Wahrheit wiederzufinden. Deshalb litt er stumm und weinte oft, ohne ein Wort zu sagen. Zuerst nutzte man ihn aus, dann machte man ihn zu einem Werkzeug gegen sich selbst. Und so ging es weiter. Je mehr man ihm weh tat, um so beruhigter erschien er. Wenn die Schläge zu hart wurden, flüchtete er in seine Träume. Er ist der erste Träumer der biblischen Geschichte. Abraham hatte Visionen, Jakob Träume. Im Traum scheinen die Welt und ihre Gesetze besser zu sein. Im Traum wächst er hoch über sich hinaus und kommt sich großartig vor, seine Träume verwandeln ihn. Er lernt, daß das Leben eine Leiter ist, die man hinauf- und hinabsteigt, daß es Höhen und Tiefen gibt. Niemand bleibt an der gleichen Stelle, kein Leiden dauert ewig, jeder Fehler kann wiedergutgemacht, kann ausgelöscht werden. Das sind Träume, die leichten Trost gewähren. Gott zeigt sich weder anspruchsvoll noch streng, er zeigt seine barmherzige Seite: „Fürchte nichts Jakob, ich werde an deiner Seite bleiben." Das sind genau die Worte, die Jakob hören will, er muß ständig und mehr als Isaak und Abraham persönlich aufgemuntert und gelobt werden. Aber selbst wenn er hört, was er zu hören wünscht, schafft er es nicht, an seine Mission zu glauben. Sogar sein Bündnis mit Gott ist konditional, hat seine Bedingungen: „*Wenn* du mir Brot gibst, um mich zu ernähren, und Kleider, um mich anzuziehen, dann sage ich ja und gehe dorthin, wohin du mich schickst."

Auch in diesem Falle verlangt er nur Nahrung, Kleidung, Sicherheit. Dieser Jakob ist enttäuschend. Wenn seine Träume auch Größe und Schwung verraten, etwas

Metaphysisches und Mystisches haben sie nicht. Jakob hat keine Phantasie. Alles, was er tut, sagt oder fragt, hat etwas Alltägliches. Insofern ist unverständlich, warum die Bibel es für nötig hält, sich über derart viele Details auszulassen: über seine Händel mit Laban, seine Arbeitsverträge, über die belanglosen Unterhaltungen mit seinen Frauen und Konkubinen. Ist das Jakob, das und nichts anderes? Dieser mittelmäßige Träumer, der sich von jedem gängeln läßt, der vor jedem Kampf reißaus nimmt, der die Schlacht verläßt, bevor er sich hineinstürzt! Dieser Mann ohne Willenskraft und Durchsetzungsvermögen, der sich von Laban durchsuchen läßt, um ihm zu beweisen, daß er ihm nichts gestohlen hat, das ist also der Mann, den Gott dazu bestimmt hat, die Ahnenreihe Israels zu eröffnen? Nichts von der Macht Abrahams und von der Mission Isaaks wird also Bestand haben? So schmerzlich es ist, aber man muß es sagen: Vor Penuel ist auf Jakobs Konto keine Entdeckung und kein Triumph zu verbuchen; keine einzige Heldentat wird ihm zugeschrieben. Abraham und Isaak waren in nicht alltägliche Kämpfe verstrickt, ihre Konflikte berührten das Innerste des Menschen. Und Jakob? Ihn beschäftigten nur Äußerlichkeiten, Geschäfte und Sachwerte; und da er ständig in unmögliche und ausweglose Situationen gerät, ist er immer darauf gefaßt, hinters Licht geführt zu werden. Bis Penuel redet er nur Platitüden, und sogar in Penuel ist er noch lange nicht so weit, daß er sich behaupten kann.

Ein Midrasch erzählt: Am Morgen nach seiner ersten Hochzeit, als er Lea statt Rachel entdeckt, kann er sich nur beklagen: „Die ganze Nacht habe ich Rachel zu dir gesagt, und du hast Antwort gegeben. Warum hast du mich getäuscht?" – „Und du", gibt sie zurück, „dein Vater hat dich Esau genannt und du hast auch darauf

geantwortet. Warum hast du ihn getäuscht?" Und Lea
erteilt ihm sogar eine Lektion: ob es einen Meister ohne
Schüler gäbe?

Ein anderer Text ist noch herabsetzender. Als seine
Frauen sahen, daß Jakob die Begegnung mit seinem
Bruder Esau fürchtete, blickten sie ihn streng an und
fragten ihn: „Wenn du so ein Angsthase bist, warum hast
du uns dann dazu gebracht, unser Vaterhaus zu verlassen?" Ist das Jakob? Ist das unser Ahnherr? Der Name
dieses Mannes, der sich nicht einmal in seinem eigenen
Hause Respekt verschaffen konnte, soll also zum Symbol
werden für das bedrohteste und standhafteste Volk der
Erde?

Wir sagten, daß der Midrasch gerne die gleichen
Akzente setzt wie der biblische Text. Nur bei Jakob
macht er eine Ausnahme. Über die Zeit vor Penuel gibt es
wenige und eher zurückhaltende Berichte. Jakob hat
offenbar auch die hervorragendsten und einfallsreichsten
Erzähler der jüdischen Tradition, die des Talmuds, nicht
zu inspirieren vermocht. Wer ehrlich ist, begreift sie.
Welche Erzählung könnte das Abenteuer auf dem Berg
Morija noch übertreffen? Bevor man sich Legenden aus-
denkt, die im Schatten jenes Gipfels nur verblassen würden, überhäuft man ihn mit Artigkeiten und erfindet
Tugenden für ihn: Er war barmherzig, rein, gerecht,
großzügig, strahlend, seine Schönheit spiegelte Adams
Schönheit wider. Dank seines rückwirkenden Eingreifens
sei Abraham aus dem Glutofen errettet worden. Weiter
heißt es: Jede Generation besitzt ihren Jakob, ohne den
sie nicht überleben könnte. Und weiter: Er bekehrte die
Menschen zum Glauben an Gott. Er war aufrecht wie
Hiob; und war demütig, obwohl er niemals ohne Begleitung von 60 000 Schutzengeln einen Ortswechsel vor-
nahm; und wißbegierig war er: er verbrachte in den

Akademien von Schem und Ewer, wo er 13 Jahre gelebt haben soll, seine Zeit damit, die Thora zu studieren. Und was er in seiner Freizeit machte? Er rezitierte Psalmen. Hier ein bißchen Ruhm, dort ein bißchen Lob, sicher nicht der Rede wert, um ihm Format und Größe zu verleihen. Im Vergleich mit seinem Vater hat er kein Gewicht. Nicht einmal tragischer Glanz ist um ihn. Als wirklich tragische Gestalt von beiden Brüdern kommt uns Esau vor, der uns in einem bestimmten Augenblick am stärksten anrührt.

Er ergreift uns sogar. Von Anfang an, heißt es, liebte ihn niemand. Die Bibel ist gegen ihn und der Midrasch noch mehr. Die Verleumdungen, mit denen er überhäuft wird, werden nur noch von denen übertroffen, die man später über Israel verbreiten wird.

Seine Mutter scheint böse auf ihn zu sein. Sie stößt ihn zurück. Warum liebt sie ihn nicht? Weil er lieber spielt als lernt? Weil seine Haare lang und fuchsrot sind? Weil er immer bewaffnet geht? Weil er immer hungrig ist? Sie ist ihm feindlich gesonnen, das ist klar – und ungerecht.

Und dann hält sein kleiner Bruder sich für schlauer und beweist es auch, indem er ihm das Recht der Erstgeburt raubt. Ist das etwa gerecht? Und das ist noch nicht alles. Das von seiner Mutter angestiftete Komplott, durch das es Jakob gelingt, den Segen, den Isaak ihm vorbehalten hatte, an sich zu reißen, war das denn gerecht? Und als ob das alles noch nicht genug sei, tritt Esau, der bestohlen und hereingelegt wurde, weinend und mit einer ganz bescheidenen Bitte vor seinen Vater hin: Er möge ihn auch segnen. Um seinen Segen, einen einzigen Segen bittet Esau, er besteht nicht darauf, daß sein Vater Jakobs Verhalten verurteilt, er fordert keine Gerechtigkeit, nein, alles, was er will, ist eine Geste, ein zärtliches Wort, ein bißchen Trost. Und Isaak lehnt ab. Das einzige Wesen, das nicht gegen ihn konspirierte, das ihn liebte, das sein Glück wollte, wendet sich nun auch von ihm ab; wie die andern. Da stößt Esau in seiner Verzweiflung einen schrecklichen Schrei aus.: *„Vater, hast du nur einen einzigen Segen?* Ist denn alles für immer verloren? Stößt auch du mich von dir, Vater? Soll ich ohne Freund in diesem Leben sein, das ich freudlos und finster dahinschleppe?" Aber Isaak läßt sich nicht erweichen. Zu spät, scheint er sagen zu wollen. Was man gegeben hat, kann man nicht zurücknehmen; man nimmt sein Wort nicht zurück, auch nicht, wenn es irrtümlich gegeben wurde. Isaak gedachte, aus seinem ältesten Sohn einen Herrn zu machen, er wird Sklave werden; nach einem Schwindel und durch einen Schwindel. *„Du wirst durch das Schwert leben"*, sagt Isaak zu ihm. Ist das ein Rat? Eine Warnung? Redet er ihm ein, daß er in Zukunft gut daran täte, sein Recht und seine Interessen mit Gewalt zu verteidigen? Auf keinen Fall ist das ein Segen, weder für Esau noch für sonst jemand.

Und doch wird Esau, Jahre später, wenn die beiden Brüder – nach Penuel – sich wiedertreffen, die Ungerechtigkeiten und skandalösen Vorgänge, deren Opfer er war, vergessen. Er wird sich großherzig und menschlich zeigen; er wird weinen und seinen Bruder umarmen.

Diese Szene entbehrt, wie wir zugeben müssen, nicht der Größe. Aber die sympathische Rolle hat hier Esau, das merkt der Midrasch und tut alles, damit Esau der grobe Klotz bleibt. Es wird behauptet, in Wirklichkeit habe er Jakob nur umarmt, um ihn in den Nacken zu beißen, aber sein Nacken wurde durch ein Wunder zu Marmor und deshalb, vor Wut und Schmerzen, fing Esau zu weinen an. Weiter heißt es, daß Jakob von unsichtbaren Engeln beschützt wurde, die Esau hinderten, ihm

Schaden zuzufügen. Deshalb rächte Esau sich nicht, er hatte Angst. Alles in allem wird er als arglistiges, böses und grausames Wesen und als Heuchler beschrieben. Es wird uns geraten, weder seinen schönen Worten noch seinen Mitleidsäußerungen zu trauen. Wie Jakob den Geist symbolisiert, so steht Esau für den Instinkt.

Im biblischen Text ist es umgekehrt aber Esau, der vorteilhaft geschildert wird. Er ist stark und doch gut, gekränkt, aber doch nachsichtig. Er nimmt nichts übel, ist nicht böse, nein, er ist offen und ehrlich. Viel mehr als sein junger Bruder, der ihm sogar in dieser Situation noch etwas vormacht: *„Ich werde dich bei dir zu Hause, am Berge Seir besuchen"*, verspricht Jakob ihm. Doch nirgendwo wird erwähnt, daß er Wort gehalten oder auch nur die Absicht gehabt hätte es zu halten. Er wollte nur möglichst schnell mit Esau Schluß machen, und zwar um jeden Preis. Esau dagegen beweist Würde. Er ergeht sich nicht in Schmeicheleien wie Jakob. Jakob übertreibt, das werfen ihm sogar seine eifrigsten Verteidiger vor. Er hat kein Recht, von *Sühne* zu sprechen, er durfte keine sieben Kniefälle tun, ihn nicht „Herr" nennen. Keiner darf sich vor einem anderen erniedrigen. Nicht einmal vor seinem Bruder, nicht einmal durch Schuld oder Schwäche ist diese Geste zu entschuldigen. Sowenig man das Recht hat, Gott anzurufen und ihn dabei auf menschliches Maß zu reduzieren, sowenig darf man sich an einen Menschen wenden und vor ihm etwas tun, was nur Gott zusteht.

Weshalb also hat sich Jakob vor Esau gedemütigt? Daß er sich selbst bestraft, ist um so befremdlicher, als er es ja *nach* dem Kampf mit dem Engel tut. Der Kampf hat ihn also nicht geändert; er war noch in seinen alten Fesseln und hatte seine Furcht noch nicht abgelegt. Etwas von Jakob muß wohl im Volke Israel verblieben sein.

Die Furcht war schon in der Vergangenheit sein

schwacher Punkt gewesen. Sein erhabenster Traum in Betel hätte beinahe mit einer Katastrophe geendet. Hören wir den Midrasch:

Es steht geschrieben, daß Jakob im Schlaf eine Leiter sah die von der Erde bis zum Himmel reichte, und Engel, die auf und nieder stiegen. Das lehrt uns, daß der Herr, gelobt sei er, unserem Vater Jakob gezeigt hat
den König von Babylon, der auf und nieder stieg,
den König von Medien, der auf und nieder stieg,
den König von Griechenland, der auf und nieder stieg,
den König von Rom, der auf und nieder stieg.
Und der Herr, gelobt sei er, sagte zu ihm:
„Steige auch hinauf, Jakob!" Aber unser Vater Jakob erwiderte furchtsam: „Alle müssen niedersteigen, ist es möglich, daß ich es auch müßte?"
Und der Herr, der gelobt sei, sagte zu ihm:
Fürchte nichts, Israel, wenn du jetzt hinaufsteigst, wirst du niemals niedersteigen."
Aber der ungläubige Jakob zögerte und konnte seine Furcht nicht bezwingen.
Da sprach der Herr, gelobt sei er, zu ihm:
„Wenn du Vertrauen gehabt hättest, wenn du hinaufgestiegen wärst, wärest du oben geblieben, ganz oben; aber weil du kein Vertrauen gehabt hast und nicht hinaufgestiegen bist, werden deine Kinder im Exil vier Königreichen dienen und vier Arten von Steuern zahlen, wie es die Sklaven tun."
Und Jakob, von noch größerer Furcht ergriffen, rief aus:
„Wird das auf ewig dauern?"
„Nein", sprach der Herr, gelobt sei er, „nicht auf ewig."

Ob Jakob dadurch beruhigt war oder nicht, es bleibt dabei, daß er sich nicht von seiner Angst, von seinen Schwächen befreien konnte.

Zweifel nagten an ihm, und er wagte es nicht, sich diese Vision zu eigen zu machen und dem göttlichen Befehl zu gehorchen. Der künftige Sieger von Penuel, er zitterte in Betel vor Furcht. Und sogar der großartige Traum von der Leiter, der einer der Höhenpunkte in seinem Leben war, dient immerhin einem Midrasch-Kommentator dazu, Jakobs Mittelmäßigkeit zu illustrieren. Hören wir ihn:

In jener Nacht, als die Engel zum Himmel hinaufstiegen, fanden sie dort Jakobs Abbild in strahlendem Glanz, und es kam ihnen vertraut vor. Gleich stürzten alle wieder nach unten, um das Original zu bewundern, und wurden enttäuscht. Zu ihrem großen Kummer fanden sie ihn schlafend.

Oben im Reich der wahren und brennenden Träume war Jakob ein Held, ein Fürst, dessen Feuer sie packte, aber in seinem Leben hier unten war er nur ein müder Mann, der einfach schlafen wollte.

Und das ist die entscheidende aller Fragen: Wenn Jakob tatsächlich diese blasse und enttäuschende Figur war, wenn er schlief, während Gott ihm seine Pläne enthüllte, wie konnte er dann Israel werden?

Wir wissen zumindest, wo eine mögliche Antwort zu suchen ist, denn wir kennen Ort und Zeit: in Penuel, in der Nacht vor seiner Begegnung mit Esau.

Die Verwandlung konnte sich nur in der Nacht und in der Einsamkeit vollziehen. Machen wir uns klar: Jakob verkörpert die Dualität des Menschen, er führt ein Doppelleben. Tagsüber redet er mit seiner Umgebung über seine Geschäfte und nachts spricht er mit Gott über Unsterblichkeit. Das ist verständlich. Weil ihn die Größe

Abrahams und Isaaks erdrückte und er sich ihnen unterlegen fühlte, mußte Jakob ein nicht gerade heroisches Leben führen, und darunter litt er. Sie, die Pioniere, hatten bereits alles gewagt und getan, er konnte nur ihren Spuren folgen. Er war unglücklich, weil nicht auch er in die Geschichte eingehen konnte, weil er sich um die zweckhaften Dinge des Alltags kümmern mußte. Jakob wählt die Nacht als seinen Zufluchtsort. Nachts ist er ein anderer, ein Verwandelter.

Nachts ist er seinen Vorgängern ebenbürtig. Nachts fliegen seine Gedanken höher, geht sein Blick weiter, nachts erfüllt auch er Zeit und Raum und die Träume, die die Menschen quälen.

Das entscheidende Ereignis seines Lebens fand also in der Nacht statt. In Penuel wird er angegriffen. In Penuel schlägt er zurück. Jakob der Gewaltlose, der Verzagte, Jakob der Schwache, der Resignierte, der Furchtsame, der vor Auseinandersetzungen, besonders vor gewaltsamen, immer zu fliehen verstand, hier leistet er dem Angreifer Widerstand, nimmt den Kampf auf und gibt jeden Schlag zurück. Niemand weit und breit kann ihm zur Hilfe eilen, niemand ihn anfeuern oder bewundern. Diese Verwandlung ist so überraschend, daß man sich fragen muß, wem oder welchem Umstand sie zuzuschreiben ist. Dem Angreifer vielleicht? War es sein Werk, Jakob in einen unbeugsamen und unbezwingbaren Kämpfer zu verwandeln? Hatte Jakob ihn gebraucht, um sich seiner Kraft, seiner Wahrheit und der Hoffnung bewußt zu werden, die er verkörpert? Brauchte er wirklich erst einen gefährlichen Gegner, um Israel zu werden? Verdankt Israel seinem Feind soviel?

Aber wer war bloß dieser Angreifer? Die rabbinischen Berichte sind sich nicht einig bei diesem Gegenstand, die Meinungen gehen weit auseinander. Er war ein Hirt;

nein: ein Zauberer; nein: ein Weiser; nein: ein Räuber. Die meisten geben einem Engel den Vorzug. Jakob kämpft ohnehin nicht gerne mit menschlichen Gegnern. Mit einem Engel, das ist eine andere Sache. Aber warum sollte ein Engel ihn angreifen? In seinem eigenen Interesse, sagt ein Text; um ihm Mut zu machen. Nach dem Kampf hätte der Engel ihm nämlich gesagt: Schau, ich bin ein himmlisches Wesen und du hast mich besiegt, es ist also falsch, daß du sich vor Esau fürchtest, du wirst ihn im Handumdrehen besiegen.

Der Gedanke erscheint um so „logischer", als er dem Kampf einen unmittelbaren, gewissermaßen nutzbringenden Sinn verleiht, er war lediglich ein Training.

Wenn der Midrasch schon zugegeben hat, daß es ein Engel war, dann versucht er auch, ihn zu identifizieren, denn es gibt viele Engel, jeder hat seine bestimmte Funktion, und man darf sie nicht miteinander verwechseln. Ein Weiser sagt, daß es Esaus Engel war, jener also, der in den himmlischen Höhen eigens für ihn bestimmt ist, als persönlicher Geist, Inspirator und Beschützer. Ein anderer behauptet das Gegenteil, es sei Jakobs Engel gewesen.

Ich gebe der letzteren Hypothese den Vorzug. Jakob wird von seinem eigenen Schutzengel angegriffen, und der geheimnisvolle Angreifer ist demnach das andere Ich Jakobs. Das eigene Ich zweifelte an seiner Mission, an seiner Zukunft, an seiner Existenzberechtigung, es sagte: Ich bin nicht würdig, ich bin überhaupt nichts, ich habe die Gunst des Himmels nicht verdient, ich bin meiner Vorfahren und meiner Nachkommen unwürdig, unwürdig das Wort weiterzugeben, das Gott für die Menschen bestimmt hat.

Die Episode erhält eine andere Dimension: Wir wohnen einem Kampf Jakobs gegen Jakob bei. Der Midrasch erklärt: *Gott schuf die Welt, damit der Tag Tag und die Nacht Nacht sei; dann erschien Jakob, der den Tag in die Nacht verwandelte.* Die Erklärung dafür: In Penuel verhielt sich Jakob am Tag und in der Nacht gleich. In dieser Nacht trafen sich die beiden Jakob. Der heldenhafte Träumer und der ewige Flüchtling, der Mann ohne Gesicht und der Gründer der Nation lieferten sich in Penuel einen heftigen und endgültigen Kampf. Um zu töten oder um sich selbst zu töten. Für Jakob war das der Wendepunkt. Er hatte nur die Wahl zu sterben, bevor er starb, oder sich zusammenzunehmen, zu kämpfen und zu siegen.

Ob nun der Engel sein anderes Ich oder ein menschliches Wesen war, Jakob gelang es jedenfalls, ihn zu besiegen, er war jetzt bereit, sich seinem feindlichen Bruder zu stellen, bzw. er hätte bereit sein müssen, denn nach dem Midrasch war er es nicht. Er hatte nach wie vor Angst, doppelte Angst, wie ein sehr schöner und aufschlußreicher Text sagt. Jakob fürchtete getötet zu werden – oder zu töten. Er wußte, daß man nicht ungestraft tötet. Wer einen Menschen tötet, tötet Gott in diesem Menschen. Deshalb mußte er zuerst sich selbst besiegen, damit er einen reinen Sieg, einen Sieg ohne Tod und ohne Schuld, erringen konnte, einen Sieg, der weder die Niederlage des Gegners noch seine Demütigung impliziert, sondern einen Sieg über sich selbst. Das ist demnach der höhere Sinn des Geschehens: Die Geschichte Israels lehrt uns, daß der wahre Sieg des Menschen der Sieg über sich selbst ist.

Trotzdem dürfen wir dem Text eine wortgetreuere Erklärung geben und den Gedanken aussprechen, daß Jakob in Penuel weder mit einem menschlichen Wesen noch mit einem Engel, noch mit seinem zweiten Ich kämpfen mußte, sondern mit Dem, darin alle sich wiederfinden. Wenn diese Hypothese auch fast einmütig von der talmudischen Tradition zurückgewiesen wird, verdient sie doch Beachtung. Immerhin verbürgt Jakob selbst sich dafür, er spricht nicht von einem Mann, nicht von einem Engel, nicht von einem Trugbild, er spricht von Gott.

Daraus ließen sich mehrere Überlegungen ableiten: Es gibt eine Beziehung zwischen der Einsamkeit Gottes und der Einsamkeit des Menschen. Man muß allein sein, um Gott zu hören und zu fühlen und auch um gegen ihn zu kämpfen, denn Gott wendet sich nur dem zu, der bedroht und dem, der durch die Einsamkeit geschützt ist. Wenn Gott es vorzieht, sich im Traum an seine Erwählten zu wenden, so deshalb, weil der Mensch dann allein und kein fremdes Wesen da ist, das ihn ablenkt.

Aber die Einsamkeit enthält auch ihr Stück Gefahr, gerade deshalb, weil sie in Gott mündet. Wer ihm begegnet, ist unwiderruflich zu einer anderen Einsamkeit verdammt. Hier bedeutet Erwählung kein Privileg, sondern Würde und Verpflichtung. *„Und niemand wird mein Antlitz sehen und am Leben bleiben"* bedeutet: Niemand wird mein Gesicht sehen und leben wie vorher. Aus dem Kampf mit Gott wird Jakob als Sieger, aber hinkend hervorgehen, er wird nicht mehr derselbe sein.

Und war das nicht der tiefe Wunsch, der ihn seit Jahren quälte, die äußere Schale zu durchbrechen, die Brücken hinter sich abzureißen und etwas Wahres, Großes, ja Einzigartiges zu vollbringen?

Jakob hatte lange Zeit nicht klar und eindeutig gelebt, so daß sein Blick unklar war. Er kannte die Namen der Dinge und Wesen nicht mehr und legte deshalb so großen Wert auf die Namen bei den beiden Gegnern. Jakob unterschied den Beschützer Esaus nicht mehr von seinem eigenen. Von den früheren Visionen erinnerte er sich an das, was man von ihm erwartete: Das Volk, das die Geschichte erzittern lassen wird, in die Geschichte zu stürzen. War er dessen fähig und würdig? Er fühlte sich für die Aufgabe weder geeignet noch zuständig und wollte sich über sich selbst klar werden. Deshalb beschloß er, diese Nacht allein zu bleiben, auf diesem Ufer des Jabbok. Er wollte über sein Leben nachdenken, sich jene Fragen stellen, die man sich vor schwerwiegenden Begegnungen stellt, vor Begegnungen mit dem Absoluten, mit dem absolut Guten (Gott) oder mit dem absolut Bösen (dem Tod, dem Mord).

Diese seine Selbstbesinnung kann man gut nachvollziehen: Was habe ich bis jetzt aus meinem Leben gemacht? Was habe ich aus den Verheißungen gemacht, die meine Ahnen von Gott erhalten haben. Ich habe hart gearbeitet, habe Frau und Kinder gehabt, wurde reich, machte mir Feinde, bin so viele Umwege gegangen, bin geflohen, immer nur geflohen und habe nichts geschaffen, nichts Großes und Gültiges vollendet, nichts, das mich überdauert, wenn ich von meinen Träumen absehe; aber das waren nur Träume. Ist das das Ergebnis der von Abraham und Isaak geprägten Geschichte? Abraham und Isaak wären nur zum Berge Morija aufgestiegen, damit ein so glanzloses Schicksal wie das meine daraus wird? Mit ihren Abenteuern verglichen, kommt ihm das, was er erlebt hat, traurig, farblos und ohne Spannung, ja völlig uninteressant vor. Gott spielte in ihren, aber nicht in seinen Geschichten eine aktive Rolle. Jakob hat es in seinen Geschichten nur mit Händlern und Grundbesitzern zu tun, die aus niedrigen und ganz gewöhnlichen Motiven hinter ihm her sind. Und warum wurde er immer verfolgt und gejagt? Warum denn nur er? Daran mußte Jakob in Penuel denken. Warum war gerade er die Zielscheibe für Eifersucht und Haß?

In seinem Traum in Betel hatte Gott ihm den Tempel von Jerusalem gezeigt, zuerst in seiner ganzen Pracht und dann in Trümmern, hatte ihm gezeigt, wie seine Nachkommen über alle Länder zerstreut, verfolgt und hingemetzelt wurden. Und jetzt in dieser Nacht von Penuel stellt er sich vielleicht die dunkle Frage: Inwiefern sind die Opfer verantwortlich für das Böse, das man ihnen antut? Inwieweit kann man ihnen zur Last legen, daß sie in ihren Feinden – oder in ihren Nachbarn, die zu Feinden wurden – Groll und Haß geweckt haben.

In dieser Nacht vor dem Endkampf mit seinem Bruder – der statt seiner hätte hier sein können – wollte Jakob allein mit sich zu Rate gehen, wollte seine Einsamkeit ausnützen, einen Umschwung – eine Veränderung? – in seinem Leben herbeiführen und sich so seinen Eltern würdig erweisen.

Penuel ein Kreuzweg, ein dramatischer Wendepunkt im Denken Jakobs. Er will nicht mehr bloß der Sohn Isaaks und Enkel Abrahams sein; ihm geht es darum, sich selbst einen Namen zu machen, ihm Inhalt zu geben und ihn mit einem Ereignis zu verbinden, das ihn unsterblich macht oder vernichtet. Gleichviel, es muß nur von einer schrecklichen Größe sein und über sich selbst hinausweisen, wie es das Opfer auf dem Berge Morija war. Besessen von dem Bericht über diese Prüfung verlangt Jakob nach seiner eigenen Prüfung. Schluß mit dem kleinlichen Handeln und Feilschen, Schluß mit den banalen Reden, Schluß mit den billigen Freuden des Familienlebens. Jakob will überraschen und will sich selbst überraschen. Wie sein Vater und Großvater sucht er, mit Gott um jeden Preis ins Gespräch einzutreten. Gott will er die Stirn bieten, nicht im Traum, sondern aufrecht und offenen Auges.

Das Abenteuer von Penuel? Ein ganz bewußter und

wohlüberlegter Akt, eine Provokation von Seiten Jakobs. Der Kampf? Jakob hat ihn gewünscht und zustande gebracht. Die Initiative geht von ihm aus, er bestimmt, wie die Sache vor sich geht und unter welcher Bedingung. Laban ist bereits aufgebrochen, Esau noch nicht einge-troffen. Dies ist der Augenblick, Abraham und Isaak zu zeigen, daß er einsamer ist als sie und fähig, noch weiter zu gehen. Sie haben sich Gott unterworfen, aber der Plan dazu stammte von Gott, während er, Jakob, dieses Auf-einandertreffen provoziert hat. Eine solche Herausforde-rung hat es noch nicht gegeben. Er hat zwar nicht die Erschütterung erlebt, die seinen Vater geprägt hat, nicht das furchtbare Werk seines Großvaters vollbracht, aber er will ihnen zeigen, daß auf seine Art auch er ein Vorläufer ist, niemand vor ihm hatte den Menschen den Kampf vor Augen geführt, den Gott ihnen liefert. Nie-mand vor ihm hatte Gott gezwungen, sich offen mit dem Menschen zu messen, niemand vor ihm war Gott so herausfordernd begegnet.

In dieser Nacht von Penuel wird plötzlich ein anderer Jakob sichtbar. Er sieht klarer denn je, ist freier denn je und hat niemals soviel Respekt eingeflößt.

Wer ist Jakob? Ein Sohn des Überlebenden. Das bringt Schwierigkeiten mit sich für das Leben im Hause seines Vaters. Isaak kommt niemals auf die Vergangenheit zu sprechen, die Jakob so gerne kennengelernt hätte. Er liebt seinen Vater deswegen, aber zugleich beneidet er ihn merkwürdigerweise darum. Er ist eifersüchtig auf seine schmerzlichen Erinnerungen. Jakob weiß, daß kein Ereignis das auf dem Berge Morija je übertreffen wird, und das erbittert ihn. Und was tut er? Er versucht auf seine Weise gefährlich zu leben, zankt sich mit seinen Eltern, streitet mit seinem Bruder, als mache ihm ein solches Leben mit ewigen Zusammenstößen und mit Hindernissen, die er sich am liebsten selber schafft, auch noch Spaß. Er wird von allen Seiten bedroht und zeigt seinen Feinden eine Passivität, die an Isaak erinnert, als er auf dem Altar lag. Er wechselt von Land zu Land, von einem Zufluchtsort zum anderen, wie Abraham es – aber aus anderen Gründen – getan hatte, und läßt Haßgefühle und Neid zurück. Er wird gejagt und ist es zufrieden. Aber im Grunde seines Herzens weiß er, daß das nicht das gleiche ist und niemals sein wird. Ein feindlicher Bruder läßt sich nicht mit einem feindlichen Vater vergleichen. Machanaim ist nicht Morija, und ein Getto in New York oder Detroit ist nicht und kann nicht das Getto von Warschau sein. Neben dem, was seinem Vater geschehen ist, hat sein Leben kein Profil und kein Gewicht. Er ist zu spät geboren, nach dem Ereignis. Was kann er noch erhoffen? Was noch beweinen? Er hat nie gelitten. Er wird nie die Todesqual eines Menschen kennenlernen, der gefesselt zwischen einem Vater und seinem Gott daliegt, die beide ihre Forderung stellen, in einer Welt, die aus Gleichgültigkeit besteht. Für ihn ist Morija ein Berg wie jeder andere.

In diesem Zusammenhang müssen wir die Episode von Penuel noch einmal lesen. Für Jakob ist es eine Notwendigkeit, Gott herauszufordern, dadurch wird sein Platz in der Geschichte gerechtfertigt. Damit er über sich selbst hinauswächst und Israel wird.

Und er wird Israel, wenn der Tag heraufdämmert. Er mußte durch diese Nacht hindurch, den Kampf – und die Einsamkeit und die Angst – bis zum Ende durchstehen, um seines Namens würdig zu sein.

Am Morgen ist Jakob ein anderer Mensch. Was er auch anfaßt, es hat Schwung. Seine Worte gewinnen einen neuen Klang, er spricht wie ein Seher oder wie ein

Dichter. Die Stärke Jakobs heißt Israel, sagt der Midrasch. Hat er den Kampf gewonnen? Kann der Mensch seinen Schöpfer besiegen? Das ist natürlich unmöglich, aber ist es nicht ein Privileg, von Gott besiegt worden zu sein?

Der Midrasch ist weise und besteht darauf, daß der Angreifer seinem Wesen nach ein Engel war. Vor Gott ist der Mensch ohnmächtig, aber über die Engel kann er siegen. Hören wir noch eine Geschichte.

Im Verlauf des Kampfes fleht der Engel Jakob an, ihn ziehen zu lassen. Jakob lehnt ab, es sei denn, daß er ihn segne.

„Ich kann nicht", sagt der Engel. „Ich habe keine Zeit mehr. Der Tag bricht an und ich muß fort".

„Du hast Angst vor der Morgenröte? Weshalb? Solltest du ein Dieb sein oder ein Nachtschwärmer?"

„Nein, aber ich werde im Himmel erwartet, damit ich dort das Lob des Ewigen singe."

„Du hast Freunde da oben", sagt Jakob ungerührt, „was singen sie denn?"

„Sie werden heute ohne mich singen. Aber das bedeutet, daß ich nie mehr mit ihnen singen werde. Morgen werden Sie mir sagen: Warum bist du gestern nicht gekommen? Du gehörst nicht mehr zu uns."

„Du redest zuviel" sagt Jakob. „Die Engel, die Abraham besucht haben, haben ihn gesegnet, bevor sie Abschied nahmen. Mache es wie sie."

„Unmöglich. Sie sind ja deswegen gekommen, ich nicht."

„Gut, dann gehst du eben nicht."

Angesichts der Hartnäckigkeit Jakobs wechselt der Engel das Thema und beginnt, statt von Segnungen von göttlichen Geheimnissen zu sprechen, und sagt:

„Die Engel, die die Geheimnisse Gottes preisgegeben

haben, werden für 138 Jahre verbannt; willst du sehen, wie ich ihr Los teile?"

Jakob hätte antworten können, daß die von ihm gestellte Bedingung nichts mit Theosophie zu tun habe, aber ihm war nicht nach Diskutieren zumute.

„Entweder segnest du mich oder ich halte dich fest."

„Gut", sagt der Engel resigniert. „Ich werde dir enthüllen, was nicht enthüllt werden darf. Und wenn Gott mich nach dem Grund fragt, werde ich antworten, daß die Weisung der Propheten Vorrang vor jeder anderen, auch vor der des Himmels, hat."

Israel ist nicht mehr dieser empfindsame und orientierungslose Jakob, den wir bisher kannten. Er kann hart und entschlossen sein. Er weiß mit seinen Gegnern zu kämpfen und sich Respekt bei den Engeln zu verschaffen. Ja, über Penuel kann er nachsinnen und sich mit Stolz daran erinnern.

Und trotzdem steht er einige Stunden später wieder zitternd vor Esau. Ist seine Furcht von vorhin wieder da? Oder sein Schuldgefühl? Das wäre menschlich. Sein Sieg über den Engel hat nicht seine Probleme mit den Menschen gelöst. Menschliche Probleme können nur auf menschlicher Ebene gelöst werden. Der Engel mag vielleicht vor dem Menschen zurückweichen, der Mensch aber nicht. Was Esau angeht, so bleibt Jakob weiterhin Jakob und nicht Israel.

Aber darin liegt noch etwas anderes. Wenn der Text anfangs vom Menschen spricht und dann von Gott, so deshalb, um die Haltung Jakobs zu unterstreichen. Er hat gerade eine fundamentale Wahrheit begriffen: Gott ist im Menschen, auch im Leiden, auch im Unglück, auch im Bösen. Gott ist überall und in jedem Wesen, nicht nur im Opfer. Gott steht nicht am Ende des Weges, nicht am

Abschluß des Exils und wartet dort auf den Menschen, er begleitet ihn dorthin. Mehr noch: Er ist der Weg. Er ist das Exil. Gott hält die beiden Enden des Stricks, er ist an jedem Endpunkt gegenwärtig und ist jeweils der Endpunkt. Er ist in Jakob wie er in Esau ist. Und wenn Jakob vor Esau niederkniet, geschieht es nicht bloß, um dessen Gnade zu erwirken, sondern auch, um das Wirken Gottes in der Tat Esaus zu erkennen und dankbar anzuerkennen. Aber das geht zu weit. Zugeben, daß der Feind den Willen Gottes ausführt, ist eine Sache, aber sich vor ihm erniedrigen, ist etwas anderes. Gott ist vielleicht der Feind, aber der Feind ist nicht Gott.

Jakob hat seinen Teil Ewigkeit gewonnen, aber er bleibt unausgeglichen und innerlich zerrissen. Jakob oder Israel? Nein, er ist beides. Sicher befiehlt Gott ihm, sich nicht mehr Jakob zu nennen, aber etwas später nennt die Bibel ihn wieder so. Man möchte sagen, daß es Israel nicht gelingt, sich von Jakob zu lösen. Es ist uns ausdrücklich verboten, Abraham so zu nennen, wie er vorher hieß (Awram), aber das ist nicht der Fall bei Jakob. Denn mit ihm steht das Schicksal Israels da, des immanenten, realen und historischen Israel und zugleich auch des ewigen und über die Geschichte hinausweisenden Israel. Kann Israel Jakob wegwischen? Nein, es darf es nicht, selbst wenn der Himmel ihn den Befehl dazu gibt. Israel wäre nicht Israel, wenn vorher nicht Jakob gewesen wäre, wenn es nicht die seltsamen und erhebenden Träume Jakobs in sich trüge. In seiner Qual und Zerrissenheit und in seiner Reaktion auf ein schweres Schicksal gehört Jakob ebenso zu Israel wie Israel zu Jakob gehört. Mehr als sein Vater und sein Großvater weiß Jakob um den Pluralismus, der für seine Nachkommen kennzeichnend sein wird. Im Gegensatz zu den Kindern seines

Vaters und Großvaters werden seine Kinder alle in die jüdische Geschichte eintreten, sogar die Verbannten, sogar die zehn verlorenen Stämme. Jakob ist das ganze Haus Jakobs, Israel ist die ganze Gemeinschaft Israels.

Deshalb läßt ihn im Alter das Problem des Exils nicht mehr los. Zu oft in seinen Träumen hatte er den Tempel in Flammen aufgehen sehen und hätte vor seinem Tode gerne gewußt, wann das alles enden würde.

Als er auf dem Sterbebett lag, versammelte er seine Kinder um sich, um ihnen das letzte Geheimnis der Erlösung zu enthüllen – das Ende der Zeiten, das Ende der Geschichte. Und auch hier geht er weiter als sein Vater und seines Vaters Vater. Gott hat ihm die Gabe verliehen, weiter in die Zukunft zu blicken als seine Vorgänger und weiter als seine Nachfolger mit Ausnahme Daniels. Aber, so sagt der Midrasch, in dem Augenblick, als er seine Visionen in Worte kleiden wollte, verlor er seine prophetischen Gaben.

Ein ergreifender Augenblick und ein erschütternder Höhepunkt seines Lebens. Nachdem er in das geheimste Heiligtum eingedrungen ist und das strahlendste Wesen geschaut hat, möchte er, was er sieht, zur Verfügung stellen und bekannt werden lassen, er will es weitergeben und vermitteln und kann es nicht. Er kann nur schauen und schweigen. Dazu ein Midrasch: Jakob wollte gerade den Mund öffnen, als ihn ein Zweifel überkam: Ich kann nur über das Schicksal Israels prophezeien, wie soll ich wissen, ob meine Nachkommen alle im Schoße Israels bleiben werden. Jakob hatte Unrecht mit diesem Zweifel, der ihn seine seherischen Fähigkeiten kostete. Anders gesagt, die Geschichte, die er nicht erzählte, ist schöner als die anderen, als alle anderen, die in seinem Namen erzählt werden, ja schöner als die, die er selbst erzählt hat.

Und doch war seine Eingebung richtig. Er wußte, wie

schwierig es für Israel sein würde, Israel zu bleiben, und wieviele Leiden und Prüfungen die Söhne Israels zu erwarten hatten. Konnte er nicht wenigstens versuchen, seine Kinder zu trösten, ihnen sagen, daß sie die Hoffnung nicht verlieren sollten, daß jedes Exil sein Ende hat, so wie jede Nacht der Morgenröte weicht? Er hätte ihnen etwas sagen müssen, aber die Worte gehorchten ihm nicht mehr. Er konnte seine Kinder nur noch segnen. Erinnerte er sich an Penuel, an den Engel, an den Segen, an den Sieg? Er starb und nahm sein Geheimnis mit sich, jenes Geheimnis, das Israel heißt, jenen ersten Glanz der Morgenröte, die die Nacht und ihre Traumbilder vom Tag und seinen Fallstricken scheidet.

Ja, wir kennen den Ort, wir wiederholen die Geschichte. Irgendwo in einem Tal weichen die letzten Schatten zurück und zerreißen die Nacht und die Stille. Schon kündigt sich die Morgenröte an.

Zum zweitenmal durchquert ein Mann den Fluß Jabbok und horcht auf sein Rauschen. Er scheint ruhig zu sein, ruhiger als vorher und aufrechter. Und wenn das alles nur ein Traum war? Er scheint nachdenklich, aber entschlossen. Er wird vielleicht kämpfen müssen, töten und sterben. Aber er ist nicht mehr allein.

Um Jakob zu schützen, schickte seine Mutter Rebekka ihn zu ihrem Bruder Laban.

Sie kennt Esaus Charakter. Er ist zu allem, selbst zum Schlimmsten fähig. Es ist besser, wenn Jakob fortgeht und sich versteckt. Sonst würde Esau ihn töten, und ich – so sagt sich die Mutter – würde beide Söhne gleichzeitig verlieren.

Frage: Zugegeben, daß ihre Furcht, Esau könne Jakob töten, berechtigt war; aber sie hätte dann nur einen, nicht zwei Söhne verloren.

136

Antwort: Wenn Esau Jakob tötete, würde Rebekka ihn lieber auch tot sehen. Für eine Mutter ist ein Mörder-Sohn ebenso tot wie ein getöteter Sohn, vielleicht sogar noch mehr.

Ein Wort aus dem Midrasch: Die Kraft und das Glück Esaus und seiner Nachkommen erklären sich aus dem Respekt, den Esau seinem Vater erwies.

Ein weiteres Wort: Jakob und Esau wissen beide, sich Gehorsam zu verschaffen. Esau durch seinen Arm, Jakob durch seine Stimme.

Und dies noch: Wie Abraham und Isaak so wurde auch Jakob von Gott erwählt. Aber nicht Gott zog ihn heran, sondern Jakob versuchte aus eigenem Antrieb, sich Gott zu nähern.

Ein Wort des Rabbi Menachem-Mendel von Kozk: In dem Augenblick, als Esau entdeckt, daß er Jakobs Schwindel zum Opfer gefallen ist, da stößt er einen Schrei aus, der aus der tiefsten Tiefe seines Herzens kommt, und vergießt vor seinem entsetzten Vater drei Tränen. Um dieser drei Tränen willen wird Israel die Schrecken des Exils ertragen. „Aber", so sagt der Rabbi nach einem tiefen Seufzer, „es gibt eine Grenze, es müßte eine Grenze geben. Wir haben im Laufe der Jahrhunderte so viele Tränen vergossen, daß sie ausreichten, das Meer zum Überfließen zu bringen, und den Himmel überfluten könnten. Es gibt eine Grenze, Herr, es sollte eine Grenze geben."

Ein Wort des Midrasch: Das Symbol für Abraham ist ein Berg, für Isaak ein Tal, für Jakob ein Haus.

137

Warum wurde Isaaks Blick getrübt? Damit Jakob als Esau verkleidet kommen konnte, um den Segen zu empfangen. In seiner Zukunftsvision weint Jakob mit seinen verfolgten Nachkommen und wendet sich mit folgenden Worten an Gott: Es steht geschrieben in deinem Buche, daß man das Tier und seine Jungen nicht am gleichen Tage schlachten darf. Dieses Gesetz wird nicht von den Feinden respektiert werden, sie werden Mütter und ihre Kinder töten, die einen in Gegenwart der anderen. Ich werde dich nicht einmal fragen, wer dein Gesetz achten wird, ich bitte dich lediglich mir zu sagen, wer es studieren wird.

Im Traum sieht Jakob eine Leiter, deren Ende den Himmel berührt. Sie existiert immer noch. Einige haben sie vor Jahren irgendwo in Polen ganz nah bei einem abgelegenen Bahnhof gesehen. Ein ganzes Volk stieg hinauf, stieg zu den glühenden Wolken empor. So sieht das Grauen aus, das unser Ahnherr Jakob empfunden haben muß.

Josef
oder die Erziehung eines Gerechten

Dies ist eine Geschichte von Träumen und Träumern, eine frivole und profane Geschichte, hinter der anscheinend nichts Tiefgründiges steckt. Alle menschlichen Leidenschaften treffen hier aufeinander: Liebe und Haß, Ehrgeiz und Eifersucht, Ruhm und Ränke. Nur eine fehlt: Die Leidenschaft für Gott.

Dieser biblische Bericht ist anders als die anderen. Alles vollzieht sich auf der Ebene der psychologischen Intrige und des politischen Komplotts. Nichts scheint an eine metaphysische oder theologische Dimension zu rühren, als solle uns gesagt werden, daß Gott sich weigert einzugreifen, wenn Brüder zu Feinden werden. Er wird zum Zuschauer.

Eine seltsame Geschichte mit spektakulären Rückschlägen, die von Schreien, Tränen und Wutausbrüchen begleitet werden. Die Helden sind Krieger und Gefangene, Bettler und Fürsten, die sich kennen, aber nicht wiedererkennen, Menschen auf der Suche nach ihrer Bestimmung.

Es ist die schöne und wunderbare Geschichte einer erhabenen, einer verfehlten, einer verfluchten Liebe. Sie ist von Lärm und Stille gleichermaßen durchdrungen und mit Erwartung, vor allem mit Erwartung befrachtet. Unruhe und Hoffnung halten sich darin die Waage.

Diese Geschichte spielte man unlängst bei uns am Abend des Purim-Festes, vielleicht um den König Ahas-

139

verus zu verspotten. Diesem heidnischen König, der sich in eine junge Jüdin verliebt, stellten wir den jüdischen Prinzen gegenüber, den eine Götzendienerin mit ihrer Liebe verfolgte. Josef ließ uns lachen und weinen, machte uns traurig und stolz. Es ist leichter für eine Frau, wenn sie nur schön ist, Königin zu werden, als für einen Juden Prinz zu werden. Darum handelt es sich nämlich, um die Verwandlung eines Menschen; und die Geschichte Josefs ist die Geschichte einer Verwandlung, einer ganzen Reihe von Verwandlungen.

Im Bereich der Familie: Das bevorzugte Kind wird ein Opfer der Gunstbeweise, die ihm entgegengebracht werden. In sozialer Hinsicht: Ein armer Emigrant macht sein Glück im Ausland. Politisch gesehen: Einem Arbeiter aus der ausgebeuteten Klasse gelingt es, die ökonomischen Grundsätze des herrschenden Regimes auf den Kopf zu stellen. Philosophisch und künstlerisch gesprochen: Ein Sklave verwandelt sich in einen Prinzen. Und schließlich eine typisch jüdische Metamorphose: Ein junger Flüchtling, ohne Freunde und Beziehungen, bringt es fertig, sich eine erstaunliche politische Karriere aufzubauen; er wird der bevorzugte Ratgeber des Königs

Erstaunlich ist es also nicht, daß man Josef in der Tradition leidenschaftlich und in einer Weise verehrt, die geradezu an Anbetung grenzt. Sein Abenteuer geht gut aus, und er hat niemandem seinen Erfolg zu verdanken. Wenn es ihm gelingt, sich in einer feindlich gesinnten Umwelt durchzusetzen, so ganz einfach deshalb, weil er Talent hat. Wenn er das Exil in ein Königreich verwandelt, das Elend in Glanz und Erniedrigung in Barmherzigkeit, so nur deshalb, weil er sich das als Selfmademan erlauben kann; er kann sich einfach alles erlauben.

Für die Geschichtenerzähler des Midrasch ist sein Leben eine wahre Fundgrube. Josef, das ist ein Fest für die Phantasie. Es gab noch nicht einmal ein jüdisches Volk, und da gab es schon einen jüdischen Prinzen, einen jüdischen Vizekönig. Wie sollte man da nicht in Applaus ausbrechen, ihn nicht feiern? Man liebt ihn, weil seine Geschichte illustriert, daß für Israel das Unmögliche möglich ist, und daß ein jüdisches Kind sich in ihm und durch ihn stärker erweist als seine Feinde, stärker sogar als seine Versuchungen; in ihm lebt und wächst ein jüdisches Kind heran, ohne sich oder seine Kindheit zu verraten. Man liebt ihn mehr und mit mehr Unbefangenheit und Freude als die anderen Gestalten der Bibel. Man achtet und bewundert Abraham, man bedauert Isaak, man kann Jakob folgen, aber Josef liebt man: Für ihn begeistert sich jedes jüdische Kind.

In der Vorstellung des Midrasch ist er so etwas wie ein Star. Schon sein bloßer Name läßt die Engel zittern. Ihm ist das Wunder des Durchzugs durch das Rote Meer zu verdanken. Aber, so sagt ein alter Weiser, auch alle Leiden, die Israel erdulden wird, haben ihre Wurzel in denen, die Josef von seinen Brüdern auferlegt wurden. Für den Sohar gehört sein Geheimnis zum Geheimnis des Moses und geht darüber hinaus. Kein anderer unter den Vorvätern hat das Recht auf den Beinamen Zaddik: Josef der Gerechte. Abraham ist gehorsam, Isaak mutig und Jakob treu. Nur Josef ist gerecht.

Er gerecht? Er, der ein ägyptisches Mädchen heiratet, keine Jüdin, er, der seine Kinder in einer heidnischen Umgebung aufwachsen läßt? Der ein Luxusleben im prächtigen Königspalast führt? Er, der über eine quasi absolute Macht verfügt und offensichtlich Gefallen daran findet? Jeder weiß doch, daß Macht korrumpiert, daß Reichtum das Herz verhärtet. Was eigentlich hat

Josef getan, um diesen herausragenden Titel des „Gerechten" zu verdienen?

Sicher, er nimmt seinen alten Vater bei sich auf, statt ihn in ein Altersheim zu stecken, und schämt sich nicht, sich mit seiner armen Familie in der Öffentlichkeit zu zeigen. Aber ist das Grund genug, um ihn uns als Beispiel hinzustellen, um ihn zum Zaddik zu erklären?

Um das besser verstehen zu können, wollen wir versuchen ein Porträt von ihm zu zeichnen und sehen, ob das Gesicht hinter der Maske tatsächlich so ist, wie es uns auf den ersten Blick vorkam, ob es jenseits der glatt verlaufenden Linie seines Schicksals nicht ein intensives inneres Leben gibt, das nicht so glatt verläuft.

Josef, der Gerechte und Gute, der Weise und der Mann der Tat, der Selbstsichere und Herrscher, was für ein Mensch ist er denn eigentlich? Um das zu erfahren, ziehen wir erst einmal seine biographischen Daten aus der Bibel zu Rate, wo er einen außergewöhnlichen Platz einnimmt. Vier Wochenabschnitte oder Sidra sprechen nur von ihm. Als einziges von allen Kindern Jakobs wird er als Individuum mit einem eigenen Schicksal behandelt. Sein Leben wird in allen Einzelheiten erzählt. Die Umstände seiner Geburt, das Verhältnis zu seinem Vater und zu seinen Brüdern, seine Abenteuer in der Wüste und später in Ägypten. Es wird geschildert, wie er mit 17 Jahren von seinen Brüdern verkauft, mit 30 Jahren Prinz von Ägypten wird und schließlich mit 110 Jahren stirbt. Über alles wird berichtet: von seinen Mißerfolgen und Triumphen, von seinen Stimmungen, Gewohnheiten, Fähigkeiten, von seinen Freundschaften und Träumen, von seinen politischen Leistungen und seinen Erfolgen in der Liebe. Nichts ist ausgelassen, nicht nur in den Berichten des Midrasch, wo eine solche Fülle nichts Außergewöhnliches ist, nein, auch in der Bibel selbst. Ein Text, der durch seine literarischen Schwächen überrascht; der Bericht ist zu lang, zu leicht, zu durchsichtig, ohne Hintergründigkeit und ohne Höhenflug. Verglichen mit den Kapiteln, die Isaaks Opferung oder Jakobs Kampf mit dem Engel behandeln, erscheint er zu lehrhaft und zu geschwätzig. Jede Episode wird dreimal wiederholt, man kommt auf Dinge zurück, die bereits auf der Hand liegen. Alles sieht ganz klar und einfach aus, etwas zu einfach.

Außerdem ist das Personenverzeichnis zu lang, und die Handlungsfäden laufen gleichzeitig in verschiedene Richtungen. Wir können unsere Aufmerksamkeit nur mit Mühe konzentrieren. Bei so verwirrend vielen Schicksalsschlägen mit so vielen Ereignissen und Helden fällt es schwer, den Kern der Handlung freizulegen. Das Hauptproblem Abrahams ist es, Gott gegenüberzutreten, bei Isaak ist es die Konfrontation mit seinem Vater und bei Jakob die Konfrontation mit seinem Bruder. Aber Josef? Was ist sein eigentliches Problem? Er hat zuviele Probleme mit zuvielen Menschen, und der Leser weiß nicht, wohin er blicken, für was er sich interessieren, welchen Pfad er einschlagen soll. Was ist das Hauptthema? Die Trauer eines tiefbekümmerten Vaters? Die Bosheit enttäuschter Brüder? Die Einfalt eines wohlmeinenden Pharao? Der Appetit einer unbefriedigten Ehefrau? Die Intrigen bei Hofe? Alle Regeln des griechischen Dramas werden verletzt; es gibt keine Einheit, weder der Zeit, des Ortes noch der Handlung. Ein phantastisches Epos ohne scharfe Konturen. Ein Panoramabild, bei dem das Detail vernachlässigt ist, und jene Strenge und Nüchternheit fehlt, die das Kunstwerk ausmachen.

Auf den ersten Blick hat sogar die Hauptfigur etwas Oberflächliches an sich, hat mehr politisches als poetisches Bewußtsein, ist eher schlau als weise zu nennen und scheint mehr zu manipulieren als Zeugnis zu geben. Er ist Held eines Melodrams und keiner Tragödie, ein Charmeur. Er rührt zu Tränen, bringt aber nicht zum Nachdenken. Seine Karriere? Eine Folge von unglücklichen und glücklichen Ereignissen, alle zufällig und zu deutlich voneinander abgesetzt. Wir erfahren, wann er gewinnt und wann er verliert und auch warum. Er wird uns allein und in Begleitung, glücklich und melancholisch gezeigt, er wird uns zu deutlich gezeigt, ohne daß etwas im Dunkeln bleibt.

Und trotzdem findet er soviel Widerhall, regt die Phantasie an. Schließlich ist er der erste Jude, der zwei Stämme, zwei Nationen, zusammenschließt und der erste, der Israel mit der Welt verbindet. Er ist kein gewöhnlicher Mensch, er erlebt alles, aber nie in kleinem Maßstab. Er wird geschlagen und stürzt in den tiefsten Abgrund, er wird geehrt und ist den Königen gleich, die sich selber für gottgleich halten. Er ist schwächer als ein Sklave und mächtiger als ein Prinz, ärmer als ein Bettler und reicher als der Herrscher. Er hat immer neue Pläne und verwirklicht sie alle. Die Bibel beschreibt ihn als einen Erfolgsmenschen. Er weiß sich durchzusetzen. Er langweilt nicht und hat keine Langeweile. Keinen, der in seine Nähe gerät, läßt er gleichgültig. Er ruft Haß oder Liebe hervor, Ablehnung oder Bewunderung; man sucht oder flieht ihn, auf jeden Fall muß man ihm Beachtung schenken, für oder gegen ihn Stellung beziehen. Man findet ihn demnach immer und überall in unglaublich verwickelten Situationen. Als Kind führt er sich wie ein König auf, und als König gibt er sich Kindereien hin. Er ist geradezu versessen auf das Ungewöhnliche und schokkiert gerne. Er ist eine Führernatur, also ein Schauspieler. Er enthüllt seine geheimsten Träume, ohne sich im geringsten zu genieren. Er glaubt sich ständig auf der Bühne und spielt die unvorhergesehensten Rollen. Er braucht ein Publikum. Innerhalb des biblischen Berichts verkörpert er einen Helden neuer Art, der eine neue Ära eröffnet. Vorbei sind die heroischen Zeiten, als Gott in jeder Phase des menschlichen Abenteuers gegenwärtig war und unauffällig oder direkt in die Entschlüsse seiner einsamen oder auf die Probe gestellten Erwählten eingriff. Josef, das ist ein anderer Stil. Josef, das ist die erste Verbindung Israels mit der irdischen Profangeschichte. Josef, das ist die Flucht einer Familie, der Exodus einer Nation, das sind die stürmischen und ungestümen Anfänge einer Mission, die sich über Jahrhunderte erstrecken wird. Josef, das ist ein verwöhntes Kind.

Sein Vater liebt ihn und verzeiht ihm alles, weil er ihn an seine verstorbene Frau, die heißgeliebte Rachel erinnert. Der Midrasch fügt noch hinzu, daß er auch seinem Vater glich, oder genauer gesagt: sie gingen gleichartige Wege, stießen auf die gleichen Hindernisse und griffen zu den gleichen Mitteln, um sie zu überwinden. Beide wurden von ihren Brüdern gehaßt und flohen, um auf fremder Erde zu leben und zu sterben.

Doch anders als Jakob ist Josef der Lieblingssohn seines Vaters, Jakob gönnt ihm alles. Er trägt die schönsten Kleider, will anziehend und elegant wirken, möchte beachtet werden. Er weiß genau, daß er der Liebling ist und legt deshalb kaum Bescheidenheit an den Tag. Er brüstet sich höchstens damit, ist launisch und nicht selten unverschämt. Wenn auch alle Kinder Jakobs einander ebenbürtig sind, er hält sich für etwas Besseres. Die Folgen kennt man. Er ist bei seinen Brüdern unbeliebt, wird von ihnen malträtiert und schließlich verkauft. In Wahrheit waren sie sogar bereit, ihn zu töten. Nach seiner Ankunft in Ägypten fällt er schnell auf die Füße. Er findet Gelegenheit, seine Fähigkeiten zuerst als „Psychoanalytiker", dann als „Manager", als Staatsmann, als Ratgeber und rechte Hand des Herrschers zur Geltung zu bringen. Als einer, der jede Situation meistert, und als Organisator, der nicht seinesgleichen hat, kann er als Vorläufer unserer Langfristplaner gelten, allerdings mit dem einen Unterschied, daß er das Glück immer auf seiner Seite hat und daß seine Pläne nicht scheitern. Überhaupt trägt alles, was er anpackt, Früchte, und seine Voraussagungen werden nie dementiert. Außerdem ist er noch schön und charmant und ein Liebling der Damen. Er wirkt anziehend auf sie und handelt sich dadurch Schwierigkeiten ein, aus denen er sich aber immer wieder herauszieht. Man schenkt ihm Vertrauen und Zuneigung, und er ist jedesmal der Gewinner. Da er in dieser Welt glücklich ist, wird es in jener dort oben nicht weniger sein; er ist nicht umsonst der Gerechte.

Im Zusammenhang gesehen, illustriert sein Leben die Theorie Kierkegaards von den vier Lebenszyklen des Menschen. Der erste ist die Schönheit, der zweite die Moral, der dritte das Lachen und der vierte das Heilige. Als Jüngling denkt Josef nur an seine äußere Erscheinung, im Gefängnis entdeckt er das Gute und das Böse, als König macht er sich auf Kosten seiner Verwandten lustig, und gegen Ende seines Lebens verhält er sich wie ein Heiliger.

Es besteht also eine Kontinuität in seinem Leben. Der Weg von seinem Jünglingstraum bis zu dessen Erfüllung zeigt trotz der zahlreichen turbulenten Ereignisse eine ganz bestimmte Richtung. Josef konnte nur König werden. Und ein Gerechter.

Der Midrasch geht wie gewöhnlich noch einen Schritt weiter und behauptet, daß er von Anfang an ein Gerechter war und nie aufgehört hatte, es zu sein, nicht einmal in Ägypten, nicht einmal in den Privatgemächern einer gewissen Dame, die ... nun ja, schließlich war er schön und sie seiner Schönheit gegenüber nicht unempfindlich. Die anderen Frauen ebenfalls nicht. *Wer ihn sah, mußte ihn insgeheim leidenschaftlich lieben,* sagt der Midrasch, der diesem Aspekt seines Lebens ungezählte Anekdoten widmet.

Der Bibeltext ist schon deutlich genug und verursacht beim Leser ein Stirnrunzeln. Josef, von Potiphar gekauft, verdreht dessen rechtschaffener Gattin den Kopf. Diese nun, eine Art Lady Chatterley, wird verrückt nach ihrem jungen Diener, der ihr seine Gunst verweigert. Sie gibt nicht nach, drängt weiter. Vergeblich. Er weist ihre Annäherungsversuche zurück. Und eines Tages, als niemand zu Haus ist, packt sie ihn. Sie wendet Gewalt an, die Dame Potiphar. In seiner Verzweiflung ergreift Josef die Flucht und läßt dabei sein Gewand zurück. Die Dame preßt ganz untröstlich das Gewand an ihr Herz und küßt und streichelt es unter Tränen, wie der Midrasch sagt.

Doch es ist gefährlich, ja geradezu dumm, zu einer schönen Frau nein zu sagen, vor allem wenn sie liebestoll ist und dazu noch reich und einflußreich. So landet Josef denn im Gefängnis.

Allem Anschein nach eine ganz banale Geschichte. Der Midrasch hätte eigentlich darüber hinweggehen müssen. Scham ist eine jüdische Tugend, und eigentlich hätte man den Blick abwenden sollen. Aber das Gegenteil ist der Fall. Im Midrasch folgt hintereinander eine ganze Reihe ähnlicher Szenen, die rühmend davon berichten, welche Verheerungen Josef in den Herzen der Frauen im Reich des Pharao anrichtete.

Hier eine solche Geschichte. Frauen der ägyptischen High society treffen sich eines Tages im Hause Potiphars.

Die gastliche Hausherrin bietet ihnen Zitrusfrüchte an, die sie mit dem Messer schälen. Plötzlich tritt Josef ein, und alle anwesenden Frauen sind so erregt und hingerissen, daß sie sich in die Finger schneiden. „Seht, das muß ich Tag für Tag und Stunde um Stunde ertragen", schreit die Dame Potiphar und ringt nach Luft.

Weiß Josef, welche Wirkung er auf Frauen hat? Das ist mehr als wahrscheinlich. Er kleidet sich wie ein Dandy, pflegt seine Frisur, übt seine Blicke, legt sich einen auffallenden Gang zu: er will gefallen, da gibt es keinen Zweifel.

Man provoziert eine Frau doch nur mit Absicht. Man liebt eine Frau – oder einen Mann – nicht gegen seinen eigenen Willen, es gehören immer zwei dazu. Bei seinen Flirts und seinem galanten Treiben wußte Josef immer, wo die Grenze war, die Dame Potiphar nicht. Sie wollte ihn verführen, bis sie am Ziel war. Der Midrasch erzählt uns, wie sie das anstellte. Die Kleider, die sie morgens wählte, zog sie mittags nicht wieder an. Und die, die sie mittags trug, legte sie abends zur Seite. Und trotz dieser Modenschau blieb Josef standhaft.

Tatsächlich? Ja, das wenigstens steht fest. Aber von welchem Punkt an? Da gehen die Meinungen auseinander. Einige Texte sagen von Anfang bis Schluß, er hat überhaupt keine Versuchung gespürt, da ein Gerechter wie er für Sinnlichkeit nicht empfänglich ist. Andere Quellen geben zu, daß die Begierde sich regte, daß er sich ein bißchen hinreißen ließ, aber nicht zu weit, so daß der Gerechte in ihm rechtzeitig eingreifen konnte, um ihn zu retten. Die Bibel sagt, daß Josef ins leere Haus kam, um seine Aufgabe zu erfüllen. Welche Aufgabe? Dazu zwei Versionen: Rav sagt, es handelte sich um die üblichen Funktionen eines Bediensteten. Schmu'el, der Skeptiker, sagt: Nein, *melachto*, die betreffende Arbeit war eine andere, sie war besonderer, ja privater Natur. Eine Passage im Midrasch beschreibt, wie Josef und Potiphars Frau nackt im Bett liegen. Und was geschah dann? Im letzten Moment ruft sich Josef das Bild seines Vaters ins Gedächtnis, und der führt ihn auf den Boden der Wirklichkeit zurück. Er springt aus dem Bett und flieht. Ein anderer Text verrät uns, daß die schöne, verliebte Dame es anfangs mit dem Argument versucht hatte, daß sie zu allem bereit sei, wenn Josef ihr nur gefällig sei. Hier der mutmaßliche Dialog zwischen den beiden:

Josef: „Nein, ich kann nicht und ich will nicht." Darauf sie: „Warum nicht " Josef: „Ich habe Angst." Sie: „Angst? Vor wem?" Josef: „Vor deinem Mann."

Sie: „Ist das alles? Daran soll es nicht scheitern, ich werde ihn töten."

Josef (außer sich): „Was, du willst aus mir nicht nur einen Lüstling, sondern auch einen Mörder machen?"

Diese, wie wir zugeben müssen, komische und mit Humor gewürzte Szene beschäftigt natürlich die Midrasch-Erzähler, das ist klar. Man glaubt nicht so ganz daran, man fühlt, daß der Text nicht vollständig ist, daß er uns etwas Unangenehmes vorenthält. Josef ist nicht so unschuldig und so tugendhaft, wie man es uns glauben machen möchte. Hören wir jetzt eine etwas ungeistliche Konversation zwischen einer *Matrona* und Rabbi Jossi. Die geistvolle und kultivierte Frau zeigt sich sehr skeptisch: „Ist es möglich, daß ein Jüngling – *bekol chomo* – mitten in der Pubertät, dessen Blut kocht, einer erfahrenen, leidenschaftlichen und zu allem entschlossenen Frau gegenüber seine Begierde, seine Triebe hätte bezwingen können?" Die Matrona kennt als feine Psychologin die menschlichen Schwächen nur zu gut, um keine Zweifel zu hegen. Und Rabbi Jossi fällt in seiner Verwirrung nichts Besseres ein, als sich auf den Glauben

149

zu berufen – ein unwiderlegbares Argument. Der Rabbi verläßt sich auf die Glaubwürdigkeit der Bibel. „Die Bibel täuscht uns nicht", sagte er zu der Fragestellerin. „Alle Missetaten unserer großen Männer werden uns vor Augen geführt, Judas Irrtümer werden uns enthüllt, warum sollte bei Josef gelogen werden? Wenn er der Begierde zum Opfer gefallen wäre, würde die Thora es uns sagen."

Ein Faktum, das Josefs Unschuld beweisen könnte, ist seine Einlieferung ins Gefängnis. Wenn er ja gesagt hätte zu seiner Verführerin, hätte sie ihn dann nicht bei sich behalten? So hat sie ihn aber denunziert, hat ihn dem Gefängniswärter übergeben. Sie hat den Spieß einfach umgedreht, und das ist eine sehr weibliche und sehr menschliche Reaktion, man rächt sich an einem anderen, indem man ihn der eigenen Hinterlist beschuldigt.

Aus Gründen intellektueller Redlichkeit wollen wir das Problem auch von der andern Seite betrachten. Und wenn sie nun trotzdem die Wahrheit gesagt hätte? Eine unwahrscheinliche Hypothese. Es ist schwer vorstellbar, daß Josef, ein Staatenloser im Dienerrang, ein gerade befreiter Sklave, es gewagt hätte, die Frau des Hauses, die Gattin seines Herrn und Wohltäters, zu belästigen. Man kann sich noch weniger vorstellen, daß die Dame Potiphar ihn zurückgestoßen hätte: Er war schön, attraktiv und unwiderstehlich, wie alle Geschichten bestätigen. Und wer würde nur einen einzigen Augenblick annehmen, daß Josef, der Gerechte, eine Lüge ausgesprochen hätte? Ein Zaddik, der lügt, das ist ein Widerspruch in sich.

Alle Texte zeigen ihn als Gerechten, als Zaddik. Sogar später im Königspalast steigt ihm der Erfolg nicht zu Kopfe. Er ist fromm geblieben und fühlt sich Gott und seinen Geboten verpflichtet. Man bezeichnet ihn als einen, der die Gesetze des Sabbat achtet. Darüber entrüstet sich ein Kommentator: „Warum nur die des Sabbat? Und die anderen? Er befolgte sie alle." Man nennt ihn einen Asketen: Er trank keinen Wein. Man nennt ihn einen Hassid: Alle Gerechten, versichert der Midrasch, hatten ihr besonderes Zeichen, Josefs Zeichen war die Gottesfurcht. Wenn er arbeitete, murmelte er Gebete. Er besaß ferner umfangreiche Kenntnisse in den profanen Wissenschaften. Er beherrschte 70 Sprachen plus eine: die hebräische. Es war nur natürlich, daß der Pharao sich dieses begabten Sprachgelehrten bediente, um selber die heilige Sprache zu erlernen. Josef bemühte sich, ihm einen Schnellkurs zu geben, aber er hatte keinen Erfolg. Lag das nun am Meister oder am Schüler? Jedenfalls gingen diese Privatstunden ganz plötzlich zu Ende. Das war der einzige Mißerfolg in der langen Karriere Josefs, er hatte keinen anderen. Alles was er im öffentlichen Leben oder als Staatsmann unternahm – z. B. Rationierung der Lebensmittel oder Planwirtschaft – wurde von Erfolg gekrönt. Und er prahlte niemals damit, seine Bescheidenheit ließ es nicht zu, wie man sagt.

Als er seine Brüder ausschickte, den Vater zu holen, sagte er zu ihnen: „Erzählt ihm von den Ehren, die mir hier erwiesen werden." – „Wie denn das?" wundert sich der große Rabbi Menachem-Mendel von Kozk. „Glaubte Josef, der sich hier wie ein eitler Geck ausdrückt, denn wirklich, daß er damit auf den reinen, den heiligen Patriarchen Jakob Eindruck machen konnte?" Dieses Wort, sagt der Rabbi von Kotzk, muß man anders lesen: Erzählt also meinem Vater, daß ich die Ehren anzunehmen weiß, ohne davon berührt zu werden. Jakob hat also nichts zu befürchten, er kann kommen; der reichste und mächtigste Prinz ist und bleibt sein Sohn. Jakob läßt sich überzeugen. Er kommt nach Ägypten und läßt sich schließlich dort mit seiner ganzen Familie nieder. Aber verweilen wir noch einen Augenblick bei dieser Frage, die mir immer stärker durch den Kopf geht: Wodurch wird Josef eigentlich ein Gerechter, also ein außergewöhnliches Wesen? Wodurch unterscheidet er sich von den andern, warum ist er der Gerechte, warum er und beispielsweise nicht Moses? War sein Leben tatsächlich vollkommen, uneigennützig und makellos? Ohne Fehl und Tadel?

Greifen wir wieder zu seiner Biographie, die eng mit der seines Vaters und seiner Brüder verbunden ist, und betrachten wir auch ihr Leben etwas näher. Eine schokkierende Tatsache fällt auf: In dieser Geschichte benimmt sich niemand wie ein Gerechter, niemand ist ganz rein, niemand ganz und gar heilig.

Insgesamt kommt die ganze Familie bei dieser Untersuchung nicht gut weg.

Da sind erst einmal die Brüder: Streitlustig, neidisch, hinterlistig, immer bereit, Ränke zu schmieden oder irgend ein schmutziges Komplott auszubrüten. Sie gehören zu verschiedenen Clans und behandeln sich gegenseitig mit Verachtung. Die Söhne von Jakobs Frauen leben für sich und die seiner Mägde ebenfalls. Josef verkehrt als einziger mit den letzteren, was sie, wie wir später sehen werden, nicht hindert, sich gegen ihn zu wenden. Sie machen gemeinsame Sache mit den anderen, als es darum geht, Josef kopfüber in die Schlangengrube zu werfen. Wenn es darum geht, Josef eins auszuwischen, sind sie sich alle einig. Anstatt mit dem verwaisten kleinen Bruder Mitleid zu haben und ihn über den Tod seiner Mutter hinwegzutrösten, fallen sie über ihn her. Ihr Vater liebt ihn und gibt ihm den Vorzug vor ihnen. Ist das denn etwas so Ungewöhnliches und so schwer zu verstehen? Jakob liebt ihn, weil er selber unglücklich ist!

Aber sie wollen nicht begreifen und behandeln Josef wie einen Eindringling. Er sprach mit ihnen, aber sie gaben ihm keine Antwort, sagt der Midrasch. Sie drehten ihm den Rücken zu, sie ignorierten ihn, sie verleugneten ihn. Für sie war er ein Fremder, den man verjagen oder wenigstens züchtigen mußte. Wie soll man sonst ihre Herzlosigkeit und Verständnislosigkeit erklären, wie ihren Haß, ihren Mordplan rechtfertigen? Woher soll man eine Erklärung für das Leid nehmen, das sie ihrem Vater zufügten? Wenn sie sich an Josef rächen wollten, weshalb mußten sie dann dem Vater Kummer und Schmerz bereiten?

Übrigens haben sie auch untereinander kein besseres Verhältnis. Als der ägyptische Machthaber Simeon ergreift und ihn als Geisel behält, tun sie nichts, um ihn zu retten. Sie lassen ihn im Stich. Später als der gleiche Herrscher sie prellt, indem er einen silbernen Becher in Benjamins Sack versteckt, um sie alle verhaften zu lassen, fangen sie an, den armen Kerl zu schlagen und ihn des Diebstahls zu bezichtigen, sagt der Midrasch. Er berichtet auch, daß sie sich später gegen ihren eigenen Führer, gegen Juda, wandten und ihn verbannten. Sie verargen es ihm, daß er sie nicht davon abgehalten hat, Josef als Sklaven zu verkaufen: „Wenn du uns den Rat gegeben hättest, ihn heil und gesund nach Hause zurückzubringen, hätten wir auf dich gehört."

Juda hatte dabei nur den Gedanken gehabt, daß es besser sei, als Sklave zu leben als umzukommen. Aber diesen Kompromiß verurteilt der Midrasch streng. Dafür darf man Juda nicht loben. Wenn ein Menschenleben auf dem Spiele steht, wenn die Würde des Menschen in Frage gestellt wird, hat man nicht das Recht, sich mit Halbheiten zufrieden zu geben. Juda war im Unrecht, weil er nicht bis zum Schluß für seinen Bruder kämpfte, und ihn nicht nur vor dem Tode, sondern auch vor der Schande bewahrte. Aber die anderen Brüder sind noch schlimmer. Sie sind auf Josef eifersüchtig, sie sähen ihn lieber tot als lebend. Später, wenn der Vizekönig die große Erkennungsszene spielt, werden sie von solcher Panik ergriffen, daß sie sich wiederum auf ihn stürzen, um ihn zu beseitigen. Obwohl ihr Bruder ihnen verziehen hat, sind sie immer noch eifersüchtig. Sie nehmen die Geschenke zwar an, halten aber auf Distanz. Sie bringen es sogar fertig, ihren Vater der Kriecherei anzuklagen, weil er auf seinem Totenbett mehr Segnungen über Josef austeilt als über sie. Sie murren: „Unser Vater favorisiert ihn, weil er an der Macht ist, er will ihm nur gefallen." Die Söhne Jakobs sind engstirnig und kleinlich geblieben, wie sie es vorher waren.

Nicht leichter ist der Vater, Jakob, zu verstehen. Wirklich verantwortlich für das Drama ist er, als schlechter Vater und ebenso schlechter Pädagoge. Man verwöhnt nicht ein Kind auf Kosten seiner Brüder, man kommt nicht auf die Idee, ihm mehr zu geben als den anderen, mehr Geschenke, mehr Aufmerksamkeit, mehr Zuneigung. Weiß er denn nicht, daß sie darunter leiden, daß sie sich frustriert und ungeliebt fühlen müssen? Sieht er nicht, daß das zurückschlägt gegen diesen Sohn, den er zu schützen und glücklich zu machen hofft? Merkt er denn nicht, mit welchen Augen man Josef betrachtet? Versucht er überhaupt, die neidischen älteren Geschwister zur Raison zu rufen und den Frieden in seinem Haus wiederherzustellen? Eine andere, noch schwerwiegendere Frage stellt sich. Jakob selbst schickt Josef zu seinen Brüdern nach Sichem auf Besuch. Ahnt er denn nichts von der Gefahr, die ihm dort droht? Warum gefährdet er, wenn nicht sein Leben, so doch seine Sicherheit? Kann er sich nicht vorstellen, daß die Geschwister den Besuch dieses Müßiggängers von einem Bruder wohl kaum schätzen dürften, der sie doch nur bei der Arbeit beobachten will? Ist Jakob hier völlig ahnungslos?

Und als die Brüder von Sichem zurückkehren und ihm die schreckliche Nachricht bringen, daß Josef nicht mehr am Leben ist, daß er von einem wilden Tier zerrissen wurde, glaubt Jakob ihnen, ohne sie lange zu fragen, ohne am Schauplatz des Dramas Nachforschungen anzustellen, ohne sich um eine Bestätigung, um eine unabhängige Aussage zu bemühen. Das blutbefleckte Hemd Josefs ist für ihn ein unwiderlegbarer Beweis! Warum versucht er nicht, Einzelheiten aus Juda herauszubekommen, wie und wann das Unglück geschah? Warum wendet er sich nicht an Gott, da er doch sonst keinen Schritt tut, ohne ihn um Rat zu fragen? Wenn dieser schon nicht interveniert hat, könnte er ihn aber doch informieren. Es gibt zwei Möglichkeiten. Entweder hegt Jakob bei seinen Kindern keinen Verdacht, dann ist seine Blindheit, oder er weiß, woran er ist, und dann ist seine Passivität unbegreiflich. Ein sonderbares Verhalten von einem Vater. Von seinem Lieblingssohn getrennt, versinkt er in Trauer, tut aber nichts, um eine Spur von ihm oder wenigstens seinen zerfetzten Körper zu finden. Es ist einfach unbegreiflich.

Ebenso wenig ist Josef zu verstehen. Auch er entzieht sich uns, ja er enttäuscht uns. Rein menschlich betrachtet, hat er vor allem im Anfang wenig Anziehendes. Zunächst einmal ist sein Betragen in der Familie schlecht. Statt mit seinen Brüdern empfangene Geschenke und Wohltaten zu teilen, legt er es darauf an, bei ihnen Neid und Begierde zu wecken. Dieser Mangel an Großzügigkeit überrascht bei einem künftigen Prinzen. Statt sie dem gemeinsamen Vater näherzubringen, stellt er sich als Hindernis dazwischen. Er stolziert in seinen neuen

Luxusgewändern herum, um vor aller Welt zu zeigen, daß von Jakobs zahlreichen Kindern er der Auserwählte ist. Er steht über allen, und das wiederholt er so oft, bis er schließlich selbst daran glaubt. Wen wundert es da noch, daß die Brüder böse auf ihn sind? Schwerer wiegt noch, daß er ein Lästermaul ist, er verkehrt mit den Söhnen der Mägde, um ihr Gerede aufzuschnappen und dem Vater zu hinterbringen. Welches Gerede denn? Es gibt zwei Möglichkeiten: Entweder er erzählt dem Vater, was man auf der Straße und auf dem Markt über die Brüder erzählt, oder was diese über Jakob schwätzen. (Und Jakob hört darauf! Wurde er dafür etwa bestraft? Ein Midrasch äußert diesen Meinung.) Man sieht Josef in seinem Element, er spielt die einen gegen die andern aus und den Vater gegen alle. Es macht ihm Spaß, Leute auseinanderzubringen, Gift in ihre Gedanken zu träufeln, Spannungen und Auseinandersetzungen zu provozieren. Egozentrisch wie er ist meint er, das ganze Universum gehöre ihm.

Wenn der Midrasch von seinem Erfolg spricht, spielt er auf seinen Charakter an, der die Hindernisse aus dem Weg räumt und jeden Widerstand bricht. Nichts und niemand kann ihn aufhalten. Die ganze Schöpfung ist nur dazu da, ihm zu dienen. Seine Träume, und zwar alle, sind da sehr aufschlußreich. Jakobs Träume betreffen das Universum, die des Pharao die Gesamtheit des ägyptischen Volks – Josefs Träume kreisen um seine eigene Person und um seine eigene Karriere.

Nehmen wir wieder den Text zur Hand. Eines Tages kommt Josef zu seinen Brüdern und sagt zu ihnen: „Hört doch, was für einen Traum ich gehabt habe! Seht, wir waren beim Garbenbinden auf dem Felde, und siehe da, meine Garbe richtete sich auf und blieb stehen; eure Garben aber stellten sich ringsum und verneigten sich vor meiner Garbe." Worauf seine Brüder in gerechtem Zorn erwiderten: „Willst du gar noch herrschen über uns?" Er hört trotzdem nicht auf: „Seht, ich hatte wieder einen Traum. Die Sonne, der Mond und elf Sterne warfen sich vor mir nieder." Diesmal, bei dieser völlig unverbrämten und unzweideutigen Äußerung ist sogar Jakob ungehalten. Josef ist entschieden zu weit gegangen, aber ein bißchen glaubt Jakob trotzdem daran. Der Midrasch sagt es: Der Vater nahm Feder und Papier, um die Äußerungen seines Sohnes festzuhalten sowie den Ort und das Datum. Man versteht den Vater und auch seinen Zorn. Als Spezialist für Träume wußte er, daß es besser ist, Träume für sich zu behalten. Durch seinen öffentlichen Tadel rechnet er vielleicht damit, daß die Eifersucht von Josefs Brüdern etwas entkräftet wird. Doch wir verstehen Josef nicht, wußte der künftige Stratege und brillante Taktiker nicht, daß gewisse Träume und gewisse Träumer unweigerlich Haß auf sich ziehen?

Und vor allen Dingen, sieht so die Kindheit, die Erziehung eines Gerechten aus? Diese Frage wird noch mehr als einmal auftauchen. Als seine Brüder sich daran machten, ihn zu verkaufen, flehte er laut Midrasch um Gnade. Ist das eines künftigen Gerechten würdig? Von einem Gerechten erwartet man doch, daß er Glück und Unglück mit Würde, vielleicht sogar mit Stolz annimmt. Und wie war denn das bei der Dame Potiphar? Er hatte bestimmt keine Lust, ein exemplarisches und strenges, auf Reinheit und Vollkommenheit ausgerichtetes Leben zu führen. Wir sagten es bereits: Als er zu ihr kam, wohl wissend, daß sie allein im Hause war, hatte er nicht bloß seine Pflichten als Diener im Kopf. Übrigens vorausgesetzt, daß er unschuldig war, warum hat er dann nicht schon früher die Flucht ergriffen. Warum hat er bis zum letzten Moment damit gewartet? Und im Gefängnis, mit wem hat er sich denn dort zusammengetan? Mit den Verdammten dieser Erde, mit denen, die stets um alles gebracht werden? Mit dem Abschaum der Gesellschaft? Nein, Josef nicht, der wird der engste Freund und Vertraute zweier ehemaliger Minister. Er schafft es sogar, zum Verwaltungsdirektor des Gefängnisses ernannt zu werden. Selbst im Kerker flieht er vor Armut und Erniedrigung und wählt das Leichte und Ehrenvolle. Sogar im Gefängnis muß er der erste sein.

Ist das ein Weg zur Heiligkeit?

Fahren wir fort. Als Prinz oder Vizekönig von Ägypten verheiratet er sich mit einer Ägypterin, mit Osnat, der Tochter des Priesters Potifera. Natürlich erfindet der Midrasch irgendeine komische Geschichte, daß sie in Wirklichkeit gar keine Ägypterin, sondern eine Jüdin war, eine Tochter von Dina nämlich, der Schwester Josefs, und daß ein Engel sie entführt und bei Potifera abgegeben hatte, was aber niemand bekannt war. Sogar Josef wußte bei seiner Heirat mit Osnat nicht, daß er seine Nichte heiratete. Eine fadenscheinige Angelegenheit, aber immerhin zeigt die Tatsache, daß der Midrasch das Bedürfnis hat, sie zu erfinden, daß es sich um eine Mesalliance handelte.

Ganz offensichtlich versucht Josef, in dem Land, das ihn aufgenommen hat, völlig aufzugehen, seine beiden Söhne nennt er Menasche – *denn Gott hat mich vergessen lassen alle meine Leiden und das Haus meines Vaters* – und Efraim – *denn Gott hat mich gedeihen lassen im Land meines Elends*. Ganz klar, daß der Midrasch noch eine Steigerung bringt: Als Jakob sie trifft, findet er sie so ägyptisch, daß er sich in ihnen nicht wiedererkennt. Ist das das Porträt eines Gerechten? Eher doch das eines Angepaßten. Jakob, sagt der Midrasch, hat seine Erfahrungen nicht vergessen, Josef ja.

Schlimmer noch, Josef, der allmächtige Prinz, tut während der langen Jahre der Trennung nichts, um Nachricht von seinem Vater zu erhalten. Spionage war doch damals an der Tagesordnung, und Karawanen gab es genug. Warum läßt er seinen alten Vater, den er so sehr liebt, in seiner Trauer um ihn verzweifeln, ohne daß er ihm auch nur das kleinste Lebenszeichen gibt? Daß er auf seine Brüder nicht gut zu sprechen ist, versteht sich, aber wodurch verdient der Vater einen solchen Kummer?

Später als er seine Brüder empfängt, sucht er nur, sie zu verspotten und sich zu rächen. Er verlangt von ihnen Geiseln, statt sich nach seinem Vater und seinem jüngsten Bruder zu erkundigen. Statt ihnen zu essen zu geben, jagt er ihnen Angst ein. Wochen um Wochen vergehen, bevor er den Entschluß faßt, ihnen Mut zu machen, sie zu trösten, zu beruhigen. Zehnmal vernimmt er, wie seine Brüder von ihrem Vater als von *deinem Diener Jakob* sprechen, und erhebt keinen Einspruch, zeigt keine Bewegung, verrät sich nicht. Das sollte ihm allerdings teuer zu stehen kommen. Für jedes kränkende Wort, das er nicht zurückgenommen hat, muß er mit einem Jahr seines Lebens zahlen und wird deshalb nicht, wie vorgesehen, mit 120, sondern bereits mit 110 Jahren sterben. Doch lassen wir Schuld und Sühne beiseite; wir wollen wissen, ob ein Mensch, der die Ehre seines Vaters so wenig respektiert, den Titel eines Gerechten verdient, den die Tradition ihm zuerkennt.

Wenn wir dem Midrasch Glauben schenken, hat sich Josef so sehr mit Ägypten identifiziert, daß seine Brüder ihn nicht wiedererkennen, was mehr zu ihren als zu seinen Gunsten spricht. Der Luxus verdirbt einen Menschen mehr als die Not, und noch schädlicher ist das Glück. In ihren Augen ist er ein Fremder, der sich von seinem Volke, von seinen Wurzeln gelöst hat. Nichts mehr erinnert an das Kind, das er war; es wäre weiter nicht verwunderlich gewesen, wenn sie ihn zuerst im Hurenviertel gesucht hätten. Und doch bleibt Josef für Tradition und Legende ein Gerechter. Warum? Aus welchem Grunde? Da ist sie wieder, die Frage, über die man hier unweigerlich stolpern muß.

Aber vielleicht können wir auch umgekehrt sagen, daß durch diese Frage, einfach durch ihr Vorhandensein und durch alles, was sie einschließt, die Gestalt ein neues Gewicht erhält. Auf einmal spüren wir das Geheimnis. Wenn er trotz allem, was man uns erzählt, Josef der Gerechte genannt wird, dann heißt das, daß wir uns durch Äußerlichkeiten haben irreführen lassen. Wir haben unseren Blick auf die Maske geheftet und nicht das Gesicht untersucht. Wir haben Josef als eine Art Paradebeispiel für einen machtbesessenen Politiker betrachtet. Eine strengere Analyse der Fakten wird uns unsern Irrtum beweisen. Josef, der große Unbekannte der Bibel. Er ist komplexer und geheimnisvoller als man denkt. Durch ihn gelangen wir zu einer tragischen und seiner Vorfahren würdigen Sicht des jüdischen Schicksals.

Den Wert eines Textes erkennt man am Gewicht seines Schweigens, und hier ist Schweigen, und es wiegt schwer.

Das Schweigen Josefs bei der brutalen Szene in Sichem. Alle Brüder mit Ausnahme Benjamins sind irgendwie beteiligt. Man hört, wie sie diskutieren, sieht, wie sie ihn in die Schlangengrube werfen. Sie wollen ihn töten und werden ihn töten; und Josef schweigt. Vor seinen Brüdern, die ihm ihren Haß ins Gesicht schreien, vor den „Söhnen der Mägde", mit denen er immer freundlich umgegangen ist, und die jetzt seine Feinde sind wie die andern, vor diesen Mörderblicken verstummt er. Im kritischsten Augenblick seines Lebens läßt er sie beratschlagen und über sein Schicksal entscheiden, ohne ein Wort zu sagen. Die rabbinische Tradition unterstreicht das: Er begann erst dann zu weinen und um Mitleid zu bitten, als seine Brüder ihn als Sklaven verkaufen wollten.

Noch auffälliger ist das Schweigen Jakobs. Von dem Tage an, als Josef ihm entrissen wird, führt er in der Verborgenheit das Leben eines Einsiedlers. Zwanzig Jahre lang äußert er sich nicht, kein Wort, keine Klage kommt über seine Lippen. Er lebt sprachlos und hoffnungslos. Schweigen umgibt ihn und Schweigen durchdringt ihn, entrückt und unfaßbar. Seine Verbindungen mit der Welt und seinem Schöpfer scheint er abgebrochen zu haben.

Denn auf einer anderen Ebene gibt es auch das Schweigen, das von oben kommt. Gott redet nicht mehr mit Jakob, und Jakob wendet sich nicht mehr an Gott. Der Bruch ist vollständig.

Der Midrasch versucht mit allen Mitteln das Schweigen Gottes zu erklären. In Sichem, sagt er, schworen die Brüder, Schweigen über die Angelegenheit zu wahren und jeden zu verbannen, der das Geheimnis verraten würde. Nun erfordert aber jeder Verbannungsakt die Anwesenheit von zehn Personen, und die Brüder waren ihrer nur neun. Deshalb beschlossen sie, Gott als zehnten Teilnehmer dazuzunehmen. Deshalb konnte Gott sich nicht mehr an Jakob wenden, er war Mitwisser geworden.

Das Schweigen Jakobs beibt trotzdem ungeklärt und unerklärlich. Man könnte sagen, daß er nicht mehr betet, nicht mehr an Gott denkt. Zwischen ihm und Gott herrscht nur Schweigen. In der ganzen Zeit der Ungewissheit, in all den endlosen Jahren, als Jakob das Bedürfnis hatte, seine Qual hinauszuschreien und ein

Wort zu hören, erscheint seine Stummheit total. Seine Beziehungen zu Gott werden erst nach der Familienzusammenführung wieder angeknüpft; als Jakob nämlich zögert, Josef in Ägypten aufzusuchen, macht Gott ihm Mut. Nicht vorher.

Mit einem Schlag entdecken wir, daß im Verlauf der ganzen Erzählung die Wortkaskaden nur dazu dienen, das Schweigen zu verbergen, ein Schweigen, das in der Tat das dominierende Thema ist. Und daß die Geschichte viel reicher ist als es den Anschein hat, und daß Josef, die Achse, um die sich alles dreht, viel geheimnisvoller ist als es scheint. Bleibt die Frage, die unseren Weg wie ein Schatten begleitet: Worin war Josef der Gerechte gerecht?

Im Midrasch ist die Antwort einfach: Weil Josef seinen Sexualtrieb zu beherrschen wußte. Trotz der sinnlich aufgeladenen Atmosphäre in Ägypten brachte er es fertig, der ehebrecherischen Frau des Potiphar und auch den anderen zu widerstehen. Der Midrasch erzählt, daß Josef trotz der zahlreichen Prinzessinnen und Kurtisanen, die er täglich sah, keusch und standhaft blieb, mochten die Damen auch noch so verführerisch oder mit Schmuck behangen sein, betörend duften oder ihre Nacktheit als einzigen Schmuck tragen.

Ein anderer Text bietet folgendes Bild: Wenn Josef den Palast des Königs verließ oder dorthin zurückkehrte, drängten sich die Prinzessinnen an die Fenster und warfen Schmuck hinunter, Ohrringe und Armbänder, um seine Aufmerksamkeit zu erregen, aber er würdigte sie keines Blickes. Für die Weisen der Midraschim reichte dieser Grund aus, um aus ihm einen Gerechten zu machen. Mir reicht das nicht, ich gebe gerne zu, daß ein Gerechter Versuchungen widerstehen muß, aber sie nur auf die Sexualität zu beschränken …

Versuchen wir zunächst einmal den Ausdruck Gerechter
–*Zaddik* – zu definieren. Im Arabischen bedeutet er
Freund. Im Hebräischen ist er das Gegenteil des *Rascha*,
des Frevlers, der sich gegen den Menschen vergeht und
nicht unbedingt gegen Gott. Wer die Gemeinschaft verläßt, ist ein *Rascha*. Wer seinen Freunden schadet, ist ein
Rascha. Ein *Rascha* verrät seine Kameraden, verun-
glimpft sein Volk.

Der Ausdruck *Zaddik* wiederum wird durch die Beziehungen zwischen den Menschen und nicht notwendigerweise durch die mit Gott bestimmt. Ein Gerechter ist,
wer Versuchungen, und nicht notwendigerweise Prüfungen widersteht. Prüfungen haben Bezug auf Gott, bei
Versuchungen geht es um menschliche Wesen. Abraham,
der von Gott auf die Probe gestellt wird, ist kein Gerechter. Josef ist es.

Josef muß innere Widerstände überwinden, nicht, um
sich Gott, sondern um sich seinesgleichen zu nähern,
seinen eigenen Brüdern. Er hat ausgezeichnete Gründe,
sie zu verleugnen, sie zu verachten, sie aus seinem Haus
und seinem Gedächtnis zu verbannen, denn sie waren für
ihn nur eine Quelle des Bösen.

Er hat auch ausgezeichnete Argumente, den Frauen zu
mißtrauen; denn die schönste und einflußreichste hat ihn
ins Gefängnis werfen lassen.

Er hätte das Recht, Menschen überhaupt zu mißtrauen; denn im Gefängnis hat er einem Mitgefangenen
etliche Dienste erwiesen, die dieser, sobald er in Freiheit
war, vergaß. Er hatte sogar Gründe seinem Vater böse zu
sein.

Kommen wir noch einmal auf das Geschehen in Sichem
zurück. Josef kommt dorthin, um seine Brüder zu treffen,
und hat keine Ahnung, daß sie ihn dort mit der Absicht

erwarten, ihn umzubringen. Wer hat ihn geschickt? Jakob. Dieser Besuch war seine Idee. Jakob hat ihn gebeten, seinen Brüdern einen Besuch abzustatten, einfach so, bloß, um ihnen guten Tag zu sagen. In diesem entscheidenden Augenblick, als seine Brüder ihn fesseln und zu Boden werfen, versucht Josef zu begreifen, sich zu erinnern und sich diese Entführung zu erklären. Plötzlich schießt ihm ein düsterer und quälender Gedanke durch den Kopf. Ist es möglich, daß sein Vater Bescheid weiß und ihn wissentlich hierher geschickt hat, damit er sich töten lasse? Das Motiv? Die Erinnerung an den Berg Morija? In Penuel hatte Jakob es Isaak gleichtun wollen, hier möchte er Abraham gleichwerden, indem er seinen Sohn, seinen Lieblingssohn, opfert.

Als intelligenter und impulsiver Mensch voller Intuitionen ist er sehr wohl imstande, zu diesem Schluß zu gelangen. Ist es ein reiner Zufall, daß beide Episoden, die von Sichem und die vom Berge Morija voller Furcht beginnen und im Wunder enden, und der gleiche Ausdruck – Naar = Jüngling – für Isaak wie für Josef Verwendung findet? Und daß Abraham, von Gott gerufen, sagt *Hineni* – hier bin ich, und daß nun Josef, von seinem Vater geschickt, mit *Hineni* antwortet? Und daß Isaak durch das plötzliche Erscheinen eines Widders gerettet wird und Josef durch das Erscheinen der Karawane? Ist das der Grund, weshalb Josef in seiner Bestürzung die Sprache verliert, weshalb er sich später, verletzt und erniedrigt, entschließt, mit seiner Familie zu brechen und seine Vergangenheit zu vergessen? Wie sollte man ihm das vorwerfen? Hat er nicht gewichtige Gründe, seine feindlichen Brüder, die seinen Tod beschlossen hatten, zu verleugnen, sich von seinem Vater zu lösen, der ihn ihnen ausgeliefert hatte, und ihnen allen zum Trotz für jene Gesellschaft zu optieren, in der er Zuflucht und Glück fand? Als er den Seinen wieder gegenübersteht, ist seine Reaktion, ist seine Feindschaft ganz natürlich und menschlich. Hat er denn nicht endgültig und wahrhaftig mit ihrer Welt und ihren Gesetzen gebrochen oder zu brechen geglaubt? Er steht den Ägyptern näher als den Juden, und sogar seine politische Aufgabe bedeutet ihm mehr als der Gott der Juden, da ist es doch ganz normal, daß er einen Strich zwischen sich und dieser Familie zieht, die er nicht lieben kann. Aber das ist nur eine erste Anwandlung, vielleicht von Rache oder von etwas, das er für seine neue Wahrheit hält; denn schon faßt er sich, er wird kein Rächer sein. Aber auf Repressalien, auch wenn sie gerechtfertigt sind, auf Bitterkeit, auch wenn sie begründet ist, auf Bestrafung, auch wenn sie verdient ist, verzichten, das ist eine Tugend, die man selten antrifft. Nur der Gerechte verzeiht, ohne zu vergessen.

Josef verzeiht, aber vergißt nichts und hat in Wahrheit nie etwas vergessen. An seinen Vater erinnterte er sich an jedem Ort und zu jeder Stunde. Er versuchte nicht, sich seine Verhaltensweisen zu erklären, aber er erinnerte sich daran. Und an sein Volk erinnerte er sich unaufhörlich. Um ihn zu ehren, gab ihm der Pharao den Beinamen *Tzofnat Paneach* – Zerbrecher der Gesetzbücher –, aber er gab seinem jüdischen Namen Josef den Vorzug. Vom ägyptischen Adel abgöttisch verehrt, macht er sich nichts daraus, sich mit seiner ausgehungerten Familie zu zeigen. Hinter allen Masken, die er trägt, bleibt seine Treue im innersten Herzen unversehrt. Trotz seines kometenhaften Aufstiegs wußte er rechtzeitig anzuhalten und umzukehren, um seinen Glauben an die Seinen gegen ihren Willen und seinen Glauben an Gott wider seinen eigenen Willen zu bekräftigen. Darin zeigt sich seine Stärke.

Wenn man zu einem Menschen oder zu einer Gruppe

von Menschen gerecht ist, ist man es zu allen. Wenn der Jude sich für sein Volk einsetzt, hilft er der Menschheit. Josef zeigt Edelmut den Seinen und den Bürgern seines Landes gegenüber. Als erster weiß er seine Liebe zu Israel und seine Liebe zu andern Nationen miteinander in Einklang zu bringen. Als erster weiß er, daß es absurd und fruchtlos ist, aus dem Judentum und der Gesamtheit Gegensätze zu machen.

Hier eine Legende: Juda, der stärkste der Brüder, bietet Josef, den er noch für einen ägyptischen Herrscher hält, die Stirn. Der Streit geht um Benjamin. Juda erregt sich und geht in seinem Zorn so weit, daß er zähneknirschend schreit: „Wenn ich mein Schwert zücke, werde ich dein Königreich in Stücke hauen!"

„Wenn du dein Schwert ziehst", entgegnet der Herrscher, „werde ich es dir um den Hals wickeln." – „Wenn ich den Mund öffne, werde ich dich verschlingen", schreit Juda. „Öffne ihn, und ich werde ihn dir mit einem Stein wieder zumachen." Da befiehlt Juda seinen Brüdern, das Land mit Feuer und Schwert zu bekämpfen, und da endlich entschließt sich Josef, der Komödie ein Ende zu machen, und läßt die Maske fallen: „Ich bin Josef, euer Bruder."

Als verantwortungsvoller Bürger, als Bruder und gehorsamer Sohn weiß er, in sich das Rachegefühl und die Anfechtungen der Macht zu besiegen und sie in einen Ansporn, eine Aufgabe zu verwandeln. Von da an ist er versöhnt und glücklich und lebt in Frieden mit seinem Vater, seinen Brüdern, seinen Nachbarn, seinen Untergebenen. Den Höhepunkt erreicht er nach dem Tode Jakobs. Seine Brüder geraten in Furcht: Solange unser Vater am Leben war, ließ Josef uns in Ruhe. Jetzt wird er mit uns abrechnen. Darauf antwortet Josef voller Sanftmut: „Zehn Kerzen haben nicht eine einzige ausgelöscht, wie sollte eine Kerze ihrer zehn auslöschen?" Ja, er hat vergeben, aber er hat nichts vergessen.

Was will das im Grunde besagen? *Man kommt nicht als Gerechter auf die Welt, man wird es. Wer ein Gerechter geworden ist, muß an sich selber arbeiten, damit er es bleibe.*

In Josef existiert eine polare Spannung, die seine Handlungen, und seine Entscheidungen erst lebendig und aus ihm einen wahren, d. h. zerrissenen Menschen macht. Er lebt ständig auf zwei Ebenen, in zwei Welten, und wird von Kräften hin und her gerissen, die sich widersprechen. Er muß wählen und gewählt werden, er muß kämpfen und siegen.

Als tragische Gestalt wird Josef zum Vater oder jedenfalls zum Vorläufer eines Messias, eines unglücklichen, glücklichen Messias, der Held und Opfer zugleich ist, der nach der Tradition den Weg für die Ankunft des anderen bereiten muß, für den wahren Messias, den Sohn Davids.

Während die Stämme dabei waren, ihren Bruder zu verkaufen, Jakob, das Fasten zu beenden, und Juda, eine Frau zu nehmen, so sagt der Midrasch, ging Gott daran, das Licht des Messias zu schaffen, zweifellos ein dunkles Licht, denn der Messias - der Nachkomme Josefs –, dem es leuchten wird, wird im Kampf fallen. Das wußte Josef, ebenso wie er wissen mußte, daß das von seinem Geschlecht ausgehende Königreich, das Königreich von Schilo, zerstört würde. Und dennoch verzweifelte er nicht.

Josef wußte schon aufgrund seiner Stellung, daß es eine schwere und undankbare Aufgabe ist, der erste jüdische Prinz in der Geschichte zu sein und die ersten außerhalb ihres Landes befindlichen Juden zu befreien. Judas Nachkomme wird die Krone der jüdischen Herrschaft tragen und damit zum Symbol für die Verheißungen und für die Dauer werden. Trotzdem verzweifelte Josef nicht.

Er nahm seine Bestimmung auf sich und versuchte innerhalb dieser Bestimmung seinem Schicksal einen Sinn zu geben. Im flüchtigen Augenblick lebte er seine Ewigkeit und zeigte, daß es zum Sklaven gehört, Prinz sein zu wollen, zum Träumer, seine Vergangenheit mit der Zukunft zu verbinden, und zum Sieger, sich für die höchste Leidenschaft, für die Liebe, zu öffnen.

Eine schöne und reiche Geschichte, die uns zweierlei lehrt: daß das erste Exil durch den eifersüchtigen Streit von Menschen, die Brüder waren, entstand, und daß das Exil nur dann ein Ende hat, wenn man träumt und die Hoffnung nicht aufgibt, und wenn Josef Josef bleibt, ohne sich selbst zu verleugnen.

Josef wurde nicht als Gerechter geboren, weder seine Kindheit noch seine Erziehung waren die eines Gerechten. Deshalb begeistert uns sein Triumph. Was Josef erreicht hat, verdankte er nur sich selbst.

Sein Lohn? Moses selbst kümmerte sich um sein Begräbnis. Wozu ein solches Privileg? Seine Vorfahren hatten es mit Gott zu tun und erwiesen sich dessen würdig; Josef hatte es mit Menschen zu tun und zeigte sich dessen nicht weniger würdig. Es tut weniger weh, in den Händen Gottes zu leiden – oder es tut auf andere Weise weh –, als die Grausamkeit von Menschen, von Brüdern zu erleben, gerade weil sie unsere Brüder sind. Josef, der erste Jude, der in den Händen der Juden gelitten hat, hat seinen Schmerz und seine Enttäuschung bezwungen und es verstanden, sein Schicksal mit dem ihren zu verbinden.

Josef, ein Gerechter? Diesen Titel hat er verdient, das ist unbestreitbar, aber im biblischen Text beschreibt ihn ein anderes Adjektiv ebenso gut: Er war schön. Sein einziger Fehler: Er hätte seine Träume nicht erzählen dürfen.

Josef hatte Sinn für wirkungsvolle Auftritte. Um seine Brüder in Verwirrung zu stürzen, gab er ihnen bekannt, daß Josef am Leben sei und sich in seinen Diensten befinde. Er behandelte sie als Lügner und Heuchler, weil sie ihrem Vater erzählt hatten, daß ein wildes Tier ihren Bruder Josef zerfleischt hätte:

„Wartet nur, bis ihr ihn seht, ich werde ihn kommen lassen, und ihr werdet mit ihm zusammentreffen." Er begann zu rufen: „Josef, Josef, Sohn des Jakob, komm her, komm her, Sohn des Jakob." Und alle Brüder drehten sich schreckensbleich um und suchten Josef in allen Winkeln des Raumes. „Komm her, Josef", sagte der Herrscher noch einmal, "komm und besuche deine Brüder, die dich verkauft haben." Die Brüder schauten sich völlig verständnislos an; denn außer ihnen war niemand im Raum. „Warum sucht ihr denn vor euch und hinter mir? Ich bin Josef euer Bruder."

Panischer Schrecken befiel sie, und sie verloren das Bewußtsein. Aber Gott vollbrachte ein Wunder und ließ sie wieder zu sich kommen.

Im Midrasch wird Josef der Vorwurf gemacht, er habe von denen, die ihm von seinem Vater erzählten, zehnmal den Ausdruck „dein Diener" wiederholen lassen. Man findet ihn im biblischen Text aber nur fünfmal erwähnt.

Eine Erklärung dafür: Die Unterhaltung zwischen Josef und seinen Brüdern vollzog sich unter Teilnahme eines Dolmetschers, der ins Hebräische und Ägyptische übersetzte, und Josef verstand natürlich beide Sprachen.

Als Gott Jakob zum letzten Mal erschien, zerstreute er dessen Befürchtungen mit den Worten: „Ich werde mit dir in Ägypten sein ...". Unsere Weisen sehen darin die Verheißung, daß die Schechina – die göttliche Gegenwart – Israel überallhin folgt, sogar ins Exil, daher auch die Gewißheit, daß Israel niemals allein ist, auch nicht im Exil, und daß die Rettung Israels auch die Rettung Gottes bedeuten wird.

Ein Wort des Sohar: Als Israel im Exil war, war seine Sprache es auch.

Bei der Rückkehr von den Begräbnisfeierlichkeiten für seinen Vater machte Josef einen Umweg und hielt an dem Ort, wo er einst den tiefsten Abgrund erlebt hatte. Lange verweilte er am Rande des Brunnens und blickte in die schwarze Tiefe. Die Brüder dachten, das tue er nur, um sie an ihre Missetat zu erinnern, aber in Wahrheit geschah es, um vor dem eigenen Blick die Vergangenheit aufsteigen zu lassen und damit Gott seinen Dank besser auszudrücken; denn der Weg, den er zurückgelegt hatte, erfüllte ihn mit Dankbarkeit.

Die Brüder sagten zu Josef: „Dein Vater hat dir vor seinem Tode geboten, uns zu verzeihen." In den biblischen Texten findet sich aber keine Spur von einem solchen Verlangen Jakobs. Die Erklärung dafür: Wenn sie der Sache des Friedens dient, ist eine Lüge erlaubt.

Als die Kinder Jakobs sich in Ägypten niedergelassen hatten, waren sie dort im Anfang wohlhabend, angesehen und glücklich. Später fing man an, sie im Geheimen und dann ganz offen zu beneiden. Doch das war nicht gefährlich. Man fing an, sie zu fürchten und zu hassen. Man hielt sie für zu reich, fand, daß sie zu zahlreich wurden, daß sie überhand nahmen und lästig wurden. Doch auch das war immer noch nicht gefährlich.

Dann kam eine Zeit, da die Ägypter in einen blutigen Krieg mit ihren Nachbarn gestürzt wurden und ihre Rettung dem Eingreifen der Kinder Israels verdankten. Da erst wurde die Gefahr, die den Kindern Israels drohte, zu einer wirklichen Gefahr, denn das konnten die Ägypter ihnen nicht verzeihen.

Solange jedoch noch ein Kind Jakobs am Leben war, wagte keiner, sich an den jüdischen Stämmen zu vergreifen. Beim Tode Levis, seines letzten noch lebenden Sohnes, änderten die Dinge sich plötzlich. Es kam zu ersten antijüdischen Maßnahmen: zu Fronarbeiten und öffentlichen Demütigungen. Schlimmere folgten: Die Gesetze untersagten den Männern, zu Hause zu schlafen und hinderten sie, sich liebend mit ihren Frauen zu vereinigen.

Moses:
Porträt eines Führers

Eine Legende erzählt: Als Moses zum Himmel hinaufstieg, um das Gesetz in Empfang zu nehmen, fand er Gott damit beschäftigt, es mit mancherlei Symbolen und Verzierungen zu versehen. Eingedenk seiner Rolle als Sprecher seines Volkes fragte er furchtsam:

„Warum die Thora nicht so geben, wie sie ist? Ist sie nicht schon bedeutungsschwer und dunkel genug, warum sie noch schwieriger machen?"

„Ich muß es", erwiderte Gott. „Am Ende einer langen Geschlechterreihe wird es einen Mann geben namens Akiba, Sohn des Joseph, der alle nur möglichen Interpretationen in jedem Wort, jeder Silbe und jedem Buchstaben der Thora suchen und entdecken wird. Und damit er sie findet, muß ich sie dort einfügen."

Moses war tief beeindruckt und sagte: „Zeige ihn mir. Ich möchte ihn kennenlernen."

Da sagte Gott, der seinem treuen Diener nichts – oder fast nichts – abschlagen konnte: „Dreh dich um und schreite rückwärts."

Moses gehorchte. Er drehte sich um, schritt rückwärts und fand sich plötzlich in die Zukunft versetzt. Er saß in einer Talmudschule in der letzten Reihe zwischen den Anfängern und hörte, wie ein Meister eine Vorlesung über des Moses Lehre und Werk hielt. Was er da hörte, war schön und sicher tiefschürfend, aber … etwas zu tief für Moses, der nichts davon begriff, kein Wort und keinen Gedankengang. Da überfiel Moses eine nie gekannte Traurigkeit. Er fühlte sich klein und überflüssig, bis auf einmal ein Schüler dem Rabbi eine Frage stellte:

„Wo aber ist der Beweis, daß die Dinge so sind, wie ihr sie seht, daß euer Standpunkt der richtige und einzig wahre ist?"

Und der Meister Rabbi Akiba antwortete darauf:

„Ich halte mich an meine Meister, die sich an ihre Meister gehalten haben, und die wiederum beriefen sich auf Moses. Das, was ich euch sage, hat Moses auf dem Sinai vernommen." Das amüsierte Moses, und der erste jüdische Autor fühlte sich geschmeichelt und seine Stimmung hob sich. Aber etwas machte ihm immer noch zu schaffen. Er wandte sich von neuem an Gott:

„Das begreife ich nicht", sagte er, „da verfügst du über einen Weisen und Lehrer wie ihn und brauchst mich noch? Wozu? Soll er doch dein Bote sein, der das Gesetz Israels dem Volke Israel überbringt."

Aber Gott unterbrach ihn:

„Moses, Sohn des Amram, schweig! Ich sehe die Dinge eben so!" Ob ihn diese neue Antwort befriedigte oder nicht, gesagt war gesagt, und Moses fragte nicht weiter. Aber nach einer gewissen Zeit konnte er eine Anwandlung von Neugier doch nicht unterdrücken:

„Sag mir, was wird später mit ihm geschehen?"

Noch einmal ließ Gott ihn rückwärts schreiten, um ihm die Zukunft zu entschleiern. Und Moses sah Akiba in seiner Todesstunde. Er sah, wie er von römischen Soldaten gefoltert wurde und sein Martyrium erlitt. Und zum drittenmal rief er erschrocken und ganz erschüttert aus:

„Das begreife ich nicht, Herr. Ist das Gerechtigkeit? Ist das der Lohn für das Studium deines Gesetzes? Verdienen die, die es leben, einen solchen Tod?" Und wieder antwortete Gott ihm ungerührt:

„Schweig, Sohn des Amram. Das ist mein Wille. Ich sehe die Dinge eben so." Und Moses schwieg respektvoll, wie es Jahrhunderte später Rabbi Akiba an dem Tage tat, als er gleichzeitig Tod und Ewigkeit vor Augen hatte.

Eine andere Legende erzählt: Als Moses erfuhr, daß seine letzte Stunde gekommen sei, weigerte er sich, sie anzunehmen. Wenn er auch alt und müde geworden war von der Last, ein unzufriedenes und unbeständiges Volk, das ihm unaufhörlich Sorgen bereitete, durch die erbarmungslose Wüste zu führen, so hing er noch am Leben.

In Sack und Asche schrieb er 1500 Bibelverse, zog einen Kreis um sich und erklärte: „Ich werde nicht von dieser Stelle weichen, bis der Beschluß widerrufen ist." Seine Worte ließen das Universum noch einmal bis in seine Grundfesten erzittern. Himmel und Erde fragten sich bestürzt: „Was bedeutet das? Sollte Gott sich entschlossen haben, seiner Schöpfung ein Ende zu setzen?"

Da kamen dem Moses die fünf Bücher des Gesetzes, die seinen Namen tragen, zu Hilfe. Sie flehten Gott an, sein Leben zu verlängern. Ohne Erfolg.

Auch das Feuer flehte vergeblich wie sie. Und die geheiligten Buchstaben, die den Namen Gottes bilden, stießen auf die gleiche abschlägige Antwort. So wurde sogar der Name Gottes von Gott zurückgewiesen und bat umsonst für Moses. Alsdann wurde die Welt Zeuge eines unerhörten Frage- und Antwortspiels zwischen Moses und Gott, bei dem der Schöpfer sich bemühte, seinen treuen Diener davon zu überzeugen, daß er sich seinen unerbittlichen Gesetzen zu unterwerfen habe. „Du mußt sterben, Moses. Du mußt es, damit das Volk kein Idol aus dir mache."

„Hast du kein Vertrauen zu mir?" erwiderte Moses. „Habe ich dir dafür keine Beweise gegeben? Habe ich nicht das goldene Kalb zerstört?"

Gott hätte entgegnen können, daß er dem Moses wie keinem anderen Menschen Vertrauen schenkte, doch er zog es vor, an den gesunden Menschenverstand seines Propheten zu appellieren: „Moses, wer bist du?"

„Der Sohn Amrams," sagte Moses.

„Wer war Amram?"

„Der Sohn Jizhars", sagte Moses.

„Wer war Jizhar?"

„Der Sohn Kehats", sagte Moses.

„Und Kehat, wer war er?"

„Der Sohn Levis", sagte Moses.

„Und Levi?"

„Sohn Jakobs, Sohn Isaaks, Sohn Abrahams" — er setzte die Reihe fort bis hinunter zum ersten Menschen, bis zu Adam.

„Adam", sagte Gott. „Wo ist Adam?"

„Tot", erwiderte Moses. „Adam ist tot."

„Und Abraham? Und Isaak? Und Jakob?"

„Tot", sagte Moses. „Sie sind alle tot. Wie die anderen auch. Tot."

„Richtig", sagte Gott. „Deine Vorfahren sind tot. Und du, du allein solltest ewig leben?"

Aber Moses, der sich an seine Rednergabe erinnerte, wußte sich zu verteidigen.

„Adam?" sagte er. „Adam hat gestohlen, ich nicht."

„Aber Abraham?"

„Abraham hatte zwei Söhne, von denen der eine nicht zu deinem Volke gehörte. Dasselbe gilt auch für Isaak. Aber nicht für mich. Meine Söhne sind beide Kinder Israels."

Gott schien langsam die Geduld zu verlieren.

„Moses", sagte er schroff, „du hast einen Ägypter getötet. Auf wessen Befehl? Nicht auf meinen!"

Darauf wußte Moses zu antworten: „Ich habe nur einen einzigen Ägypter getötet – aber du? Du hast ihrer viele getötet. Du hast alle Erstgeborenen getötet. Und mich willst du strafen?"

Moses war jedoch klug genug, um zu begreifen, daß dieses Argument, so richtig es sein mochte, nichts an der Situation änderte. Der göttliche Wille spiegelt göttliche und nicht menschliche Logik wider. In seiner Verzweiflung rief er jetzt die ganze Schöpfung zur Hilfe.

„Himmel und Erde, bittet für mich!"

„Wir können es nicht."

„Sonne und Mond, bittet für mich!"

„Das steht nicht in unserer Macht."

„Gestirne und Planeten, bittet für mich! Berge und Ströme, bittet für mich!"

„Nein, nein", antworteten alle. „Wir müßten für uns selber beten, aber dazu sind wir nicht imstande." Da wandte sich Moses an das Meer: „Du, lege du ein Wort zu meinen Gunsten ein."

Und das grausame, nachtragende Meer erinnerte ihn an ihre erste Begegnung, die viele Jahre zurücklag, als er ein kaum befreites Volk einem unerhörten Abenteuer entgegenführte:

„Sohn des Amram", sagte das Meer, in einem Ton, in dem sich Rachedurst und Schadenfreude mischten, „was kommt denn dir in den Sinn? Mich brauchst du, du, der mich gestern noch mit seinem Stab schlug und mich zurückströmen ließ, damit ich deinem Volk den Durchzug gestatte?"

Moses sah das ganze Ausmaß seiner Not. Ohnmächtig und verlassen murmelte er:

„Einst war ich König und erteilte Befehle; heute liege

ich flehend auf den Knien und die Welt rings um mich her rührt sich nicht."

Darauf gab ihm, in einem Anflug von Großherzigkeit, der berühmte Engel des himmlischen Antlitzes, Matatron, den freundschaftlichen Rat, sich nicht länger der Entscheidung Gottes zu widersetzen.

„Ich stand beiseite und habe genau gehört, daß die Entscheidung unwiderruflich und endgültig besiegelt ist."

Moses hätte dem Rat folgen und mit Anstand und Würde abtreten sollen. Aber er tat nichts dergleichen. Er weigerte sich zu sterben und flehte und bettelte unaufhörlich und unter Tränen um einen einzigen Tag, um eine einzige Stunde Aufschub. So stellt man sich einen gewöhnlichen, kindisch gewordenen Sterblichen vor, aber nicht den Propheten der Propheten, dessen Vision die Menschen geprägt hatte, den Meister aller Meister, der den Atem Gottes auf seinem nackten Antlitz gespürt hatte! Seine Verzweiflung ging soweit, daß er sich bereiterklärte auf sein Menschsein zu verzichten, um dafür einige Lebenstage zu gewinnen.

„Herr des Universums", stöhnte er auf, „laß mich wenigstens noch als Tier leben, das sich von Gras ernährt, das vom Wasser des Quells trinkt und es zufrieden ist, die Tage zu betrachten, wie sie kommen, aufblühen, und vergehen."

Gott antwortete: „Nein. Der Mensch ist kein Tier. Er kann nur als Mensch leben."

„Dann gestatte mir, als Vogel hierzubleiben, als Freund der Winde, der jeden Abend mit dem Gefühl der Dankbarkeit für die gelebten Stunden in sein Nest zurückkehrt."

Gott erwiderte: „Nein. Der Mensch muß leben und sterben als Mensch und wie alle Menschen."

Und Gott sagte dann etwas sehr Treffendes:

„Du mußt sterben, Moses. Du hast schon zu viele Worte gemacht."

Moses gab immer noch nicht auf. Er kämpfte verbissen bis zum Schluß, bis zu dem Augenblick, da er plötzlich selbst den Tod herbeirief, wie wir später sehen werden.

Diese heftige Leidenschaft für das Leben muß den Leser befremden.

Wie konnte der, der so pflichtbewußt und treu war, sich dem göttlichen Willen widersetzen? Oder ihn in Frage stellen? Ist es denn nicht eine besondere Auszeichnung, für Gott und zu seiner Ehre zu sterben?

Weshalb war er so ängstlich darauf bedacht, weiterzuleben. Er war schließlich nicht mehr jung. Er hatte ein Alter von 120 Jahren erreicht. Und sein Leben, war es denn so glücklich gewesen? Gott und die Menschen hatten ihn auf die Probe gestellt, ihn in Sorgen und Drangsale gestürzt, niemand hatte ihm je Dankbarkeit oder gar Freundschaft erwiesen. Er hatte so sehr an seinem Volk gelitten, daß er schließlich an sich selbst und an seiner Mission zu zweifeln begann. Er war nie verstanden und oft verleugnet worden, und große Freuden hatte er in seinem Leben nicht erfahren. Warum hing er so stark daran, statt ruhig und still in den unendlichen Frieden einzugehen?

Und wenn er schon so sehr am Leben hing, warum zeigte er es dann? Warum legte er vor aller Öffentlichkeit seinen Hunger nach Leben bloß? Ist eine solche Haltung des Gründers und Führers einer Nation würdig? Die meisten großen Menschen haben bekanntlich die Neigung, ihre Leiden zu verbergen und ihre Ängste zu unterdrücken. Sie haben den Ehrgeiz, den Tod mit Würde oder wenigstens mit Gleichgültigkeit zu empfangen. Wie ist es zu erklären, daß der außergewöhnlichste unter den Großen der Menschheit sich der Legende seines Volkes zufolge in diesem Punkte von den anderen unterschied? Sollte er Rabbi Akiba, den von Gott Auserwählten, vergessen haben, der das Martyrium ohne Klage, ja sogar mit Frohlocken auf sich nahm?

Moses war der einsamste und mächtigste Held der biblischen Geschichte. Wegen der ungeheuren Größe seiner Aufgabe und der Fülle seiner Erfahrung gebührt ihm Bewunderung und heilige Ehrfurcht. Moses war der Mann, der als einzelner den Lauf der Geschichte veränderte. Sein Erscheinen markiert eine Trennungslinie, eine entscheidende Wende; denn nach ihm war nichts mehr, wie es vorher war.

So ist es nicht erstaunlich, daß er in der jüdischen Tradition eine Sonderstellung einnimmt. Seine Leidenschaft für soziale Gerechtigkeit, sein Kampf für die nationale Befreiung, seine Triumphe und seine Enttäuschungen, seine dichterischen Aufschwünge, seine strategische Begabung und sein organisatorisches Genie, seine komplexen Beziehungen zu Gott und zu seinem Volke, seine Forderungen und seine Versprechungen, seine Verdammungen und seine Segnungen, sein Zorn, sein Schweigen, seine Bemühung, das Gesetz und das Erbarmen miteinander in Einklang zu bringen, Autorität mit Würde zu vereinen – kein menschliches Wesen hat irgendwo und irgendwann so viel für so viele Menschen auf so vielen Gebieten vollbracht. Sein Einfluß ist zeitlos. Er überdauert die Zeiten. Das Gesetz trägt seinen Namen, der Talmud ist nur der Kommentar dazu, und die Kabbala ist ihm nur im Schweigen verbunden.

Mosche Rabbenu, unser Meister Moses, ist unvergleichlich und unerreicht. Er ist der Einzige, der Gott von Angesicht zu Angesicht schaute, ist Führer und höchster Gesetzgeber. Die Talmudformel „So lautet das Gesetz, das Moses auf dem Sinai empfing" beendet unausweichlich jede Debatte. Als Quelle aller Antworten ist sie auch die Wurzel aller Fragen. Alle Fragen, die ein Schüler je seinem Meister stellen wird, so der Midrasch, hat Moses bereits auf dem Sinai vernommen.

Gleichwohl erscheint sein Bild, wie es die Tradition entworfen hat, bis ins Letzte ausgewogen. Es zeigt uns seine Qualitäten und seine Fehler. Im Gegensatz zu den Religionsstiftern oder großen Führergestalten in anderen Überlieferungen wird Moses uns als Mensch vor Augen geführt, in seiner Größe und in seinen Schwächen. Während andere Religionen danach trachten, ihre Stifter in Halbgötter zu verwandeln, legt das Judentum größten Wert darauf, seinen Stifter menschlich zu machen.

Manchmal hat man sogar den Eindruck, als versuche der Midrasch uns zu überzeugen, daß unsere größte Führergestalt keineswegs alle Eigenschaften besaß, die zur Erfüllung ihrer Aufgabe erforderlich waren, und verschweigt uns nichts von seinen Fehlern und Launen. Mit Menschen und Engeln vertrug er sich schlecht; er heiratete die Tochter eines heidnischen Priesters, er lebte fern von seinem Volke und ging einmal sogar so weit, daß er seinen Ursprung verleugnete. Und außerdem war er noch ein schlechter Redner. Wie konnte er hoffen, seine Zuhörer zu fesseln?

Und trotzdem. Wäre er nicht gewesen, Israel wäre ein kleines Sklavenvolk geblieben, das in der Finsternis seiner Ängste sich nicht ans Licht wagte.

Am Beginn seines Lebens stehen Tränen, seine eigenen Tränen. Batya, die Tochter des Pharao, sieht einen Korb auf dem Nil treiben und entdeckt darin einen weinenden jüdischen Säugling – daß er jüdisch ist, erkennt sie daran, daß er nicht wie ein Säugling, sondern wie ein Erwachsener weint, wie ein ganzes Heer von Erwachsenen. „Sein ganzes Volk weinte in ihm", sagt ein Kommentator.

Der Legende nach war dem Moses gar nicht zum Weinen zumute. Im Gegenteil, er gab sich Mühe, seine Tränen zurückzuhalten und ganz still und ruhig in seinem Korb zu bleiben, der mitten in der Strömung schwamm. Aber der Erzengel Gabriel gab ihm einen kräftigen Klaps, damit er weinte und auf diese Weise Batyas Mitleid erregte. Das erklärt vielleicht auch die gespannten Beziehungen, die in der Folgezeit zwischen Moses und den Engeln bestanden. Als Moses in den königlichen Palast gebracht wurde, hörte er auf zu weinen und begann, das Herz des Königs und der Höflinge zu erobern. Er wurde das verwöhnteste Kind, das man sich denken kann und das frühreifste dazu: Im Alter von drei Jahren verriet sich bereits eine Begabung als Wunderheiler und Prophet. Und da er von großer Schönheit war, wurde er von jedermann leidenschaftlich geliebt. Batya, als gute Adoptivmutter, wurde nicht müde, ihn zu liebkosen und zu verhätscheln. Natürlich genoß er die beste Erziehung, studierte bei Meistern, die von weither kamen, und setzte sie durch seinen Fleiß und seine Intelligenz in Erstaunen. Nach kürzester Zeit beherrschte er mehrere Sprachen und die exakten Wissenschaften. Sogar der Pharao konnte nicht anders, als ihm seine herzliche Zuneigung zu schenken. Er nahm ihn oft auf seinen Schoß und spielte mit ihm. Dieser vertraute Umgang barg Gefahren in sich. Eines Tages, als das Kind die Königskrone ergriffen und sich auf den Kopf gesetzt hatte, waren die Ratgeber sofort mit Majestätsbeleidigung bei der Hand, und die Priester sahen darin ein unheilvolles Vorzeichen. Alle forderten den Tod des Kindes, bevor es zu spät sei. Glücklicherweise schlug ein als Höfling verkleideter Engel eine bessere Lösung vor. Man solle zwei Teller vor Moses hinstellen, den einen mit Gold und Edelsteinen gefüllt, den anderen mit glühenden Kohlen. Wenn das Kind nach dem Golde greifen sollte, so würde das bedeuten, daß es höchstverdächtige Wünsche in seiner Brust nähre und getötet werden müsse. Aber wenn es die glühenden Kohlen berührte, dann sei das nur der Anziehungskraft zuzuschreiben, die glitzernde Gegenstände auf Kinder haben. Man stellte also die beiden Teller vor Moses hin, und als er schon die Hand nach dem Gold und den Edelsteinen ausstrecken wollte, schlug ihm der Engel Gabriel auf die Finger, so daß er nach einer glühenden Kohle griff und sie sich in den Mund steckte. Solchermaßen rettete Moses sein Leben und verbrannte sich die Zunge. Daher auch sein Stottern.

Von nun an wurde er klüger und vorsichtiger. Ob manche Ratgeber und Priester ihn auch weiterhin verdächtigten, mit subversiven Gedanken zu spielen, wird uns nicht gemeldet. Tatsächlich wird uns über seine Jugend nichts berichtet. Hatte er Kontakt mit seinen Sklaven-Brüdern? Ahnte er etwas von seiner Herkunft? Darüber wird weder in der Bibel noch im Midrasch etwas erwähnt. Es wird lediglich ganz unvermittelt gesagt, daß Moses eines schönen Tages erwachsen war und zu seinen Brüdern ging (im Kommentar des Rabbi de Guer heißt es: Darin besteht die Größe des Moses, daß er zu seinen Brüdern ging). Wie alt war er damals? Einer Quelle zufolge war er 20, nach einer anderen 40 Jahre alt. Wichtig ist, daß er als Prinz, als Königssohn, bei seinen Brüdern auftauchte, ausgestattet mit allen Rechten und Vorrechten, die mit seinem Stand verbunden waren. Von der Welt des Elends und des Leids trennte ihn eine Kluft. Aber Hunger und Qual der Sklaven ließen ihn dennoch nicht kalt. Er war davon tief betroffen, so daß er den Entschluß faßte, etwas dagegen zu unternehmen.

Der Midrasch erzählt: An diesem Tage sah Moses, wie kräftige Männer leichte und schwache Männer schwere Lasten schleppten, wie Greise die Arbeit von Kindern verrichteten und Kinder die Aufgaben von Greisen übernahmen, wie Männer zu Frauenarbeiten eingeteilt wurden, und Frauen unter männlicher Fronarbeit stöhnten. Moses war über diese Ungerechtigkeit so empört, daß er dagegen Einspruch erhob. Jeder sollte fortan nach seinen Fähigkeiten und Kräften arbeiten und niemand sich quälen und für einen anderen zu Tode kommen. Nichts ist für ein Opfer schlimmer, als ungerecht oder unnütz zu leiden.

Aber Moses ließ es damit nicht bewenden. Nachdem er ein Gefühl der Zugehörigkeit bei sich entdeckt hatte, unternahm er, hellhörig geworden, neue und immer gewagtere Taten zugunsten der Unterdrückten. Er erwirkte für sie das Recht, sich am Sabbat auszuruhen. Er kümmerte sich um ihre Gruppenangelegenheiten und erklärte sich zum Schützer und Wahrer ihrer Interessen. Als er eines Tages sah, wie ein ägyptischer Aufseher einen Sklaven quälte, stürzte er sich auf ihn und tötete ihn. Von nun an verbrachte er seine ganze Zeit fern vom Palast des Königs und lernte die Sitten und Gebräuche dieser Männer und Frauen kennen, gegen die das Machtsystem des Reiches gerichtet war. Er wollte verstehen lernen und helfen, sie verstehen, um besser helfen zu können. Er suchte nach einer Erklärung für die Grausamkeit der Unterdrücker und bestimmter Sklaven, die als Bewacher aus den eigenen Reihen ausgewählt worden waren. Warum übernahmen sie, die doch selber Opfer waren, anstatt sich gegenseitig zu helfen, die Methoden ihrer Feinde? Eines Tages bemerkte er einen Juden, der sich mit einem anderen stritt und ihn schlagen wollte. Er trat dazwischen und packte sich den Schuldigen. „Rascha, du Bösewicht, warum schlägst du deinen Bruder?" Was ging ihn das eigentlich an? Warum war er, der ägyptische Prinz, von dem Schauspiel, das ihm zwei streitlustige jüdische Sklaven boten, so betroffen? Schon fühlte sich der Jude in ihm angesprochen, und die Sache fing an ruchbar zu werden. Die beiden Juden wußten Bescheid. Der Mann, den er zur Rede gestellt hatte, antwortete ihm frech: „Ich brauche mich von dir nicht belehren zu lassen! Hast du die Absicht uns zu töten, sogar uns?" Er kannte also das Geheimnis des Moses und wußte, daß der ägyptische Prinz getötet hatte, um einem Juden zur Hilfe zu kommen, und daß er selbst Jude war. Sonst hätte ein einfacher Sklave niemals die Stirn gehabt, so mit einem Prinzen zu reden, der der Liebling des Pharao war. Moses wurde entdeckt und verraten und mußte fliehen. Nach dem Midrasch ließ sich ein Engel, der ihm wie ein Bruder glich, statt seiner ergreifen, und während dieser dem Henker trotzte, floh der echte Moses aus dem Land. Ein anderer Text weiß von einem anderen Wunder zu berichten. Alle Männer bei Hofe wurden mit Blindheit, Taubheit oder Stummheit geschlagen: Wer ihn fliehen sah, konnte es nicht sagen, und wer ihn fliehen hörte, auch nicht. Es gibt noch eine dritte Version: Moses wurde von den Wachen des Pharao ergriffen und zum Tode durch Enthaupten verurteilt, aber sein Nacken widerstand auf wunderbare Weise dem Beil des Henkers.

Fest steht, daß dieses Ereignis für Moses ein kritischer Wendepunkt und einer der wichtigsten Augenblicke in seinem Leben war. Es war nicht einfach für einen jungen Menschen, der das Leben eines Prinzen und den Umgang mit den Großen dieser Erde gewohnt war, sich von einem Tag zum andern in einen unbewaffneten Flüchtling zu verwandeln; es war nicht leicht für ihn, mit seinen Freunden und seinen Gewohnheiten zu brechen und das Leben eines Verbannten auf sich zu nehmen.

Von diesem Zeitpunkt an, als Moses sich seinen neuen Lebensbedingungen unterwarf, wurde er in mehr als einer Hinsicht ein Fremder. Ein Fremder war er für das ägyptische und für das jüdische Volk und fremd war er sich selber.

Nach mancherlei Schicksalsschlägen gelangte der Flüchtling in das Land Midjan, wo er sich niederließ, einen Lagerplatz fand und seinen Lebensunterhalt als Hirte verdiente. Er heiratete die Tochter des Priesters Jetro; sie hatten zwei Söhne – Elieser und Gerschom – und führten ein ruhiges Leben ohne Probleme und fern von Konflikten und Gefahren. Ob er sich wohl von Zeit zu Zeit seiner Eltern erinnerte, seiner unglücklichen Brüder? Offenbar nicht. Wenigstens findet sich in der Legende nichts, das darauf hinweist. Ihr Schicksal ging ihn nichts mehr an. Eine endlose Wüste lag zwischen ihnen; er war glücklich. Er kümmerte sich um seine Familie, um seine Herde, und das war genug, um die Zeit auszufüllen und sein Leben als Mann zu rechtfertigen. Seltsam, vierzig Jahre lebte Moses in dem neuen Land, das ihm zur zweiten Heimat wurde, ohne sich je Sorgen um das Schicksal der Seinen zu machen. Das grenzt ans Unwahrscheinliche. Was war eigentlich in ihm vorgegangen? Wie ist diese plötzliche Gleichgültigkeit zu erklären? Er hatte

Reichtum, Freiheit und Leben aufs Spiel gesetzt, um einem einzigen Menschen zu helfen, warum unternahm er nichts, um wenigstens zu erfahren, ob drüben ein ganzes Volk, sein Volk, noch immer litt oder ob es etwas bessere Tage sah? Das läßt sich weder mit dem Temperament des Moses noch mit der Logik der Ereignisse vereinbaren. Hatte er sich – um den Preis eines echten Opfers – für das Judentum entschieden, um es dann fallen zu lassen? Das ist völlig unverständlich.

Vielleicht sagte sich Moses von seinen Juden los, weil sie ihn enttäuscht hatten, und zwar in mehrfacher Hinsicht. Sie waren nicht in der Lage, Widerstand zu leisten, lehnten einen Aufstand ab und hatten sich an ihre Leiden, die sie geduldig ertrugen, zu sehr gewöhnt (das hebräische Wort *lissbol* bezeichnet zugleich leiden und ertragen). Vielleicht grollte er ihnen, weil sie ihre innere Zwietracht nicht überwunden und angesichts des Feindes ihre Kräfte nicht gesammelt hatten; sie waren zu engstirnig, zu eifersüchtig, zu selbstsüchtig. Und nicht zuletzt hatten sie ihn, ihren Wohltäter, verraten; denn es war Verrat gewesen, davon war er überzeugt. Verrat, von wem denn? Nun, schauen wir uns die Sache einmal näher an: Als er den ägyptischen Folterknecht tötete, waren anwesend: Er selbst, der Ägypter, der gerettete Jude – sonst niemand. Der Denunziant war also der Jude, eben der, den Moses gerettet hatte.

Diese Erfahrung war niederschmetternd für Moses und hatte ihn völlig aus dem Gleichgewicht gebracht. War es zu fassen, daß die Juden im Grunde der Freiheit, die auf sie wartete, nicht würdig waren? Waren sie in ihrer Unterwürfigkeit so tief gesunken, daß sie sich nie wieder erheben konnten. War das der Anlaß für seine Flucht aus dem Land? Waren die Juden und nicht der

Pharao der Grund dafür? Den Pharao hätte er besänftigen können, schließlich hatte er doch nur einen namenlosen ägyptischen Aufseher getötet, das war kein so schweres Verbrechen im alten Ägypten und wäre ihm leicht verziehen worden. Die Furcht vor dem Pharao war nichts im Vergleich zu der Enttäuschung, die ihm die Juden bereitet hatten!

Bleiben wir bei dieser Hypothese, dann werden wir auch verstehen, weshalb Moses bei seiner Ankunft im Lande Midjan seine Identität nicht preisgab. Man hielt ihn dort für einen Ägypter, und er tat nichts, um diesen Irrtum aufzuklären. Als heimlicher Jude war er darauf bedacht, nicht aufzufallen, und wollte lieber für einen Ägypter gehalten werden als für eines ihrer Opfer. Ja, er ging sogar so weit, einen seiner Söhne nicht zu beschneiden. In diesem Abschnitt seines Lebens fühlte Moses sich sehr fern von seinem Volke und vielleicht mit vollem Recht; denn nichts ist schmerzlicher als mitansehen zu müssen, wie sich die Opfer die Sitten und Gesetze ihrer Henker zu eigen machen. Wenn die Juden sich wie Ägypter benahmen, warum sollte Moses sich mit ihrem Schicksal solidarisch erklären. Er hätte sie viel lieber vergessen.

Das mag auch der Grund dafür gewesen sein, weshalb er es anfangs ablehnte, Gott als Botschafter zu dienen. Sieben Tage lang versuchte Gott ihn dafür zu gewinnen, aber er weigerte sich und führte alle möglichen Argumente ins Feld: Warum ich? Warum kein Engel? Oder mein ältester Bruder Aaron? Ich habe eine schlechte Ausdrucksweise, außerdem bin ich Familienvater; mein Schwiegervater wird dagegen sein; und schließlich werden mir die Juden tausend Fragen stellen; was kann ich ihnen und was dem Pharao antworten? Er hatte einfach keine Lust, zu seinen Brüdern zurückzukehren, er wollte eine Wunde, die noch nicht vernarbt war, nicht wieder aufreißen.

Am Ende gab er doch nach. Gott gewinnt immer. Gott wird das letzte Wort haben, genau so, wie er das erste Wort ausgesprochen hat.

Wir müssen auch den äußeren Rahmen in Betracht ziehen: Der brennende Dornbusch inmitten der endlosen Wüste; die Einsamkeit die ihn überkam, die Angst die ihn befiel, die ferne und zugleich nahe Stimme, drängend, hartnäckig und versengend wie ein Brand. Konnte der Mensch Moses dieser Stimme auf Dauer widerstehen? Also versammelte Moses seine Familie, nahm Abschied von seinem Schwiegervater und machte sich ohne große Begeisterung auf den Weg. Das läßt sich schon daraus ersehen, daß er noch am gleichen Abend in einer Herberge Rast machte. Ein verständlicher Entschluß. Warum sollte er sich beeilen? Warum sich nicht zur Nacht ausruhen, das Wiedersehen mit seinen Brüdern hinauszögern, von denen er nicht einmal wußte, ob er sie antreffen würde. Und was würde geschehen, wenn er zufällig an seinen Verräter geriet? Als ein Todesengel ihn angriff, leistete er keinen Widerstand. Seine Frau Zippora war es, die ihn rettete. Er wäre lieber gestorben, als seinen Weg fortzusetzen und das Opfer neuer Enttäuschungen zu werden. Die schnelle Handbewegung Zipporas, die gerade ihren Sohn beschnitt, sollte Gott und Moses an den Bund mit Abraham gemahnen. Moses konnte gerade jetzt noch nicht sterben. Denn Israel brauchte ihn; Gott auch – und Israel konnte und durfte nicht sterben.

Das weitere steht im Buch Exodus, wo sich die Ereignisse überstürzen. Als Moses die Einsamkeit der Wüste verließ, geriet er in den Strudel der Geschichte. In Ägypten erlebt er – und wir mit ihm – den Zusammenbruch eines Reiches. Alles befindet sich in Auflösung, immer schneller dreht sich das Rad der Geschichte. Die Hauptakteure des Dramas werden von ihren Leidenschaften und von unbekannten Strömungen fortgerissen. Die Sprache überschlägt sich schier und gerät in eine Bewegung, die den Text vorwärtstreibt und zu einem aus tausend Einzelheiten zusammengesetzen Epos voller Leuchtkraft macht. Was gesagt wird, hat Dichte und Genauigkeit. Die Stimmung des Volkes, die Angst der Sklaven, der eitle Hochmut der Herrschenden, der Aufruf zur Empörung, das Echo, das er in den Zentren der Macht und bei den Unterdrückten auslöst. Ja oder nein. Die ersten Zweifel auf beiden Seiten, die ersten Frontstellungen: Nein oder ja. Den Kampf aufnehmen oder sich unterwerfen? Zögern und Zaudern in den Hütten der Armen und in den fluchbeladenen Palästen. Was ist zu tun? Was soll man sagen? Wem soll man folgen? Wie soll man das Zeichen des Heils, den Sinn der Geschichte erkennen?

Anfangs waren Moses und sein Bruder Aaron allein, ohne Verbündete und ohne Gefährten. Moses erkennt, daß seine Skepsis begründet war. Die Sklaven wollen Sklaven bleiben. Hören wir was der Midrasch sagt: „Nach ihrer Ankunft in Ägypten wurden Moses und Aaron von den Ältesten der Stämme Israels empfangen, die sich sofort bereiterklärten, ihnen bedingungslos zu folgen. Aber als sie sich dem königlichen Palast näherten, änderten die Ältesten ihre Meinung. Nach und nach löste die ganze Gruppe sich auf und verschwand. Die beiden Brüder waren schließlich die einzigen, die in den Palast des Pharao eindrangen." Wenn schon die Ältesten den Mut verloren, wenn schon die Anführer Angst zeigten, was war dann vom einfachen Juden zu erwarten?

Nein, diese Sklaven waren nicht bereit für den Auszug, ebensowenig wie der Pharao bereit war, ihnen den Auszug zu gestatten. Wenn der Pharao – um die Wahrheit zu sagen – ein durchtriebener Politiker gewesen wäre, hätte er einen geschickten Schachzug machen und den beiden sagen können: „Ihr wollt den Auszug aus dem Land? Aber bitte, ich kann auf alle jüdischen Sklaven verzichten. Nehmt sie doch. Eine Last weniger. Aber eine Frage: Habt ihr sie auch nach ihrer Meinung gefragt? Seid ihr denn sicher, daß sie überhaupt fortgehen wollen?" Zum Glück hinderte Gott Pharao daran, ein solches Spiel zu treiben, und ersparte Moses die Erniedrigung, daß die Sklaven sich weigerten, ihm zu folgen. Darauf weist eine andere Geschichte hin: Während Moses mit dem Pharao über die Befreiung der Juden verhandelte, bemühte sich Aaron, die Juden zur Annahme ihrer Befreiung zu überreden. Dafür wurde ihm später die Ehre des ersten Hohenpriesters zuteil.

Die Verhandlungen führten zu keinem greifbaren Ergebnis. Andere Methoden wurden ins Spiel gebracht, neue Verwünschungen ausgestoßen, neue wunde Punkte berührt. An dieser Stelle erreicht der Text eine ungeheure erzählerische Kraft. Man glaubt das Schreien und Wehklagen zu hören, die Befehle, die erteilt, aufgenommen und weitergegeben werden. Es ist die letzte Nacht und die letzte Chance. Auch nichtjüdische Sklaven und manche Ägypter schließen sich dem Aufstand an, nie wird eine solche Gelegenheit zur Flucht sich wieder bieten. Ägyptische Väter und Mütter beweinen den Tod ihrer Kinder. Die Unterführer des Moses treiben die Leute an: „Los, los, schnell, noch schneller!" Der Wettlauf mit der Zeit hat begonnen. Es ist spät, später als man denkt. Den flüchtigen Sklaven bleibt nur diese eine Nacht, die Stunde der Tag- und Nachtgleiche, um ihre Ketten zu zerreißen und aus dem Gefängnis zu entfliehen. Morgen wird der Unterdrücker seine Streitkräfte neu formieren. Morgen wird er seine Nachgiebigkeit bedauern. Morgen ist bald, morgen ist schon da. Die Leute rennen in atemloser Hast, ohne einen Blick zurückzuwerfen, sie eilen ans Meer und plötzlich bleiben sie von Panik ergriffen wie angewurzelt stehen. Das ist das Ende, das ist der Tod, der auf sie zukommt. Die Gruppenführer, von Moses angefeuert, stoßen sie vorwärts: „Nur keine Angst. Geht schon ins Wasser!" Einem Kommentator zufolge gab Moses plötzlich Befehl zum Halten: „Verschnauft einen Augenblick, denkt einen Augenblick nach und kommt erst einmal wieder zu euch. Rennt nicht wie verängstigte Flüchtlinge ins Meer, sondern geht wie freie Menschen hinein." Und alle gehorchen, bleiben auf der Stelle stehen. Moses nutzte die Gelegenheit, um ein Gebet zu Gott zu schikken, aber Gott gibt ihm zu verstehen, daß dies nicht der rechte Augenblick sei. „Sage dem Volke Israel, daß es sich beeilen soll!" Wie ein Mann stürmte das Volk voran und durchquerte das Rote Meer, das zurückwich, um ihm den Durchgang freizugeben. Ein grandioses Schauspiel, das von einer solchen Glaubenskraft zeugt, daß, wie es heißt, der niedrigste Knecht darin mehr von den Geheimnissen Gottes erblickt, als der Prophet Ezechiel sie Jahrhunderte später schauen wird. Und Moses hebt zu singen an, er der Stotterer, der niemals einen längeren Satz als „Laß mein Volk ziehen" herausbrachte, verfaßt das erhabenste und lyrischste Gedicht der heiligen Schrift.

Wie wurde der Stotterer zum Vorsänger? (Man kann heute leicht sagen, daß ein Stotterer Schwierigkeiten beim Sprechen, aber nicht beim Singen hat; doch das kann erst seit Moses stimmen). Eine chassidische Erklärung lautet, daß dem Vers das Gedicht vorausgeht „Und alle glaubten an Gott und seinen Diener Moses". Zum ersten Mal verbindet das ganze Volk seinen Glauben mit dem Glauben des Moses, zum ersten Mal ist Moses sein wahrer Sprecher. Deshalb ist er fähig zu singen; denn durch seinen Mund singt ein ganzes Volk.

Ist dies nicht die Stunde des Dankes? Die ganze Welt wird zum Gesang. Selbst die Engel heben zu singen an, aber Gott unterbricht sie durch den allermenschlichsten Verweis des Midrasch: „Was fällt euch ein? Meine Geschöpfe ertrinken in den Fluten des Meeres, und ihr singt? Sicher sind es Feinde Israels und der Freiheit, die da ertrinken, aber es handelt sich um menschliche Wesen. Wie könnt ihr die Stirn haben und singen, während menschliche Wesen sterben?" Natürlich hätten die Engel dem entgegenhalten können: „Aber die Juden läßt du gewähren. Sie unterbrichst du nicht. Du gestehst ihnen Rechte zu, die du uns verweigerst." Doch da gibt es einen Unterschied. Die Juden sind soeben der Katastrophe entronnen, nicht so die Engel. Als überlebendes Volk, als Volk von Überlebenden hat Israel das Recht und die Pflicht, Dank zu sagen.

Sieben Wochen später kommt jener große Augenblick, jenes einzigartige Ereignis im Gedächtnis der Menschheit: Gott schickt sich an, zu reden und sein Gesetz zu verkünden und seine Stimme vernehmen zu lassen. Das Volk und seine Führer verbringen drei Tage der Erwartung und Reinigung. Um würdig zu sein, das Gesetz zu empfangen, um würdig unter die Augen Gottes zu treten. Wenn man einer Geschichte aus dem Midrasch Glauben schenken will, sind nicht wenige von ihnen davon allerdings nicht sehr beeindruckt. Am Morgen jenes Tages, als das ganze Volk Israels sich am Fuße des Berges versammeln sollte, waren manche Männer und Frauen noch zu Hause in ihren Zelten und lagen schlafend im Bett. Deshalb kündigte sich Gott zuerst durch Donner und Blitz an, um diese Dummköpfe wachzurütteln, die sich dem Schlummer hingeben, während die Zeit und das Herz der Menschen sich öffnen, um den Anruf dessen zu vernehmen, der dem Ich sein Geheimnis preisgibt. Dann folgt plötzlich tiefe Stille. Und aus dieser Stille heraus ertönt eine Stimme. Gott spricht! Wovon spricht er? Von seinem geheimnisvollen Werk, von seinen auf ewig verborgenen Absichten? Nein, er spricht von den Beziehungen der Menschen untereinander, von den Pflichten, die jeder Einzelne allen anderen gegenüber hat. In diesem einzigartigen Augenblick liegt Gott mehr daran, über menschliche Beziehungen als über Theologie zu sprechen. Kein Wunder, daß seine Zuhörer sich dagegen sträubten. Warum sollte man denn in einer Gesellschaft, wo jeder auf Diebstahl aus ist, nicht stehlen? Warum sollte man in einer Welt, in der die Gewalt herrscht, nicht töten? Da nimmt Gott den Berg und hält ihn mit ausgestreckten Händen über der Menge und ruft: „Entweder nehmt ihr mein Gesetz an, oder dieser Berg wird euch lebendig zermalmen." Angesichts dieser Drohung beugt das Volk den Nacken und erklärt: „Ja, wir nehmen es an, ja, wir achten deinen Willen". Und endlich ist Gott zufrieden.

Nicht so Moses. In seiner Treuherzigkeit hätte er es lieber gesehen, wenn sein Volk das Gesetz freiwillig und ohne Zwang angenommen hätte und Gott, der versprochen hatte, über sein Geschick zu wachen, aus freien Stücken Treue geschworen hätte. Doch er hält es für besser, nichts zu sagen. Vierzig Tage später ist das Debakel da. Moses steht auf dem Gipfel des Berges mit den Gesetzestafeln in den Händen und hört einen merkwürdigen Lärm, der von unten heraufdringt. Man tanzt, ist ausgelassen und verherrlicht das goldene Kalb. In seinem Zorn ist Moses nahe daran, seinen Bruder Aaron umzubringen. Seine Enttäuschung ist grenzenlos. Vierzig Tage nach der Offenbarung am Sinai, und schon machen sie sich ein goldenes Kalb! Das Eingreifen Gottes, alle göttlichen Offenbarungen, alle seine Worte haben also keine Wirkung auf dieses starrköpfige Volk gehabt! Ein Stück von ihnen mußte wohl in Ägypten geblieben sein! Es ist nur zu verständlich, daß Moses zornentbrannt sein Amt niederlegte. Dieses Volk, für das er sich entschieden hatte, hat ihm nichts als Sorgen gebracht. Nichts ist ihm recht, nichts befriedigt es. Ständig beklagt es sich, murrt, protestiert, vermißt gar die teuer bezahlte und erbärmliche Stabilität der Vergangenheit, sogar die entwürdigenden Sicherheiten der Gefangenschaft vermißt es. Ohne Glauben an seinen Auftrag, ohne Begeisterung, an der Gestaltung der Weltgeschichte mitzuwirken. Kaum haben sie Ägypten verlassen, und schon wollen sie umkehren! „Warum hast du uns gezwungen, von dort fortzugehen? Gibt es in Ägypten nicht Gräber genug? Warum willst du uns allen unbedingt in der Wüste ein Grab schaufeln?"

Drei Tage nach dem wunderbaren Durchzug durch das Rote Meer haben sie nur den einen Gedanken, was sie trinken werden. Eine Woche später denken sie voller Sehnsucht an ihr Leben in Ägypten zurück: „Wie gut die Zwiebeln doch waren, die wir dort zu essen bekamen!" Moses verschafft ihnen kostenlos Manna, und sie sind nicht zufrieden. Einmal gerät er so in Harnisch, daß er nur noch ausrufen kann: „Oh Herr, was soll ich bloß mit diesem undankbaren Volk machen? Noch ein Zwischenfall und sie werden mich steinigen." Ein anderes Mal muß er ihnen klarmachen, daß er ihnen nichts genommen und sich nicht auf ihre Kosten bereichert hat, daß er ihnen nichts schuldet. Er muß so deutlich werden, weil sie deswegen Klage gegen ihn erheben. Der Midrasch erzählt: „Es gab unter den Kindern Israels einige, die

Moses mit scheelen Augen verfolgten und sagten: Seht euch doch diesen Stiernacken an, diesen Bauch und diese Schenkel, was er ißt, hat er den Juden weggenommen, was er trinkt ebenfalls; alles, was er besitzt, stammt von den Juden.

Sehr freimütig kommentiert ein Text den Vers „Und sie wurden eifersüchtig auf Moses": Jeder Ehemann hatte ihn in Verdacht, mit seiner Frau verbotenen Umgang zu pflegen. So versucht jeder, ihn auf sein eigenes Niveau herabzuziehen.

Armer Moses, der davon träumte, sie zu begeistern und zu erziehen. Er glaubte, diese Sklaven in Prinzen verwandeln zu können und sie zu einer Gemeinschaft freier und unabhängiger Menschen zusammenzuschweißen. Sein Traum brach zusammen, löste sich in Nichts auf. Diese Juden hatten sich nicht geändert und jagten weiter ihren Hirngespinsten von einst nach mit ihren schmutzigen Streitereien und kindischen Intrigen. Sie hatten Gott am Werk gesehen und nichts daraus gelernt. Sie waren Zeugen eines geschichtlichen Augenblicks, und es ist, als hätten sie nichts gesehen oder gespürt. Schon haben sie Zweifel an der göttlichen Gegenwart in ihrem Lager, ziehen ihre eigene Existenzberechtigung, ihre Erinnerung in Zweifel.

Von diesem auserwählten Volk erwartete Moses etwas anderes, eine andere Sicht der Dinge und eine andere Bereitschaft. Nach ihrer Befreiung hätten sie als stolze Helden leben müssen und nicht wie eine Horde von Ausbrechern. Das *Vayekhal Moshe* – und Moses betete – wird im Midrasch folgendermaßen ausgelegt: Wurde krank gemacht. Zu viele Leute setzten ihm mit allen möglichen Dingen zu. Wir stellen ihn uns düster und unglücklich vor. Er erscheint uns nur ein einziges Mal heiter, als sein Bruder zum Amt des Hohenpriesters aufstieg. Die übrige Zeit hat es den Anschein, daß er sich jeder Freude und mehr noch dem lauten Treiben der Menge verschließt. Zuviel Verantwortung und Kummer lasten auf ihm. Er kümmert sich um alles, allein, ohne Gefährten und sichere Verbündete. Im Gegenteil, er fühlt, daß er nicht geliebt wird, daß man ihm mißtraut, ihn argwöhnisch betrachtet. Hie und da konspirieren junge Propheten hinter seinem Rücken, Würdenträger und angesehene Männer aus dem berühmten Stamm von Korah bereiten einen Schlag gegen ihn vor, um ihn abzusetzen. Andere, die er als Kundschafter in das Land Kanaan geschickt hatte, kehren mit schlechten Nachrichten zurück: „Das gelobte Land ist von Riesen bewohnt, in deren Augen wir uns ganz klein und winzig vorkommen", melden sie. Moses Neffen sind betrunken in das Heiligtum eingedrungen. Sein Bruder Aaron hat seine Mitwirkung bei der Herstellung des goldenen Kalbes zugegeben. Nein, Moses ist nicht glücklich.

Im Laufe der Jahre verschlimmerte sich die Situation. Ein Text überliefert, daß manche ihn, das Oberhaupt, den Führer, für verrückt hielten. Wenn er das Gesetz auslegte, unterbrachen ihn die Leute: „Du Stotterer willst uns eine Rede halten?" Es heißt auch, daß andere ihre Kinder nahmen, sie ihm in die Arme warfen und schrien: „He, Moses, wie willst du sie ernähren! Welches Handwerk wirst du ihnen beibringen." Und weiter hieß es: Wenn er sein Zelt früher als gewöhnlich verließ, fragten sie ihn: „Warum so früh?" Verließ er es später als gewöhnlich, sagten sie: „Warum so spät?" Verließ er unbemerkt sein Zelt, sagten sie: „Was versteckt er sich?" Und weiter wird berichtet: Moses erklärte das Gesetz, und die Leute lehnten die Unterweisung ab. Nachdem er schon über vierzig Jahre an der Macht war, mußte er es immer noch beweisen, mußte ihnen jeden Abend sagen, wo sie sich befanden, und wieviele Tage seit dem Sinai vergangen waren.

Das geschah übrigens nur, damit sie feststellen konnten, ob er noch im Besitz seiner geistigen Kräfte war. Wer weiß, vielleicht war der göttliche Entschluß, ihn nicht in das Land der Verheißung gelangen zu lassen, mehr eine Belohnung denn eine Strafe für ihn.

Moses hatte das Recht, mit diesem launischen und undankbaren Volk hart umzugehen – und er legte sich dabei keinerlei Zurückhaltung auf. Nach manchen Kommentatoren geschah dies nur zu oft und zu streng, und er wurde dafür bestraft. Aber es genügte, daß ein anderer Israel schlecht machte, und Moses verteidigte es sofort leidenschaftlich und wild. Es gibt Zeiten, da sind nur die Juden befähigt, Juden zu kritisieren. Moses verteidigte sie nicht allein gegen ihre Feinde, sondern ab und zu auch gegen Gott. Der Midrasch versichert, nur durch sein Eintreten für sein Volk wurde Moses der Mann Gottes.

Er hatte in der Tat zwei gleich schwierige Aufgaben zu lösen: Er vertrat Gott bei Israel und Israel bei Gott. Kaum hatten die Engel sich gegen Israel ausgesprochen – und das geschah immer wieder – und schon brachte Moses sie zum Schweigen. Als Gott beschloß, Israel das Gesetz zum Geschenk zu machen, waren die Engel dagegen, und Moses fuhr sie barsch an: „Wer wird es denn beachten, ihr etwa? Nur die Menschen können sich das Gesetz zu eigen machen und danach leben."

Sogar als das Volk am tiefsten gesunken war und um das goldene Kalb tanzte, fand Moses noch Worte zu seiner Verteidigung: „Ist das seine Schuld oder die deine, Herr? Israel hat so lange im Exil mitten zwischen Götzenanbetern gelebt, daß es davon angesteckt worden ist; ist es seine Schuld, daß es das nicht so leicht vergessen kann?" Angesichts der göttlichen Drohung stellte er ein Ultimatum: „Entweder du verzeihst alles, oder du löschst meinen Namen aus deinem Buch!"

Und als Gott ihm sagte: „Dein Volk hat gesündigt", entgegnete Moses: „Wenn Israel das Gesetz befolgt, dann ist es dein Volk; wenn Israel es aber verletzt, dann soll es mein Volk sein?"

Und bei einer anderen Gelegenheit sagte er: „Herr des Universums, zürne nicht; das ist unnütz; selbst wenn du den Himmel und die Erde zerstören solltest, würde dein Volk überleben, da du es ihm versprochen hast – wozu also dieser überflüssige Zorn?"

Trotz seiner Enttäuschungen und Prüfungen, trotz aller Undankbarkeit verlor Moses nicht den Glauben an sein Volk. Er wußte immer auf Seiten Israels zu bleiben, seine Ehre und sein Recht zu verkünden.

Trotz aller Prüfungen, die er Zeit seines Lebens erlitten hatte, wußte er jedes Geschenk mit Dankbarkeit anzunehmen. Moses ist die Dankbarkeit in Person. Von seinen sechs Namen, so ein Text, nahm er den an, den die Tochter des Pharao ihm gegeben hatte. Aus Dankbarkeit.

Während der großen Plagen, die Ägypten heimsuchten, schlug Aaron und nicht Moses den Nil mit seinem Stab, Moses wollte dem Fluß nicht weh tun, der ihm das Leben gerettet hatte. Als Israel in den Krieg gegen das Land Midjan zog, leitete Josua und nicht Moses die Kampfhandlungen. Moses wollte nicht gegen ein Land kämpfen, das ihn einst aufgenommen hatte.

Des Moses große verborgene Tugend war nicht die Demut, sondern die Dankbarkeit.

Kehren wir zu unserer eingangs gestellten Frage zurück: Warum hing Moses so sehr am Leben, daß er sich sogar dem göttlichen Willen widersetzte? War das seine Art, gegen den Himmel zu protestieren, der den

Tod benutzt, um den Menschen kleiner zu machen, anzustacheln und am Ende zu zermalmen? War dies eine letzte Tat zugunsten seines Volkes? Wollte er auf diese Weise Israel eine dringende und unvergängliche Lektion erteilen: „Das Leben ist heilig – immer und für jeden, und keiner hat das Recht, darauf zu verzichten." Wollte der ungestümste und erleuchtetste der Propheten uns durch sein Beispiel über Jahrhunderte und Generationen hinweg sagen, daß leben für uns als Menschen wie für uns als Juden heißt, das Leben stärken, für jeden Funken Leben, für jeden Lebenshauch zu kämpfen? – Auch gegen den Ewigen?

Aber es kann auch sein, daß Moses uns durch seinen Widerstand gegen den Tod ganz einfach das Bild eines alten Mannes vor Augen führt, der sich noch stark und kräftig fühlt und Angst vor dem Sterben hat, das Bild also eines menschlichen Wesens, menschlich bis in seine Fehler, bis in seine Ängste hinein? Das würde ihn nur noch anziehender machen. Als er seine letzte Stunde nahen fühlt, will er nicht den Heiligen und nicht den Helden spielen. Er will leben und gibt es offen zu. Er, der niemals jemanden belogen hatte, weder andere noch sich selbst, er würde jetzt im Angesicht des Todes nicht damit anfangen.

Ja, er wollte leben und schämte sich dessen nicht, er wollte leben um jeden Preis, aber nicht auf Kosten anderer. Zum Schluß – so der Midrasch – sagte Gott zu Moses: „Du bestehst darauf, der Welt der Lebenden anzugehören, gut, es sei, du wirst leben, aber dann wird Israel untergehen. Das eine oder das andere. Du oder Israel." Und Moses rief aus: „Moses mag sterben und Tausende wie er mögen sterben, aber kein Kind Israels sei davon betroffen!" Hier ist eine Grenze, die er nicht überschreiten darf. Leben ist gut, leben wollen ist menschlich, aber nicht wenn dadurch der Tod eines anderen auf dem Spiele steht. Moses war in jeder Beziehung ein humaner Mensch, auch der Mut, auch die Großherzigkeit waren bei ihm menschliche Tugenden, alle Qualitäten und alle Fehler, die er besaß, waren menschlich. Es gibt bei ihm keine übernatürlichen Kräfte und keine geheimen Talente. Alles, was er tat, war unter menschlichen Bedingungen ausgedacht, und dabei war er nicht auf sein persönliches Heil, sondern auf das Wohl der Gemeinschaft aus. Als Moses zum Himmel hinaufgestiegen war, hätte er dort bleiben können, aber er entschied sich, wieder herunterzugehen. Er hätte die Wahrheit, die er dort gerade entdeckt, und das Gesetz, das er empfangen hatte, für sich behalten können, aber er entschied sich, alles mit den anderen zu teilen. Obwohl er von Gott auserwählt war, wollte er nicht auf die Menschen verzichten. Gott brachte Moses den Menschen näher, und er brachte Gott ihnen näher. Er lebte, um zu teilen.

Noch eine Geschichte, die deutlich jene Verwundbarkeit in ihm beleuchtet und bewirkt, daß jeder von uns sich in ihm wiedererkennen oder wenigstens seinen Spuren folgen kann. Weil er diese Verwundbarkeit überwand, wurde er zu Moses. Gegen Ende des endlosen Dialogs ist Gott damit einverstanden, daß Moses am Leben bleibt, unter der Bedingung, daß er seinen Schüler Josua als seinen und des ganzen Volkes Meister anerkennt. Moses war einverstanden und bereute es sogleich wieder. „Tausendmal lieber sterben", ruft er aus, „als einmal eifersüchtig werden." Moses kannte demnach die Eifersucht; der Prophet war ein Mensch.

Hören wir nun, wie er starb:

Nachdem Moses zu sterben bereit war, bat er Gott inständig, ihn nicht den Händen des Todesengels zu übergeben, vor dem er sich fürchtete, und Gott verspricht es. Dreimal nähert sich der Todesengel dem Moses, kann ihn aber nur von ferne betrachten.

Die letzte Stunde ist gekommen. Moses ist dabei, die Stämme Israels zu segnen. Er fängt an, jeden einzelnen Stamm für sich zu segnen, aber die Zeit drängt, da segnet er sie alle zusammen.

Dann beginnt er, begleitet vom Priester Eleasar und seinem Sohn Pinchas und gefolgt von seinem Schüler Josua, den Aufstieg zum Berg Nebo. Langsam tritt er in die Wolke ein, die auf ihn wartet. Moses tut noch einen Schritt und dreht sich dann um, um das Volk zu sehen, das ihm nachblickt. Er macht noch einen Schritt und dreht sich wieder um, um auf die Männer und Frauen und Kinder zu schauen, die unten geblieben sind. Tränen strömen aus seinen Augen, er sieht niemanden mehr. Auf dem Gipfel des Berges hält er an. „Du hast noch eine Minute", kündigt Gott ihm an, um ihn nicht seines Rechts auf den Tod zu berauben. Moses streckt sich auf seinem Lager aus. „Schließe die Augen", sagt Gott. Und Moses schließt seine Augen. „Kreuze die Arme auf der Brust", sagt Gott zu ihm. Und Moses kreuzt seine Arme auf der Brust. Und Gott küßt ihn stumm auf den Mund. Und Moses' Seele findet Zuflucht im Atem Gottes, der sie emporträgt in die Ewigkeit.

Und das Volk Israels, am Fuße des umwölkten Berges, weinte. Die ganze Schöpfung weinte. Und Josua vergaß in seinem Schmerz dreihundert Gesetze und bekam siebenhundert Zweifel. Und das verwaiste, vor Trauer blinde Volk wollte Josua in Stücke reißen, weil er der Nachfolger des Moses geworden war, des traurigsten und einsamsten und des mächtigsten Propheten Israels und der Welt.

Droben aber empfingen ihn die Engel und die Serafime

mit lautem Jubel. Und ihre Freude ertönte in allen himmlischen Sphären. Überall wurde Moses als der treueste Diener Gottes gefeiert. Überall wurden die Ereignisse gerühmt, die sein Leben auf Erden geprägt hatten. Der Himmel rühmte ihn siebenmal. Und die Wasser rühmten ihn siebenmal. Und das Feuer rühmte ihn siebenmal. Und die ganze Geschichte der Menschheit hört nicht auf, ihn zu rühmen.

Niemand kennt die Stätte, wo er ruht. Für die Menschen der Berge befindet sich sein Grab im Tal; für die Menschen der Täler liegt es in den Bergen. Es ist nicht zum Tempel und nicht zum Museum geworden. Es ist überall und anderswo, immer woanders, niemand war bei seinem Tod dabei. Auf bestimmte Weise lebt er also noch in uns, in jedem von uns; denn so lange ein Kind Israels irgendwo sein Gesetz und seine Wahrheit verkündet, lebt Moses durch ihn und in ihm, wie der brennende Dornbusch lebt, der das Herz der Menschen verzehrt, ohne ihren Glauben an den Menschen und an sein herzzerreißendes Rufen zu verzehren.

Warum und wie Gott beschloß, den Leiden der Juden in Ägypten ein plötzliches Ende zu setzen. Um seine Sklaven in tiefen Kummer zu stürzen, ließ der Pharao ihre männlichen Neugeborenen ergreifen, um sie lebendig in den Pyramiden einmauern zu lassen. Und Gott ließ ihn gewähren. Verzweifelt verfluchten sich die Eltern, daß sie ihnen das Leben geschenkt hatten. Alle Männer und alle Frauen kamen überein, nicht mehr miteinander zu leben. Und Gott ließ sie gewähren. Da bemächtigte sich eines Tages ein Engel eines schon gequälten und entstellten Neugeborenen und trug es vor Gott, der entsetzt war und sich des Versprechens erinnerte, das er Abraham, Isaak und Jakob gegeben hatte. Und er löste die Ereignisse aus, die mit dem Auszug aus Ägypten endeten: Gott kann den Anblick des geschändeten Leichnams eines jüdischen Kindes nicht ertragen.

Er machte Moses zu seinem Botschafter und zum Tröster seines Volkes.

Als Prinz besuchte er die Sklaven vom Morgen bis zum Abend und ermunterte sie, nicht den Mut zu verlieren. Er sagte zu ihnen: „Den Wolken folgt immer die Sonne; nach dem Sturm tritt Ruhe ein. Andere Zeiten werden kommen für uns, es werden bessere Zeiten sein."

Und Gott sprach zu ihm: „So wie du deinen Palast verlassen hast, um dich der Kinder Israels, deiner Brüder, anzunehmen, so werde ich meinen himmlischen Thron verlassen, um mit dir zu reden."

Im Lande Midjan führte Moses das friedliche Leben der Hirten. Eines Tages sah er, wie ein Lamm aus der Herde ausbrach; er verfolgte es und fand es aus einem Bach trinkend wieder: „Ich wußte nicht, daß du Durst hattest", sagte Moses voll Zärtlichkeit zu ihm. „Du mußt müde sein nach diesem Lauf und hast nicht mehr die Kraft zurückzukehren." Er nahm es auf seine Schultern und trug es zur Herde zurück.

Und Gott sagte zu ihm: „Da du ein solches Mitgefühl für diese Herde hast, die einem Sterblichen gehört, werde ich dir die Herde anvertrauen, die mir gehört, das Volk Israel."

Warum wählte Gott einen Dornbusch, um Moses darin zu erscheinen? Um seine Bescheidenheit darzutun: Der Dornbusch ist der kleinste und unscheinbarste unter den Bäumen.

Und auch, um den symbolischen Aspekt des Ereignisses zu unterstreichen. Der Dornbusch verkörpert Israel. Wie der Vogel nicht in den Dornbusch eindringen kann, ohne an den Dornen hängen zubleiben, so werden auch die Feinde Israels ihm keinen Schaden zufügen, ohne sich zu verwunden.

Die Begegnung zwischen Moses und dem Pharao war stürmisch, zumal der König gerade seine Briefe siebzig Schreibern diktierte, die seine Botschaft in ebenso vielen Sprachen ausfertigten.

Beim Anblick von Moses und seinem Bruder wurden die Schreiber von Entsetzen gepackt, warfen sich auf die Knie und ließen ihre Federn zu Boden fallen. Und die beiden Brüder erklärten dem Pharao: „Im Namen des Gottes Israels fordern wir dich auf, unser Volk ziehen zu lassen."

„Von welchem Gott sprecht ihr", gab der Pharao zornig zurück. „Wie heißt er, worauf beruht seine Macht? Wieviele Städte, wieviele Provinzen, wieviele Länder halten seine Legionen umschlossen. Wieviele Kriege hat er gewonnen?"

Moses und Aaron versuchten, das Unerklärliche zu erklären: „Die göttliche Macht hat nichts mit menschlicher Herrschbegierde zu schaffen, sie umfaßt das Universum und herrscht über die Elemente. Er entscheidet jeden Tag, wer leben und wer sterben wird." Da ließ der Pharao die Chroniken aller Nationen herbeischaffen und suchte darin nach dem Namen des Gottes Israels. Er fand dort die Namen der Götter von Moab, von Sidon und von Ammon, aber nicht den Namen des Gottes Israels. Und Moses und Aaron rufen ihn zur Vernunft: „Du bist wahnsinnig, den Lebendigen in den Grüften der Toten zu suchen! All die Namen all dieser Götter sind Namen von Toten, aber unser Gott lebt."

In die Enge getrieben, erwidert der Pharao: „Schon gut, aber ich kenne ihn nicht und werde keinem gehorchen, den ich nicht kenne."

So gab Gott sich ihm zu erkennen, indem er ihn strafte.

Am Fuße des Sinai nahmen die befreiten Sklaven das Gesetz an und zur gleichen Stunde stiegen 120 Myriaden von Engeln vom Himmel herab und setzten jedem der Söhne Israels eine Krone aufs Haupt. Sie wurde ihnen später wieder abgenommen, als das Volk in einem Augenblick des Vergessens und der Ungeduld begann, um das goldene Kalb zu tanzen.

Ohne diese Verirrung wäre Israel ein Volk von Unsterblichen geblieben, jetzt ist es nur ein unsterbliches Volk.

Dieser Tag wurde ihm in mehr als einer Hinsicht verhängnisvoll. Als Strafe erlegte Gott ihm die Pflicht auf, die Thora im Leiden und nicht nur in der Freude zu studieren, im Exil und nicht nur in der Freiheit.

Die Rückkehr der entmutigten und entmutigenden Kundschafter rief eine solche Niedergeschlagenheit bei den Stämmen hervor, daß Moses es für nützlich hielt, diesen Tag jedes Jahr ins Gedächtnis zurückzurufen. An jedem Jahrestag befahl Moses den Juden Gräber auszuheben und sich für die Nacht hineinzulegen. Am nächsten Morgen zogen Herolde durch das Lager mit dem Ruf: „Auf daß die Lebenden sich von den Toten trennen, die Lebenden sich von Toten losreißen."

Am vierzigsten Jahrestag erhoben sich alle; denn alle gehörten bereits der neuen Generation an. Sie hatten es verdient in das Land der Verheißung zu gelangen; denn für sie war die Knechtschaft keine Versuchung mehr.

Und das Volk Israel beweinte den Tod des Moses in der Wüste. Manchmal in der Nacht hört ein einsamer Wanderer noch immer sein Weinen und Wehklagen.

Hiob
oder das revolutionäre Schweigen

Es war einmal irgendwo in einem fernen Land ein Mann, der war gerecht und weise, demütig und barmherzig. Sein Reichtum und seine Tugenden erregten Neid im Himmel und auf Erden. Sein Name war Hiob.

Ob Vorläufer oder Zeitgenosse, seine Gestalt erscheint uns vertraut, seine Prüfungen und Probleme sind im Heute verankert. Wir kennen seine Geschichte, als hätten wir sie selbst erlebt. In schweren Stunden greifen wir zu seinen Worten, um Zorn, Auflehnung oder Unterwerfung auszudrücken. Er gehört zur verwüsteten Landschaft unserer Seele.

Hiob, das ist ein Augenblick der Leidenschaft, ein Bild der Angst, ein zurückgehaltener, aber nicht erstickter Schrei in uns, der hinausdrängt, ein tausendfach gesplitterter Spiegel, der das Bild einer in der Sinnlosigkeit zerbrochenen Einsamkeit zurückwirft. In ihm berühren sich Legende und Wahrheit; denn in ihm kommen das Wort und das Schweigen wieder zusammen. Seine Wahrheit ist aus Legenden gebildet und seine Worte werden von Schweigen genährt.

Wenn wir versuchen, unserm eigenen Schicksal Ausdruck zu geben, ist es sein Schicksal, von dem wir erzählen, und die Geschichten seines Lebens, das Trugbild seiner Äußerungen, das alles haben wir erlitten und haben daraus unsere Erfahrung des Bösen und des Todes gewonnen. Wie wir von dem Feuer, das die Wälder der

Menschen verbrennt und ihnen eine Schönheit und ein überirdisches Geheimnis verleiht, geblendet sind, so nehmen wir an seiner Verblendung teil.

In ihm finden wir das einsame Gewissen Abrahams, das furchtsame Gewissen Isaaks und das zerrissene Gewissen Jakobs wieder. Wenn im Midrasch einem Erzähler die Beispiele fehlen, dann nimmt er ihn bei jeder Gelegenheit als Exempel – und immer ist es zutreffend.

Er erinnert an Abraham; dessen tragische Bestimmung aus scheinbar willkürlichen Prüfungen rührt. Aber im Gegensatz zu Abraham bringt er es fertig, sich einen ausgeprägten Sinn für Humor zu bewahren. Und im Gegensatz zu Abraham gehört seine Geschichte ganz und gar der Legende an, und zwar so sehr, daß sogar seine Existenz von der Legende angezweifelt wird. Beginnen wir von neuem.

Es war einmal. Wann war einmal? Wir wissen es nicht. Ezechiel erwähnt seinen Namen nebenbei zusammen mit Noah und Daniel. War er des einen oder des anderen Zeitgenosse? Mag sein, aber man versetzt ihn ebenso in die Zeit Abrahams, Jakobs, Moses', Samsons, Salomons, Ahasverus' und der babylonischen Gefangenschaft. Er müßte demnach nicht 210, sondern mehr als 800 Jahre gelebt haben. Merkwürdig! Daß er, der nur sein eigenes Land gekannt hat, nur in der Legende existiert, anscheinend in allen Ländern gewohnt hat, und daß er, der vielleicht nie geboren wurde, sich als unsterblich erweist.

Daher ist es begreiflich, daß er Jahrhunderte hindurch Erzähler und Kommentatoren ohne Zahl fasziniert.

Seine Geburtsurkunden sind zahlreich. Als Heimatloser gehört er mehr als einer Nation und mehr als einer Epoche an. Er entzieht sich jeder geographischen und zeitlichen Festlegung. Ist dieser erste Kosmopolit einzig und allein ein Jude? Das ist möglich, aber nicht sicher. Im Zweifelsfalle eher nein, wenigstens den meisten Texten zufolge. Oft werden sein Charakter und die guten Taten besonders hervorgehoben, die aus ihm einen Gerechten oder einen Propheten unter den Heiden machen. Die Gruppe derer, die ihn unbedingt zu einem Juden machen wollen, weil sie der Meinung sind, eine Gestalt von seinem Format müsse jüdisch sein, bildet nur eine ganz geringe Minderheit.

Er wird nacheinander als hoher ägyptischer Beamter, als Ratgeber am Hofe des Pharao, gleich wie Balaam und Jetro, bezeichnet. Als Pharao sich fragt, wie er die jüdische Frage, seine jüdische Frage, lösen könne, spricht Jetro sich für die Forderung des Moses aus, sein Volk ziehen zu lassen, während Balaam dagegen ist. Als nun Hiob gefragt wird, verweigert er eine Stellungnahme. Er verhält sich neutral, er schweigt, er ist weder dafür noch dagegen. Für diese Neutralität, für dieses Schweigen, sagt der Midrasch, muß er mit seinen künftigen Leiden zahlen. In Zeiten der Prüfung und Gefahr hat niemand das Recht, Vorsicht oder Stimmenthaltung zu üben; wenn Leben und Tod einer Gemeinschaft von Menschen auf dem Spiele steht, ist Neutralität ein Verbrechen.

Die Legende wurde wohl erfunden, um die Drangsale Hiobs zu rechtfertigen. Wenn es kein Verbrechen ohne Strafe gibt, gibt es auch keine Strafe ohne Verbrechen.

Diese Erklärung enthält Fehlschlüsse. Wie kann man Hiob Gleichgültigkeit den Juden gegenüber vorwerfen, wenn er selber kein Jude ist? Die Antwort darauf lautet: Selbst wenn er von Geburt kein Jude ist, ist er oder steht er, wenn man so will, durch eigene Wahl den Juden nahe, sogar sehr nahe. Es wird behauptet, er habe Jakobs Tochter Dina geheiratet. Ein apokryphes Werk „Das Testament des Hiob" gibt an, daß Dina seine Cousine und er selbst der Sohn Esaus ist. Aber wie gelang es ihm, sich Eintritt in den königlichen Palast in Ägypten zu verschaffen? Da muß ihn wohl sein Vetter Josef, der bekannte Vizekönig, unterstützt haben. Solange Josef da ist und die Hand über ihn hält, ist er sicher. Seine Position muß sich erst während der von Moses hervorgerufenen Unruhen verschlechtert haben, das würde auch erklären, weshalb er es bei der Debatte über die Befreiung der Juden nicht wagte, seine Meinung zu äußern, und es vorzog, nicht in die Entscheidung einzugreifen. Diese Haltung macht aus ihm einen Schuldigen, der Strafe verdient.

Doch das alles wird durch eine andere Legende dementiert. Sie beschreibt ihn als einen Mann, der sich im Lande Kanaan, lange bevor die Juden dort eintrafen, niedergelassen hatte. Dort stirbt er an dem Tage, als die Kundschafter des Moses ins Land kommen, die deshalb auch das Land düster und verlassen vorfinden; denn alle Einwohner sind zum Begräbnis ihres Fürsten, des berühmten Hiob, unterwegs. Die Kundschafter wurden daher zu Unrecht angeklagt und bestraft. Sie haben über das gelobte Land weder Schlechtes gesagt noch es diffamiert, sie haben nur das berichtet, was sie gesehen hatten: Verödete Straßen, verlassene Häuser, weinende Menschen. Schuld daran war Hiob, er hätte sich zum Sterben einen anderen Tag und einen anderen Ort aussuchen sollen.

Es ist merkwürdig, daß Moses darüber nicht im Bilde war; er war doch ein Prophet und dazu noch der größte von allen! Wußte er denn nicht, daß es besser gewesen wäre, die Kundschafter noch dazubehalten, sie entweder später oder früher loszuschicken? Und wird nicht letzten Endes er selber für den Verfasser des Buches Hiob (obgleich es ohne göttliche Inspiration geschrieben worden ist) gehalten? Er hätte wenigstens über seinen Helden im Bilde sein müssen. Halten wir es ihm zugute, daß Hiob kein leicht zu behandelnder Mensch war. Er ist gleichzeitig alles und überall. Man könnte ihn als einen Helden auf Identitätsuche bezeichnen. Sollte sein häufiger Ortwechsel quer durch Provinzen und Jahrhunderte nicht ausreichen, uns zu verwirren, dann gibt es noch diesen Rabbi Schmu'el, den Sohn des Nachmani, der behauptet, daß Hiob einfach nie gelebt hat. Er ist nichts weiter als ein Symbol, eine Fabel. Damit sind wir aber noch immer nicht am Ende unserer Überraschungen angelangt. Sogar diese Idee einer dichterischen Fiktion weist in mehrere Richtungen. Die einen sagen, Hiob hat sehr wohl gelebt, nur sein Leiden ist eine rein literarische Erfindung. Dem halten andere entgegen: Hiob hat niemals gelebt, aber er hat sehr wohl gelitten.

Sprechen wir etwas von diesem Leiden, ohne das sein Leben uns banal verkommen würde. Hiob tritt zu Anfang als völlig zufriedener Mensch auf, der reich, gastlich, einflußreich ist und sich eines ausgezeichneten Rufes, bei seinen Mitbürgern wie auch im Ausland, erfreut. Was er besitzt, hat er auf ehrliche Weise erworben. Sein Haus ist nach allen Seiten offen, damit der vorbeikommende Bettler ungehindert eintreten und seinen Hunger stillen kann, und erinnert an das Abrahams. Die armen Nomaden aus der Gegend von Uz kennen keinen andern als Hiob und besuchen nur sein Haus. Als gastfreundliches und attraktives Zentrum sucht es seinesgleichen in der Welt, von überallher kommen die Besucher. Hiob schickt keinen zurück und verweigert nichts. Er gibt, ohne daß der andere gedemütigt wird; wenn er gibt, gibt er sich selbst, und nichts bereitet ihm größere Freude. Es gibt keinen Kranken, den er nicht zu heilen

versucht, keine Witwe, die zu trösten er sich nicht
bemüht. Seine Zeit ist ausgefüllt mit der Hilfe für die
Bedürftigen, für die, die nicht so begütert sind wie er.

Ist er glücklich? Er beklagt sich nicht und hat auch
wahrlich keinen Grund dazu. Er hat eine Frau, sieben
Söhne und drei Töchter und einen riesigen Besitz, der so
groß ist wie ein Königreich. Er ist so sehr damit beschäftigt, nach allen Seiten Gutes zu tun und so von seinen
öffentlichen Ämtern in Anspruch genommen, daß er
darüber die Erziehung seiner Kinder etwas vernachlässigt. Sie nehmen so oft an lauten Festgelagen teil, daß er
sich manchmal für sie entschuldigen muß.

Das alles ist durch den Midrasch oder durch das Buch
Hiob selbst bekannt, jenen Text, den Rabbi Jochanan
nur unter Tränen lesen konnte, weil ihm soviel, jedes
Maß übersteigende Unrecht bei einem einzelnen Menschen noch nie begegnet war. Der Menschenfreund
Hiob, der von Gott auf die Probe gestellt wurde, hat
seine Heimsuchungen nicht verdient.

Die Einleitung des Buches Hiob schildert seinen dra-
matischen Sturz, der sich mit schwindelerregender
Schnelligkeit vollzieht. In kürzester Zeit verliert er Vermögen, Hab und Gut, Kinder, Freunde und jeden
Lebensmut. Eine ganze Serie von grausamen Schicksalsschlägen trifft ihn. Ein Unglücksbote folgt auf den
andern, bringt ihm knappe Meldungen, die ihn allmäh-
lich und ganz systematisch in die Rolle eines von der
Tiefe verschlungenen Opfers drängen. Die bis zum Zerreißen gespannte Schilderung ist nüchtern und reali-
stisch. Noch redet der erste Bote, schon trifft der nächste
ein und bringt eine neue Nachricht: „Feuer fiel vom
Himmel und hat Hirten und Herden vernichtet, nur ich
bin davongekommen, um dir als einziger Zeuge die
Geschichte zu berichten." Oder aber: „Der Feind hat die

Kamele geraubt und den Männern die Köpfe abgeschlagen, nur ich bin davongekommen und weiß als einziger die Geschichte zu berichten." Oder auch: „Deine Söhne und Töchter aßen und tranken im Hause deines ältesten Bruders, da erhob sich plötzlich ein schrecklicher Sturm in der Wüste, riß die Wände des Hauses empor, ließ sie über den Gästen zusammenstürzen und tötete alle; ich bin der einzige Überlebende, der einzige, der dir die Geschichte erzählen kann."

Hiob stellt weder den Unglücksboten Fragen noch sich selber. Er zweifelt nicht an der Wahrheit der Berichte. Er sagt sich nicht, daß soviel Unheil in so kurzer Zeit unmöglich ein einziges Haus treffen kann, er flüchtet sich nicht in den Zweifel, denkt nicht, daß das alles nicht normal und unmöglich ist, daß irgendwo ein Irrtum vorliegen muß. Nein, er glaubt. Er nimmt an. Er weiß, daß die Boten nicht gelogen haben, und handelt dementsprechend.

Er zerreißt seine Kleider und schneidet sich zum Zeichen der Trauer sein Haar ab, aber er klagt nicht, er protestiert nicht. Er wird krank und die Krankheit verschlimmert sich. Geschwüre und Wunden bedecken seinen Körper und bieten einen widerlichen Anblick, aber er beklagt sich nicht. Als seine Frau ihn drängt, Gott zu verfluchen, weist er sie zurück. (Der Midrasch ist großherzig und zeigt ein anziehenderes Bild von seiner Frau, sie opfert sich auf, um ihn voll Selbstüberwindung und Liebe zu pflegen). Teure Freunde, die ihm nahestehen, besuchen ihn unter dem Vorwand ihn zu trösten. Sie sind es, die ihm seine Illusionen in Bezug auf göttliche Gerechtigkeit und Freundschaft unter den Menschen rauben. Zum ersten Mal öffnet er die Lippen, um zu sprechen, und er stößt seinen Fluch aus „Vergehen soll der Tag in Finsternis, der mich geboren, und die Nacht, die Zeuge meiner Geburt war, soll stumm und einsam bleiben". Und am Ende schleuderte er dem Himmel die ewige Frage jedes Verfolgten entgegen: warum, warum gerade ich und warum gerade jetzt? Was ist der Sinn der Strafen, die dem Gerechten auferlegt werden? Was tut Gott, und worin besteht seine Gerechtigkeit?

Hiob weiß wie wir, daß er nicht gesündigt hat, er hat sich nichts vorzuwerfen, ebensowenig wie wir oder auch Gott ihm etwas vorwerfen können. Hiob weiß so gut wie wir, daß er sein Leben lang nach dem Willen Gottes handelte, daß er den Himmel fürchtete und liebte. Er hat kein Gesetz gebrochen, kein Gebot übertreten. Die Texte des Midrasch loben ihn nur, sie rühmen ihn und überschütten ihn mit Komplimenten. Manche gehen sogar so weit, ihn mit unseren größten Vorfahren zu vergleichen: Es gab deren vier, die Gott aus sich selbst entdeckt haben: Abraham, den König Ezechias, Hiob und den Messias. Und wieviele Geschichten werden uns nicht von Hiob erzählt! Bereits bei seiner Geburt soll er beschnitten gewesen sein, er soll bereits zu Lebzeiten von den Früchten und Freuden des Paradieses gekostet haben. Als Gerechter bei den Heiden hätte er durch seine Leiden versucht, die Menschheit zu retten. Hiob also als ein zweiter Messias, der für die Erlösung der Heiden wirkt ... Besondere Kräfte werden ihm zugeschrieben: Almosen, die er verteilt, gereichen zum Segen, wer einen Pfennig von ihm erhält, wird reich. Hiob als Wundertäter? Warum denn nicht! Der Midrasch erzählt: In seinem Reich ist er Herr über die Gesetze der Natur; die Schwachen werden nicht von den Starken unterdrückt, und die Ziegen herrschen über die Wölfe. Ein erstaunlicher Mann, den der König Salomon zu den sieben Vätern des Menschengeschlechts zählt. Ja, es hätte sogar nicht viel gefehlt, und sein Name wäre in unsere Gebete aufgenommen worden. Wäre nicht sein Zorn gewesen, so behauptet ein Weiser, dann würden wir den Gott Abrahams, Isaaks, Jakobs und Hiobs anrufen. Auch ihn würden wir anrufen, damit er dort oben ein gutes Wort einlege, damit Gott sich nicht von seinem Volke abwende.

Aber warum wurde er dann bestraft? Der Prophet und Richter, der Mann, der Mißbräuche abstellte, der Beschützer der Waisen war, wodurch verdiente er ein so hartes Schicksal? Auf wen oder was sind seine Drangsale zurückzuführen?

Solche Fragen beschäftigen den Midrasch auch unabhängig von der Geschichte Hiobs, denn den Fall Hiob gab es bereits vor Hiob. Abraham hatte nicht gesündigt und wurde trotzdem Prüfungen unterworfen. Diese Parallele zu Abraham scheint gewollt; denn sie kehrt häufig wieder. Beide sind gut und barmherzig, und beide leiden. Beide benutzen, wenn sie sich an Gott wenden, fast die gleiche Sprache, wenn sie seine unerforschlichen Wege in Frage stellen. Abraham tut es für Sodom und Gomorrha, Hiob für sich selbst, Abraham, um eine menschliche Gemeinschaft, um eine ganze Stadt zu retten, Hiob, um sein eigenes Unglück zu begreifen. Abraham versucht vorzubeugen, Hiob will anklagen. Deswegen ist Abraham Abraham, aber Hiob nicht. Abraham hadert mit Gott, um Interessen zu verteidigen, die nicht seine eigenen sind; Hiob dagegen erhebt sich gegen die Ungerechtigkeit, weil sie ihn persönlich betrifft. Ist das ein Grund, um ihn zu bestrafen?

Die Parallele mit Abraham könnte unter Umständen auch auf eine Art von Tröstung hinauslaufen. Die Midrasch-Erzähler scheinen Hiob zu sagen: Warum beklagst du dich? Dein Fall ist nicht der einzige. Glaubst du, nur dich hat Gott erzittern lassen? Es gibt zumindest einen Vorläufer; was dir geschieht, das traf bereits früher einen, der größer ist als du, nämlich Abraham. Und er hat sich dem göttlichen Willen begeugt ... Das ist vielleicht ein billiger und zu einfacher Trost, aber er ist wirksam; der Kranke ist beruhigt oder glaubt es zu sein, sobald er erfährt, daß er nicht der einzige ist, der leiden muß. Aber Hiob könnte erwidern: „Was hat das alles mit mir zu tun? Ob mein Fall neu ist oder nicht, das ändert nichts an meinen Fragen; Wiederholung entschuldigt nicht. Für jedes Individium ist das Leid etwas Persönliches; jeder muß, um es abzuwenden, seine eigenen Waffen schmieden, sonst würde er verrückt." Hiob könnte auch sagen: „Die Tragödie eine Menschen ist vielleicht an die eines anderen oder an die vielen anderen gebunden, aber das erklärt sie nicht und rechtfertigt sie erst recht nicht." Doch Hiob sagt nichts. Er widerlegt nichts. Der Midrasch stellt an seiner Stelle diese Überlegungen an.

Dazu eine Geschichte: Als Rabbi Jochanan, der Sohn des Sakkai, seinen Sohn verlor, kamen seine Schüler, um ihn zu trösten. Rabbi Elieser erinnerte ihn daran, daß dasselbe Unglück Adam getroffen habe, der seinen Schmerz zu überwinden wußte. Aber Rabbi Jochanan, Sohn des Sakkai, gab zurück: „Genügt mir der eigene Schmerz nicht, warum fügst du den Adams noch hinzu?" Rabbi Joschua erinnerte ihn dann an die Prüfungen Hiobs, der sich trösten ließ. Aber Rabbi Jochanan, Sohn des Sakkai, entgegnete: „Genügt mir mein eigener Schmerz nicht? Warum willst du den Hiobs noch dazu geben?" Rabbi Josse erinnerte ihn an die Tragödie des hohen Priesters Aaron, der sah, wie seine beiden Söhne umkamen und seinen Schmerz zu bezwingen wußte und schwieg. Rabbi Jochanan, Sohn des Sakkai, erwiderte: „Ist meine eigene Qual nicht genug? Füge nicht die Aarons noch hinzu!"

Nein, Tragödien, die aufeinander folgen, heben sich deswegen nicht gegenseitig auf. Sie werden im Gegenteil durch die Addition nur noch ungerechter. Sicher, jeder Mensch leidet allein und ist allein in seinem Schmerz. Aber gleichzeitig leidet niemand allein, wenn er sich in seinem Schmerz mit einem anderen verbunden weiß. Leid kann nur Leid gebären, das noch härter, tiefer und spürbarer sein muß. Anders gesagt wird das Leid Hiobs, auch wenn es Ähnlichkeit mit dem Abrahams hat, es sogar widerspiegelt, dadurch doch nicht erklärt. Die Tatsache, daß die Qualen Hiobs schon einmal erlitten wurden, bedeutet nicht, daß sie auch einen Sinn haben. Hier unterscheidet sich die jüdische Tradition von der buddhistischen. Wenn das persönliche Leid im Leid des Kosmos aufgeht, ist damit das Problem nicht gelöst, sondern wird durch seine Universalität eher noch schwerer. Jedes Wesen stellt einen Anfang und ein Ende dar, deshalb verdient es eine Antwort und keinen Trost, es sei denn, der Trost enthalte in sich selbst eine Antwort.

Im Buch Hiob wird der Versuch einer Antwort nach dem sechsten Vers unternommen. Ohne Umschweife erfahren wir den Namen des Schuldigen. Es ist Satan, einer der *Bnej Elokim*, die dem Thron nahe sind, den die irdischen Neuigkeiten ganz besonders zu interessieren scheinen. Gott hört seinen Reiseeindrücken zu.

Der ewige Aufwiegler des Menschen gegen Gott wird hier als Provokateur gezeigt, der Gott gegen den Menschen aufhetzt. Instrument dieser Herausforderung und zugleich ihr Pfand ist die Treue Hiobs.

Hiob selbst ist der Ort, an dem der Kampf ausgetragen wird, lebendes Beispiel und Gegenstand einer Debatte, die unvergleichliche und erstaunlicherweise auch nicht vorherzusehende Auswirkungen hat.

Das Gespräch zwischen Gott und Satan ist liebenswürdig und locker: „Hast du meinen Diener Hiob gesehen? Ist er nicht wirklich der reinste und redlichste Mensch, den es gibt?" – „Warum sollte er es nicht sein?" fragt Satan zurück, „er ist gut, weil du gut zu ihm bist, er ist barmherzig, denn du erweist ihm Barmherzigkeit; es fehlt Hiob an nichts. Nimm ihn ein bißchen in die Zange, laß ihn leiden, und wir werden sein wahres Gesicht schon sehen ..."

Hiob wird also Gegenstand einer übermenschlichen, einer unmenschlichen Wette, wird Schauspieler in einem Drama, dessen Stoff und Spielregeln er nicht kennt, und das er nicht begreift. Er weiß nicht, was um ihn her geschieht, kann es nicht wissen, fühlt sich hin und her gestoßen und gezerrt, ahnt aber nicht, daß dahinter ein Plan steckt. In der ersten Zeit fragt er sich sogar, ob es sich nicht um einen Irrtum in der Person, um ein schreckliches Mißverständis handelt.

Eine Legende erzählt, daß Hiob sich geradezu überrascht an Gott wendet und ihm sagt: „Herr des Universums, wäre es möglich, daß ein Ungewitter vor dir gewütet hätte und dich *Ijow* (Hiob) mit *Ojew* (Feind) verwechseln ließ?"

So seltsam es auch scheinen mag, das ist die einzige von Hiobs Fragen, die einer Antwort gewürdigt wird. Da wird Gott rot vor Zorn und sagt: „Nimm dich zusammen, Mensch, und höre gut zu. Ich habe auf dem Haupt des Menschen viele Haare geschaffen, und jedes Haar hat seine Wurzel, ich verwechsle nicht die Wurzeln, wie sollte ich *Ijow* und *Ojew* verwechseln? Ich habe in den Wolken viele Tropfen geschaffen und jeder stammt aus seiner eigenen Quelle; ich verwechsle weder die Tropfen noch die Wolken, wie sollte ich *Ijow* und *Ojew* verwechseln? Ich habe am Himmel viele Blitze geschaffen und für jeden eine eigene Spur gezogen, ich verwechsle nicht die

Blitze, wie sollte ich *Ijow* und *Ojew* verwechseln? Und wisse auch, daß die Wildziege grausam gegen ihre Jungen ist. Wenn sie sie aussetzen will, klettert sie auf einen sehr hohen Felsen und wirft sie in den Abgrund. Deshalb habe ich einen Adler abgerichtet, der sie mit seinen Flügeln auffängt. Und käme der Adler nur einen Augenblick zu früh oder zu spät, die Jungen würden am Boden zerschmettert werden. Ich verwechsle weder die Augenblicke noch die Tropfen, noch die Hitze, noch die Wurzeln und du fragst mich, ob ich *Iyow* und *Ojew,* Hiob und Feind, miteinander verwechsle"?

Ist Hiob wirklich so naiv, daß er sich einredet, Gott kenne die Vokabeln nicht? Seine Frage ist eine Herausforderung. Durch seine völlig unangebrachte Frechheit will er Gott reizen, ihn zwingen, sein Handeln zu rechtfertigen, und sei es rückwirkend. Da das Leiden nun schon da ist, soll es wenigstens motiviert, begründet sein. Hiob möchte lieber, daß nicht Willkür, sondern Absicht dahinter steckt. Mit anderen Worten, Hiob möchte lieber schuldig sein. Als Unschuldiger tappt er im Dunkeln, als Schuldiger wüßte er, daß das, was ihm widerfährt, einen Sinn hat. Gern würde er seine Seele dieser Erkenntnis opfern. Was er fordert, ist nicht das verlorene Glück, sondern eine Antwort, irgendeine Antwort, die ihm ganz klar zeigen würde, daß der Mensch nicht ein Spielball, nicht nur auf sich selbst verwiesen ist. Deshalb wendet sich Hiob gegen Gott, um ihn wiederzufinden, um ihm gegenüberzutreten. Er wendet sich gegen ihn, um auf ihn zuzugehen, um seine Stimme zu hören, und sei es, um verurteilt zu werden. Ein grausamer und ungerechter Gott ist besser als ein gleichgültiger.

Außerdem braucht Hiob Gott, denn von den Menschen fühlt er er sich verlassen. Seine Frau drängt ihn zu einer Lösung für Schwächlinge, die da heißt sich lossagen, abdanken. Und seine Freunde haben ihm nur ihr Mitleid anzubieten, können ihm nur ihre Zweifelsucht entgegenhalten. Natürlich geben sie zu, daß er leidet, aber weniger als er den Eindruck macht. Sie meinen, daß er im Unrecht ist, wenn er die Dinge tragisch nimmt, wenn er sich in seinen Schmerz verbeißt. Wird ihm plötzlich klar, daß es ihm niemals gelingen wird, ihnen klarzumachen, wie ungeheuer groß sein Leid ist? Er empört sich gegen sie, weil sie sich weigern, bis zum Schluß zuzuhören, bis zum Schluß zuzuschauen. Ebenso erhebt er sich gegen diesen Gott, in dessen Namen seine Freunde zu lügen behaupten. Seine Auflehnung ist auf einer zutiefst menschlichen Ebene letzten Endes gegen seine eigene Einsamkeit gerichtet, von der er weiß, daß sie absolut ist, denn sie verbirgt ihm das Antlitz Gottes hinter dem des Menschen.

Die Szene muß nicht ausgeschmückt werden, sie wird im Buche Hiob großartig beschrieben und im Midrasch bildhaft ausgeschmückt.

Die beiden himmlischen Spieler haben sich in die Kulissen zurückgezogen und Hiob empfängt den Besuch von drei Freunden, von Eliphas dem Jemeniten, Bildad aus Schuach und Zophar aus Naama.

Beim ersten Anblick wissen sie nicht, wer er ist, denn er hat sich verändert, nicht sie. Als sie ihn erkannt haben, brechen sie in Tränen aus. Sie zerreißen ihre Kleider, bedecken ihre Stirn mit Asche, setzen sich neben ihn auf die Erde und sprechen sieben Tage und sieben Nächte kein Wort. (In dem bereits erwähnten „Testament des Hiob" verharren die Freunde nicht schweigend, sondern stellen ihm eine Woche lang Fragen über das Geschehene). Der Kommentar des Midrasch dazu: Wenn ein Mensch in Tränen ist, ahmt man ihm zuliebe sein Verhalten nach. Die Besucher Hiobs erheben sich, wenn er sich erhebt, essen, wenn er ißt, trinken, wenn er trinkt. Sie sprechen kein Wort; denn es gibt Schmerzen, denen man nur mit Schweigen begegnen kann, das Wort kann da nur versagen. Solange sie schweigen, sind die drei Freunde rührend, ja geradezu ergreifend, sobald sie aber anfangen zu reden, sind sie enttäuschend. Sie sind geschwätzige Heuchler. Ihre Erschütterung ist nicht echt, ist berechnet. Sie haben die Wahl: Entweder für ihren gramgebeugten und geschlagenen Freund Position zu beziehen oder für Gott; sie treffen eine schlechte und die bequemste Wahl. Die Enttäuschung Hiobs überträgt sich auf den Leser. Diese drei selbstgefälligen Fremden, die von weither gekommen sind, übertreiben und geben sich alle erdenkliche Mühe, Hiob Ereignisse zu erklären, deren tragisches Gewicht einzig und allein auf seinen Schultern lastet. Er leidet, und sie halten Vorträge über das Leiden. Er ist von Gram gebeugt, und sie errichten Systeme und Theorien über den Gram, über den Schmerz, über Verfolgungen.

Eliphas sagt: „Kein Mensch ist ohne Sünde, du so wenig wie jeder andere, wer weiß, was du angestellt hast, um den Zorn des Himmels auf dich herabzuziehen?"

Bildad versucht es mit Sanftmut: „Gut, ich will gerne glauben, daß du unschuldig bist, aber du mußt doch zugeben, daß Gott sich nicht täuscht, ihm unterläuft kein Irrtum. Wenn du nicht weißt, was du getan hast, Gott weiß es bestimmt."

Zophar, der dritte, nimmt die Gelegenheit wahr, um Hiob seine Eitelkeit vorzuwerfen: „Wer bis du denn, Hiob, daß du nach den Wegen und Plänen des Herrn fragst? Weil du ein Opfer Gottes bist, glaubst du, daß dir alles erlaubt ist?"

Solche Freunde bringen Hiob in Harnisch, er zieht es vor, sich an und gegen Gott zu wenden. Das ist nur zu verständlich. Lieber Gott als seine Kommentatoren!

Es ist auch zu verstehen, daß Hiob im Midrasch mit dem jüdischen Volk verglichen wird. Auch Israel ist allein, seine besten Freunde sind wohl bereit, es in seinem Unglück zu beklagen, aber nicht, ihm da herauszuhelfen. Auch Israel wird beschuldigt, gegen Gott gehandelt und ihn dadurch gezwungen zu haben, es zu bestrafen. Auch Israel unterhält einen endlosen Dialog mit Gott oder über Gott. Auch Israel wird von den Menschen verfolgt, die es dann beschuldigen, daß es sich durch sein erlittenes Leid hochmütig und überlegen gebärde. Falls Hiob kein Jude ist, wird er es. Er hat keine Gewinnchance in einer Gesellschaft, in der Freundschaft nicht existiert und leiden und büßen dieselbe Bedeutung hat.

Einige unserer Weisen treten in die Fußstapfen der drei sogenannten Freunde und geben sich Mühe, Hiob zu trösten, indem sie sein Problem in die üblichen Kategorien bringen. Wer um jeden Preis ein Motiv, eine Sünde finden muß, ist nicht kleinlich. Die einen legen Hiob zur Last, daß er nicht an die Auferstehung der Toten glaubt, andere werfen ihm seinen Hochmut und seinen Zorn vor. *Ijow loke umewa'et:* Er regt sich zu sehr auf, er teilt in seinem Schmerz nach allen Seiten Schläge aus. Das sind kleine Sünden mit unverhältnismäßig schweren Folgen. Nein, es gilt etwas besseres zu finden. Warum überhaupt von Sünde sprechen? Ein Midrasch stellt ihn als Märtyrer für das jüdische Volk hin. Als die Kinder Israels Ägypten verlassen wollten, stürzte der Satan eilends zu Gott und erhob Einspruch. „Herr des Universums, überlege doch! Diese Männer und Frauen waren gestern noch Ungläubige, Götzenanbeter, und du gedenkst Wunder zu wirken, um ihnen zu helfen? Willst Du sie tatsächlich das Rote Meer durchqueren lassen? Und ihnen dein Gesetz geben? Du vertraust ihnen also?" Da zeigte Gott, um ihn schnell los zu werden, auf Hiob: „Geh, und kümmere

dich erst einmal um ihn, wir sprechen uns dann später."
Und während der Satan sein Opfer quälte, leitete Gott
alles in die Wege, um sein Volk aus dem Land der
Pharaonen zu befreien.

Der Midrasch verdeutlicht diesen Plan mit folgendem
Gleichnis. Stellen wir uns einmal einen Hirten vor, der
entdeckt, daß ein Wolf sich gerade auf seine Herde
stürzen will. Was tut er? Er hetzt den stärksten und
wildesten Widder auf den Wolf, und während die beiden
miteinander kämpfen, treibt der Hirte seine Herde an
einen sicheren Ort.

Es ist logisch, daß beide, Hiob und Satan, allen Grund
hatten Antisemiten zu werden. Die Juden hatten nur
Vorteil durch sie gehabt, und der Gott der Juden hatte sie
hereingelegt.

Hiob kann sich damit trösten, daß er nicht umsonst
gelitten hat, für Satan, der ihn leiden ließ, gibt es keinen
Trost. Deshalb behauptet ein Weiser, daß Satan am
meisten von beiden zu bedauern sei. Der von Gott
Geprellte befindet sich in der unerträglichen Situation
eines Mannes, der das Faß zerschlagen und den Wein
retten soll. Es wurde ihm gestattet, Hiob bis zu einer ganz
klar gezogenen Grenze zu quälen; denn Hiob durfte den
Mißhandlungen nicht erliegen, Gott wollte, daß er am
Leben blieb.

Ein anderer Text springt noch härter mit Satan um und
leugnet seine Urheberschaft an dem Projekt. Hiob selbst
hatte sich seine Rolle ausgesucht. Gott hatte ihn gefragt,
ob er Elend oder Krankheit vorziehe, und Hiob hatte
geantwortet, daß er lieber leiden als in völliger Armut
leben wolle. Nach außen hin erschien Satan als Drahtzie-
her in dem Spiel, aber in Wirklichkeit war er nur ein
Werkzeug. Angewidert verließ er die Szene und nicht nur
zum Spaß. Im Buche Hiob ist von ihm nicht mehr die

Rede. Sein plötzlicher Abgang bringt einen Weisen auf die Idee, ihn trotzdem unter der Maske einer vierten Freundes, namens Elihu zurückkommen zu lassen. Ganz unvermutet taucht er gegen Schluß auf und versucht, Hiob völlig in die Verzweiflung zu treiben, und erleidet auch diesmal Schiffbruch. Noch ein Mißerfolg für Satan. Armer Satan, der als Freund verkleidet wird! Da sieht man, daß er in der Midrasch-Legende dazu dient, für schwarzen Humor zu sorgen.

Die großartigen Seiten, die auf den Prolog folgen, reizen kaum dazu, Geschichten zu erfinden. Sie wären auch überflüssig. Der Text genügt, um uns an dem Drama teilnehmen zu lassen. Die Dialoge zwischen Hiob und seinen Freunden, und später zwischen Hiob und Gott machen durch ihre Klarheit betroffen. Ewige Fragen und packende Antworten. Himmel und Erde dienen als Kulisse für diese höchste Auseinandersetzung des Menschen mit sich selbst und mit der Idee, die er sich von Gott macht.

Lesen wir: „Gott, ich bin schuldig, ich gebe es zu, aber was kann dir das ausmachen? Du, Hüter der Menschen, inwiefern bist du von ihren Taten betroffen? Und warum hast du gerade mich als Zielscheibe ausersehen, ich fühle mich doch schon unter meiner eigenen Last zermalmt. Bist du jetzt zufrieden, zufrieden, deine Schöpfung zu unterjochen? Mit einem Sack bin ich bekleidet und habe meinen Kopf in Asche gewälzt. Mein Gesicht ist von Tränen verquollen, und der Schatten des Todes lastet schwer auf meinen Brauen …" Und dann dieser Schrei, der seit Generationen, durch Pogrome und Massaker hindurch, von einem Ende des Exils bis zum anderen zurückschallt: *Eretz al tekhasi dami* – Erde, trinke mein Blut nicht! Natur, speichere nicht meine Verzweiflung!"

Hiob hat nichts auf der Welt als Worte, aber er weiß sie zu gebrauchen, er erweckt sie zum Leben, läßt sie schreien.

Bis jetzt suchte Hiob etwas, worauf er sich stützen, an was er sich halten konnte, und fand es nicht, er suchte einen Gesprächspartner, gleichviel ob Richter oder Rächer, und fand ihn nicht. Nun, als der ärmste und verlassenste Mensch auf der Welt – denn er hatte alles besessen und alles verloren –, gewinnt er plötzlich eine ungeahnte Kraft, entschließt sich, seine Empörung auszusprechen und schöpft seine Kühnheit und seine Argumente aus seiner Armut, seiner Schwäche und Einsamkeit. Er weist die leichten Lösungen und die entwürdigenden Konzessionen zurück, entdeckt in sich eine unvergleichliche Kraft; er kehrt die Rolle um. Angeklagt, verurteilt und verstoßen, fordert er das ganze System heraus, dessen Gefangener er ist. Er leitet einen Prozeß ein, und jetzt ist Gott der Angeklagte. Hiob schreit ihm seine Qual und seine Schmach entgegen, er sagt ihm, was er seit langem, vielleicht seit jeher wissen sollte, daß etwas nicht stimmt in seinem Universum. Der Gerechte wird ohne Grund bestraft und der Verbrecher ohne Grund belohnt. Schlimmer noch, Gerechte und Frevler erleiden das gleiche Schicksal. Gott wendet sich von ihnen ab und von allen. Gott ist desinteressiert an seiner Schöpfung, ist abwesend. In seinem flammenden Plädoyer setzt Hiob sich über Verbote hinweg, stößt Hindernisse über den Haufen. Er kennt keine Hemmungen und schießt übers Ziel hinaus. Durch seine sogenannten Freunde hindurch, die er demaskiert und die Gott schließlich verwirft, zielt er auf Gott, denn der ist sein einziger Gegner. Seine Worte überschlagen sich, und er wird zum Gespött für alle; wie jeder, der sich an den Himmel wendet. Gott verachtet den Unglücklichen. Er, der Mächtige und Gerechte, stößt die Wankelmütigen zurück, während die Diebe in Frieden in ihren Zelten weilen, und die Gottesleugner ohne Sorgen sind. Und seinen Besuchern ruft Hiob zu: „Schweigt, ich will reden, komme was da wolle. Soll es doch gefährlich sein! Mag ich auch getötet werden! Es ist hoffnungslos, ich weiß es, aber ich muß reden ..." Und später sagt er: „Ich erhebe meine tränennassen Augen zu Gott, damit er dem Menschen Gerechtigkeit widerfahren lasse, der mit ihm ringt."

Dieser verzweifelte Mut trägt seine Früchte. Plötzlich erscheint Gott in dem Bericht und beschließt, seine Stimme vernehmen zu lassen. Der Midrasch schreibt, daß Hiob spürte, wie seine Haare vom Sturm ergriffen wurden und daß er so die göttliche Stimme wahrnahm. Besagt das, daß dieser Umschwung nur in seinem Kopf stattfand? Das ist möglich, aber im Grunde ohne Bedeutung. Ob Wahnvorstellung oder Wirklichkeit, Hiob empfindet sich als Sieger. Gott antwortet ihm mit einer ganzen Serie von Fragen. Wo warst du, als ich die Berge und Winde schuf? Was weißt du von meinen Geheimnissen, um meine Wege und Pläne in Frage zu stellen? Was weißt du von der Gerechtigkeit und von der Art, wie ich über sie verfüge? Und die Wahrheit, die Gnade, das Leben – was weißt du davon, um es zu wagen, von mir eine Erklärung zu fordern? Gott läßt nichts verlauten, was Hiob als Antwort, als Erklärung oder als Rechtfertigung für seine Prüfung interpretieren könnte. Gott sagt weder, du hast gesündigt, du hast dich schlecht benommen, noch sagt er, ich selber habe Unrecht gehabt. Er hält sich an allgemeine Begriffe und hat nur starke Vereinfachungen anzubieten. Die individuelle Erfahrung Hiobs, seine persönlichen Schicksalsschläge zählen kaum, nur der Kontext, die Gesamtschau zählt. Die Idee vom Leiden bedeutet mehr als das Leiden, und die Idee von der Erkenntnis mehr als die Erkenntnis. Gott spricht mit Hiob über alles, nur nicht über das, was ihn selbst betrifft; er stellt sein Recht auf Individualität in Abrede. Trotzdem erklärt sich Hiob, statt sich zu entrüsten, für befriedigt. Er ist gerächt, rehabilitiert. Er fordert weiter nichts. Für ihn ist Gerechtigkeit geschehen.

Der wilde Streiter, der unerschrockene Rebell, der es angesichts des Himmels gewagt hat, sich als freier Mensch und Ankläger auszudrücken, beugt jetzt, gleich nach seinem ersten Einsatz, die Stirn. Gott hat kaum gesprochen, und schon bereut Hiob. Ist er so stolz darauf, daß er das göttliche Epos inspiriert hat, so zufrieden, es gehört zu haben, daß er dessen Kern und Ursprung außer acht läßt? Ist er durch die himmlische Stimme so beeindruckt, daß er darüber seinen Entschluß vergißt? Kaum hat Gott seine Rede beendet, da weicht Hiob zurück, zieht seine Fragen zurück, annulliert seine Klagen. „Es stimmt," sagt er plötzlich ganz demütig, „ich bin klein und unbedeutend, habe nicht das Recht, eigene Gedanken zu äußern, ich wußte nicht, begriff nicht, konnte nicht wissen. Fortan werde ich mit Gewissensqualen leben, in Staub und Asche."

Hiob, unser Held, unser Bannerträger, er ist nun geschlagen und besiegt, hat sich unterworfen, liegt auf den Knien und kapituliert bedingungslos. Großmütig gestattet Gott ihm, sich zu erheben und wieder zu leben.

Ende gut, alles gut. Alle Welt ist zufrieden. Hiob, weil er die Stimme Gottes vernommen hat, Gott, weil Satan und Hiob ihm nicht mehr lästig werden, die drei Besucher, weil Hiob ihnen nichts nachzutragen scheint. Nur Satan müßte sich restlos geschlagen fühlen, aber er ist nicht da und fraglos der Vergessenheit anheimgefallen.

Was die konkrete Belohnung angeht, so erhält Hiob seine Vermögen zurück und hat sogar ein Anrecht auf Entschädigung. Er wird reicher, berühmter und glücklicher als er es je war. Er ist Vater von sieben Söhnen und drei Töchtern (den schönsten der Welt, behauptet der Midrasch), und wird noch 140 Jahre leben. Der letzte Satz des Buches trägt auch einen letzten Zug von Ironie. *Wajamot Ijow saken ussewa jamim* – Und Hiob starb alt und lebenssatt. Er hatte es also – wenn man so will – satt zu leben, er hatte genug davon. Das könnte bedeuten, daß er trotz seines viel gepriesenen Glücks, trotz seines Reichtums nicht mehr am Leben hing. Er wußte von jetzt an, daß ein Geschwätz, eine Wette zwischen Fremden genügt, um das ganze Gebäude wie eine Sandburg bei einem Sturm zusammenfallen zu lassen.

Wenn man den Satz jedoch ganz wörtlich nimmt, dann scheinen diese Worte anzuzeigen, daß Hiob, nachdem er die Prüfung hinter sich hatte, in Frieden mit seinem Schicksal und versöhnt mit Gott und den Menschen gelebt hat. Doch das möchte ich eher für falsch erklären und laut dagegen protestieren. So sehr ich sein Verhalten bewundert habe, so sehr verwirrt mich auch sein schnelles Aufgeben. Als Unglücklicher und Verdammter erschien er mir menschlicher und würdevoller als später mit seinen im Zeichen des wiedergewonnenen Glaubens wieder aufgebauten Luxuswohnungen. Ich weiß sehr wohl, daß man sagt, dieser Ausgang sei nicht echt, er sei hinzugefügt und dem Buch im wahrsten Sinne des Wortes aufgepfropft worden, um den frommen Seelen wieder Mut einzuflößen oder, um den Verfolgten zu zeigen, daß der Mensch instande sein muß, alles zu verlieren, ohne die Hoffnung aufzugeben. Wie Hiob muß man das Unglück ertragen und, sobald es etwas nachläßt, gleichwohl wieder Fuß fassen und weitermachen. Aber ich glaube eher, daß der wahre Ausgang des Buches Hiob nicht auf uns gekommen ist. Hiob ist gestorben, ohne zu bereuen und ohne sich selbst aufzugeben. Er erlag seinem Leid stolz und ungebrochen. Es ist doch auch merkwürdig, daß der Midrasch, so verschwenderisch er zu Beginn des Dramas mit Legenden ist, beim Epilog damit geizt. Das mußte die rabbinischen Erzähler stören. Der dritte Akt wird immer als eine Art Apotheose betrachtet, aber hier ist er blaß. Der Kämpfer ist nur ein sanftes Lamm. Eine betrübliche Verwandlung, die, literarisch gesehen, nicht zu erklären ist.

Und warum soll ich nicht sagen, daß Hiob mich vor allem nach dem Kriege in Verwirrung gestürzt hat. Man traf ihn damals auf allen Wegen Europas, verwundet, beraubt, verstümmelt, sicher nicht glücklich, aber auch nicht resigniert. Seine Unterwerfung im Buche Hiob erschien mir wie ein Hohn. Er hätte nicht so schnell nachgeben dürfen. Er hätte mit seinem Protest nicht aufhören dürfen und die Trinkgelder zurückweisen müssen. Er hätte zu Gott sagen müssen: „Gut, ich verzeihe dir, verzeihe dir insofern es sich um mich handelt, um meinen Gram, um meinen Todeskampf. Aber meine toten Kinder, verzeihen sie denn dir? Habe ich das Recht, in ihrem Namen zu sprechen? Habe ich das moralische, das menschliche Recht, ein Ende und eine Lösung für diese Geschichte zu akzeptieren, in der sie Rollen gespielt haben, die du in ihnen nicht ihretwegen, sondern meinetwegen auferlegt hast? Wenn ich deine Ungerechtigkeiten offiziell anerkennen würde, würde ich dann nicht dein Komplize werden? Ich muß zwischen dir und meinen Kindern wählen und weigere mich, sie zu verstoßen. Ich fordere, wenn nicht für mich, so doch für sie, daß Gerechtigkeit geschehe und der Prozeß weitergeht ..." Ja, eine solche Sprache hätte er sprechen müssen. Nun hat er aber nichts gesagt, hat akzeptiert, so zu leben wie vorher. Hier liegt der eigentliche Sieg Gottes. Er hat Hiob dazu gezwungen, das Glück anzunehmen. Nach der Katastrophe lebt Hiob glücklich wider seinen eigenen Willen.

Sein Prozeß geht jedoch weiter. Die Tragödie Hiobs endet nicht mit Hiob.

Verlassen wir die Legende, öffnen wir die Geschichtsbücher unserer Zeit. Dort gibt es andere, grausame und aufsehenerregende Prozesse, die uns irre werden lassen. Die großen Gestalten der Russischen Revolution, die schmutziger und gemeiner Verbrechen angeklagt werden, machen daraus keinen Skandal und widerlegen die Verleumdungen nicht. Im Gegenteil, sie sind zu „freiwilligen Geständnissen" bereit, die sie eher noch erweitern. Es ist entwürdigend und abstoßend, zu sehen, wie Götter und Hohepriester von gestern sich selber anschwärzen, verurteilen und zum Schaffott eilen. Bestürzt und verständnislos hält die Welt den Atem an. Was ist mit ihnen geschehen, was hat sie dazu bewogen? Warum drängen diese Idealisten danach, sich selbst zu zerstören, sich zu opfern, von den Massen verachtet zu werden. Sollten sie den Tod fürchten, dem sie doch tausendmal und tausendfach in den zaristischen Kerkern oder im Schnee Sibiriens begegnet sind? Welche Macht hat sie gebrochen, sie, die die Macht des „Herrschers aller Reußen" gebrochen und die Geschichte gezwungen haben, ihren Lauf zu ändern? Welche Schrecken haben diese Unbeugsamen und Unbezähmbaren erlitten, daß sie sich selbst zu beklagenswerten Objekten und willenlosen Spielzeugen in den schmutzigen Händen der Polizisten machen? Man spricht von körperlicher Folterung, von psychischem Druck, von anderen Einwirkungen … Ob diese Hypothesen stimmen oder nicht, wie soll man es wissen? Es steht dem außenstehenden und in dieser Sache nicht kompetenten Erzähler nicht zu, darüber zu urteilen. Er möchte lediglich eine mehr persönliche und zweifellos fantastische Erklärung vorbringen. Alle diese von ihren Kameraden, Gefährten und Schülern verhöhnten und verratenen Helden haben den Kampf nicht aufgegeben, ihr öffentliches Schuldbekenntnis ist kein Zeichen von Unterwerfung. Im Gegenteil. Dadurch, daß sie sich geradezu zu den Geständnissen drängten und sie an die Grenze des Grotesken und darüberhinaus trieben, rechneten sie damit, das letzte Wort zu haben und ihre Unschuld zu beweisen. Dadurch, daß sie Ja zu ihrem Rächer sagten und ihn mit einer selbstzerstörerischen Leidenschaft anschrien, trieben sie ihren Spott mit ihm. Dadurch, daß sie kindische, lächerliche, absurde, unwahrscheinliche und unmögliche Verbrechen auf sich nahmen, brachten sie jene um ihre Glaubwürdigkeit. Dadurch, daß sie bereit waren, das Spiel der Ankläger bis zuletzt mitzuspielen und ihren flammenden Eifer gar zu unterstützen, entlarvten sie sie. Deshalb zogen sie es vor, sich nicht zu verteidigen, sondern sich anzuklagen, um das unglaubhafte Bild des Prozesses noch deutlicher hervortreten zu lassen. Durch die Selbstanklage wurden sie zu Anklägern. Ihre Waffe war das Lachen, das verbissene, zurückgehaltene und verspätete Lachen. Und mit einer Kugel im Genick fielen sie als Kämpfer in den Kellern der Geheimpolizei.

Deshalb unterwarf sich Hiob, der Gerechte, der Weise, so schnell und so total; um den Gegner zu täuschen. Zum Schluß seines Kampfes, von dem Hiob weiß, daß er von Anfang an verloren ist – denn wie kann ein Mensch hoffen, Gott zu besiegen –, entdeckt Hiob eine harmlose Methode, um in seinem Widerstand zu verharren, er tut so, als gäbe er freiwillig auf, bevor noch die eigentliche Schlacht begonnen hat.

Wenn er standgehalten, wenn er sich mit den göttlichen Argumenten Punkt für Punkt auseinandergesetzt hätte, würde man daraus gefolgert haben, daß er bei der rhetorischen Überlegenheit seines Gesprächspartners sich nur seine Niederlage eingestehen konnte. Aber er sagt ja zu Gott, sagt sofort ja, ohne zu zögern, ohne zu überlegen, ohne wenn und aber und ohne jeden Widerspruch. So verstehen wir, daß Hiob trotz der äußeren Umstände, oder gerade deswegen, weiterhin Fragen an den Himmel richtet. Er bereut Sünden, die er nicht begangen, und rechtfertigt Leiden, die er nicht verdient hat, und gibt uns dadurch zu verstehen, daß er an seine eigenen Geständnisse nicht glaubt, daß sie nur eine List sind. Er verkörpert das ungestillte Suchen nach Gerechtigkeit und Wahrheit, er hat nie den Nacken gebeugt. Sein Versuch wird also nicht vergebens sein, denn ihm verdanken wir die Erkenntnis, daß es dem Menschen gegeben ist, die göttliche Ungerechtigkeit in menschliche Gerechtigkeit zu verwandeln.

Es war einmal in einem fernen Land ein sagenhafter, gerechter und großherziger Mann, der in seiner Einsamkeit und Verzweiflung den Mut fand, Gott die Stirn zu bieten, ihn zu zwingen, sich seine Schöpfung genau anzusehen und mit den Menschen zu reden, die manchmal schwerwiegende und beunruhigende Siege über ihn davontragen, wider ihren und wider seinen Willen.

Was bleibt von Hiob? Eine Geschichte? Ein Schatten? Nicht einmal der Schatten eines Schattens. Aber vielleicht ein Beispiel.

Friedensnobelpreisträger Elie Wiesel im Verlag Herder

Abenddämmerung in der Ferne
Roman, gebunden
ISBN 3-451-21193-9

Den Frieden feiern
Mit einer Vorrede von Václav
Havel
Herder/Spektrum Band 4019

Der fünfte Sohn
Roman
Herder/Spektrum Band 4069

**Geschichten gegen die
Melancholie**
Die Weisheit der chassidischen
Meister
4. Aufl., 144 Seiten, Paperback
ISBN 3-451-20040-6

Gezeiten des Schweigens
Roman
Herder/Spektrum Band 4154

Der Prozeß von Schamgorod
120 Seiten, Paperback
ISBN 3-451-21117-3

**Das Testament eines
ermordeten jüdischen Dichters**
Roman
336 Seiten, gebunden
ISBN 3-451-22282-5

Der Vergessene
Roman
Herder/Spektrum Band 4186

**Was die Tore
des Himmels öffnet**
Geschichten chassidischer
Meister
3. Aufl., 144 Seiten, gebunden
ISBN 3-451-19114-8

Die Weisheit des Talmud
Geschichten und Porträts
360 Seiten, gebunden
ISBN 3-451-22885-8

Worte wie Licht in der Nacht
Herausgegeben von Rudolf
Walter
3. Aufl., 128 Seiten, gebunden
ISBN 3-451-21080-0

Elie Wisel/Albert Friedlander
**Die sechs Tage der Schöpfung
und der Zerstörung**
Ein Hoffnungsbuch
120 Seiten, Paperback
ISBN 3-451-22596-4

Verlag Herder Freiburg · Basel · Wien

Religion: faszinierend vielfältig

Walter Jens/HAP Grieshaber
Am Anfang der Stall, am Ende der Galgen
Das Matthäus-Evangelium
Band 4042
„Die Übersetzung eines Meisters der deutschen Sprache, die das
ursprüngliche Wort unvergleichlich leuchten läßt" (Hans Küng).

Hugo M. Enomiya-Lassalle
Erleuchtung ist erst der Anfang
Texte zum Nachdenken
Band 4048
Enomiya-Lassalle, der große Meditationsmeister und Vermittler östlicher
Weisheit, weist hier den Weg zum meditativen Leben.

Karlfried Graf Dürckheim
Vom doppelten Ursprung des Menschen
Band 4053
„Menschliche Reife ist kein Privileg für wenige. Praktische Übungen, die
jeder vollziehen kann" (Lehrer und Schule heute).

Edward Schillebeeckx
Jesus
Die Geschichte von einem Lebenden
Band 4070
„Schillebeeckx überblickt souverän biblische Quellen, kirchliche Lehren
und philosophische Rezeption" (Rheinischer Merkur).

Das Neue Testament
Einführung von Heinz Zahrnt
Mit Zeichnungen von Rembrandt
Band 4087
„Jesus-Nachlese vom Feinsten" (Salzburger Nachrichten).
In lesefreundlicher Großdruckausgabe.

HERDER / SPEKTRUM

Jakob J. Petuchowski
Mein Judesein
Wege und Erfahrungen eines deutschen Rabbiners
Band 4092
Die Einführung in die geistige Welt des modernen Judentums.
Ein notwendiges Buch: für Juden, Christen und für Deutsche.
„Ein Vermächtnis" (FAZ).

Die Bhagavadgita
In der Übertragung von Sri Aurobindo
Mit einer Einführung von Anand Nayak
Band 4106
Die älteste heilige Schrift der Menschheit in der tiefschürfenden
Übertragung eines der bedeutendsten indischen Yogis.

Die Reden des Buddha
Lehre, Verse, Erzählungen
Band 4112
Texte voll denkerischer Tiefe und Poesie – ein Kompendium des
Weisheitswissens von unvergleichlicher Aktualität.

Eugen Drewermann
Dein Name ist wie der Geschmack des Lebens
Tiefenpsychologische Deutung der Kindheitsgeschichte nach
dem Lukasevangelium
Band 4113
Die geheimnisvolle Botschaft von der Ankunft Gottes in der Welt wird
in dieser poetischen Meditation der Liebe lebendig.

Hartmut Stegemann
Die Essener, Qumran, Johannes der Täufer und Jesus
Ein Sachbuch
Band 4128
Das Geheimnis der Höhlen von Qumran und einer der einflußreichsten
religiösen Vereinigungen zur Zeit Jesu.

HERDER / SPEKTRUM

Aufrichtige Erzählungen eines russischen Pilgers
Herausgegeben und eingeleitet von Emmanuel Jungclaussen
Band 4156
Eine Kostbarkeit aus dem Schatz der Weltliteratur. Der Klassiker
russisch-orthodoxer Spiritualität in der vollständigen Ausgabe.

Eugen Drewermann
Der gefahrvolle Weg der Erlösung
Die Tobitlegende tiefenpsychologisch gedeutet
Band 4165
Die Botschaft vom Urvertrauen und von der Überwindung der Angst.
Ein zentraler Zugang zum Denken Drewermanns.

Mircea Eliade
Geschichte der religiösen Ideen
15 Bände in Kassette
Band 4200
„Eine gewaltige geistige Unternehmung, fesselnd und
allgemeinverständlich aufbereitet" (Süddeutsche Zeitung).

Dorothee Sölle
Leiden
Band 4215
Ist es möglich, im Schmerz einen Sinn zu entdecken, Würde zu
bewahren und zu reifen?
„Dorothee Sölles edelstes und wichtigstes Buch" (Basler Nachrichten).

Dalai Lama
Sehnsucht nach dem Wesentlichen
Die Gespräche in Bodhgaya
Band 4229
Menschen aus allen Kulturkreisen haben den Friedensnobelpreisträger
aufgesucht und neue Impulse für ihr spirituelles Leben gewonnen.

HERDER / SPEKTRUM

Kulturelle Höhepunkte

Hans Maier
Die christliche Zeitrechnung
Band 4018
„Eine kompakte Darstellung, die eine Wissenslücke füllt"
(Wiener Zeitung).

Martin Noth
Die Welt des Alten Testaments
Eine Einführung
Band 4060
„Unentbehrlich für Wissenschaft und Studium, ein fachkundiger Führer
im Handgepäck eines jeden Israelreisenden" (Deutsche Tagespost).

Carl Friedrich von Weizsäcker
Die Sterne sind glühende Gaskugeln und Gott ist gegenwärtig
Über Religion und Naturwissenschaft
Band 4077
Ein Buch, das mit uralten Mißverständnissen aufräumt und einen
radikalen Bewußtseinswandel fordert.

Gustav Faber
Auf den Spuren des Paulus
Eine Reise durch den Mittelmeerraum
Band 4099
Ein kulturgeschichtliches Reisebuch der ganz besonderen Art:
persönlicher kann man Paulus und seine Welt nicht kennenlernen.

Jacques Gélis
Das Geheimnis der Geburt
Rituale, Volksglaube, Überlieferung
Band 4103
Ein aufschlußreiches Kapitel Kulturgeschichte: Der Mensch ist schon vor
der Geburt ein Kind seiner Zeit.

Hildegard von Bingen
Scivias – Wisse die Wege
Eine Schau von Gott und Mensch in Schöpfung und Zeit
Band 4115
Das Hauptwerk Hildegards: die faszinierenden, überraschend aktuellen
Visionen einer der modernsten Frauen des Mittelalters.

Hans Sedlmayr
Die Entstehung der Kathedrale
Band 4181
„Ein Buch von gleicher materialer Weite und gleicher Tiefe wird nicht
wieder geschrieben werden können" (Das Münster). Mit zahlreichen
schwarzweißen Abbildungen.

Herder-Lexikon Symbole
Band 4187
Symbole von der Steinzeit bis zur Gegenwart, aus verschiedensten
Völkern und Kulturkreisen. Ein Schlüssel zur Botschaft der Bilder.

Uwe-Volker Segeth
Das hat mir noch gefehlt
Lust und Frust des Sammelns
Band 4238
Schon im Kindergarten ging es los: Tausche Milchzahn gegen
Gummispinne ... Ein amüsantes Brevier für passionierte Sammler und
solche, die es immer schon werden wollten.

Waltraud Woeller/Matthias Woeller
Es war einmal ...
Illustrierte Geschichte des Märchens
Band 4267
Alles, was man vom Märchen wissen muß: Wesen und Geschichte,
Archetypen und kulturelle Besonderheiten. Der Grundstock für jede
Märchensammlung.

HERDER / SPEKTRUM

Literatur, die die Seele streift

Antoine de Saint-Exupéry
Man sieht nur mit dem Herzen gut
Band 4039

Texte, in denen sich die unsentimentale und daher um so echtere Liebe
Saint-Exupérys zum Menschen offenbart.

Dalai Lama
Zeiten des Friedens
Band 4065

Einer der großen geistigen Führer unserer Zeit gibt der Sehnsucht nach
Frieden wichtige spirituelle Impulse.

Eugen Drewermann
Das Eigentliche ist unsichtbar
Der Kleine Prinz tiefenpsychologisch gedeutet
Band 4068

Ist es der ewige Traum verlorener Kindheit, der Saint-Exupérys Kleinen
Prinzen so faszinierend macht? Mit dem Bestsellerautor Eugen
Drewermann auf Reisen zu sich selbst.

Jakob J. Petuchowski
Es lehrten unsere Meister
Rabbinische Geschichten
Band 4132

„Die Lektüre dieses Buches ist wie ein Abenteuer auf der Suche nach
Schönheit und Sinn" (Elie Wiesel).

Anthony de Mello
Warum der Vogel singt
Weisheitsgeschichten
Band 4149

Wie in einem Brennglas konzentriert: westliche und östliche, antike und
moderne Lebenserfahrungen aus mehr als zwei Jahrtausenden.

HERDER / SPEKTRUM

Albert Einstein
Zeiten des Staunens
Band 4153
Geniale Gedanken zu Frieden und Freiheit, zu Religion und
Naturwissenschaft, zu Erziehung und Freundschaft, zu den drängenden
Aufgaben einer zusammenwachsenden Welt.

Fridolin Stier
Vielleicht ist irgendwo Tag
Die Aufzeichnungen und Erfahrungen eines großen Denkers
Band 4234
Erfahrungen an der Grenze des Lebens. Von der philosophischen
Reflexion bis zum Gedicht. Ein Buch über Krisen, Auflehnung und
niemals aufgegebene Hoffnung.

Vladimir Karbusicky
Jüdische Anekdoten aus Prag
Band 4241
Tiefgründige Weisheit, wehmütige Nostalgie, feine Selbstironie und
sprühender Witz zugleich: Kostbarkeiten jüdischen Humors aus der
Kulturhauptstadt Prag.

Georg Bydlinski/Käthe Recheis
Die Erde ist eine Trommel
Weisheit der indianischen Ureinwohner Nordamerikas
Band 4245
Lieder, Reden, Gebete, Gedichte und autobiographische Texte zeigen
eindrucksvoll den traditionellen Reichtum indianischer Kultur.

Julien Green
Bruder Franz
Band 4248
„Julien Greens Roman ist das literarische Vermächtnis des Lebens des
Franz von Assisi, dessen kenntnis- und bildreichste Würdigung"
(Der Spiegel).

HERDER / SPEKTRUM